CQという異文化適応力

グローバルなリーダーシップ成功の秘訣

デイヴィッド・リヴァーモア
訳 下村冬彦

春風社

Leading with Cultural Intelligence: The Real Secret to Success SECOND EDITION
by David Livermore

Published by arrangement with HarperCollins Focus, LLC
through Tuttle-Mori Agency, Inc., Tokyo

日本語版への序文

VUCA（Volatility, Uncertainty, Complexity, Ambiguity）と呼ばれる、変動性、不確実性、複雑性、曖昧性などの特徴に代表された二〇一〇年代が過ぎ去り、BANI（Brittle, Anxious, Non-Linear, Incomprehensible）と呼ばれる、安全であると思われていたシステムが実は脆弱であると分かり、不安が広がり、物事の因果関係が分かりにくく、いろいろと理解しがたい現代において、我々は進みゆくべき道筋を模索している最中だ。このような特徴を持つ現代においては、イノベーションや協働の必要性はますます高くなっている。今や才能あるクリエイティビティに富んだ人材は世界中に存在するが、安定した組織の成長に重要なことは、価値ある組織の資産として才能ある多様な人材を活用したりまとめたりできる組織の能力の有無にかかっているのだ。

しかしボストンコンサルティンググループが行ったＢＣＧ調査によると、理想と現実の狭間での葛藤は大きく、文化的に多様なグローバルなチームを組織に導入したいと九十五％の重役が考えていながら、実際にうまく導入できているのはたったの五％に過ぎないと判明した。この理想と現実の大きな開きは文化的な要因に帰因するため、組織の破綻を招くことなくグローバルな多様性の恩恵を享受するには、ＣＱ（カルチュラル・インテリジェンス）をリーダーシップ・スキルとしてマスターすることは必須だと言えるだろう。

学術研究の成果は常々ダイバーシティがただ存在するだけではイノベーションには繋がらないことを示唆している。ＣＱの高さと多様性とを併せ持ってこそ、初めて共創が可能になるのだ。違いに橋を架け多様性を強みに変えてゆく途中で気まずい出来事や揉め事を経験することもあるだろう。しかしリーダーのＣＱが高ければ、互いの見解の違いを認め合い、歩み寄りや異文化適応を促し、真新しい選択肢やアイデアを生み出し続け、違いに橋を架け多様性を強みに変える難題を乗り越えてゆけることだろう。我々はＣＱの高いリーダーがイノベーションや共創を推進する組織を築き、最終的にはよりよい社会を生み出すことに貢献すると固く信じている。ＣＱの高い組織を築きあげる挑戦は何年も要するが、ＣＱの４能力をうまく活用し、入念に具体的な段階を踏んで組織全体にＣＱを導入すれば実現できることなのだ。

日本の経済産業省が「ダイバーシティ2.0行動ガイドライン」という施策を二〇一七年より推進しており、経営陣のトップからの強いリーダーシップと各組織の戦略に則った組織行動の持続的な遂行の重要性を謳っている。本書が日本のリーダーや組織が、多様性をうまく活用するためのリソースとして役立つことを願ってやまない。

デイヴィッド・リヴァーモア
宮森　千嘉子

ＣＱという異文化適応力――グローバルなリーダーシップ成功の秘訣

目次

日本語版への序文　I

序章　9

パート1　グローバルなビジネス・リーダーにとってのCQ

第1章　文化の影響は侮れない
——なぜCQが必要なのか　21

第2章　CQとは何か　55

パート2　CQを伸ばすために

第3章　CQへの動機
——異文化に適応するための潜在能力を見つけ出すこと　81

第4章　CQに関する知識（パート1）
——どのような文化の違いが問題になるのか知ること　113

第5章　CQに関する知識（パート2）
——文化的価値観の10側面を理解すること　153

序章

ある日プラハのシンポジウムで現在頭角を現しつつあるリーダーたちのグループに向けて講演をした。その二、三日後にチェコ共和国駐在の米国人の同僚が「デイヴ、このグループの中で一番のリーダーになりそうなのは誰だと思う？」と訊いてきた。

間髪入れずに「バクラブとブランカだよ。見れば分かるじゃないか。」と答えた。「そう言うだろうと思ったよ。」と言って彼は続けた。「二人とも米国ではきっとカリスマ性も仕事への熱意も持ち、ほどほどに抑えの効いた冗談も言える、直感的な意思決定のスタイルを兼ね備えた素晴らしいリーダーになるだろう。でもそういう米国で好まれそうなリーダーとしての資質は、この国では邪魔になるんだよ。」

そして彼はグループの中で誰が一番のリーダーになりそうか、自分の意見を続けた。私にはとてもよいリーダーだとは信じがたい、絶対にリーダーに選ばなさそうな人たちだったが、二、三年後、本当に彼らはその地域の組織のトップに立っていた。

リーダーシップや組織管理の本からは、リーダーシップは大変便利で普遍的にどこでも通用するスキルであるかのような印象を受けるが、実際のところ画一的なリーダーシップの概念は、現在の多面的でグローバル化の進んだ社会の現実に必ずしもぴったり合うとは言いがたい。その上グローバル・リーダーたちは出張先で遭遇する文化の違いについて、逐一学んでいる時間もないことがほとんどだ。また表面的な文化の違いに基づいた伝統的な異文化理解へのアプローチの多くは、すでに時代遅れになりつつある。本当に全ての中国人やインド人の行動パターンや生活習慣は画一的に説明のつくものなのだろうか。以前どうだったかはともかく、少なくとも多様化の進んだ現在の社会では相当難しいであろうことは想像にかたくない。また単に文化の違いへの感受性を育てるだけでも不十分だろう。文化の違いへの感受性がなければ何も始まらないのも事実だが、異文化感受性は異文化理解のためのスタート地点に過ぎないからだ。異文化を理解した上で、国境を越えて効率よく組織を運営したりリーダーシップを執ったりするためにはどうしたらよいのだろうか。

本書はカルチュラル・インテリジェンス（訳者注：異文化理解に関する知能指数、以降はCQと略）をうまく使って組織を運営するための本だ。CQとは国や民族、組織、世代などのサブカルチャーの差異を含む意味での異文化環境において、無駄足を運ばずにうまく振る舞える能力のことを指す。CQは効率的なグローバルな企業運営について考える際の包括的なモデルの一つでもある。ＣＱは七〇カ国以上の四万人以上のグローバルに活躍する人材を対象とした学術的な研究成果に根ざした考え方で、誰にでも学んだり育んだりすることのできる知識の一つでもある。本書は読者諸氏のＣＱの伸長を手助けするために書かれ、ＣＱは今日の国境を越えて繋がるグローバルな世界で効率よくリーダーシップを執る上で重要な武器となるだろう。ＣＱを身につけることは全ての文化の行動パターンやタブーについて学ぶことではない。多くの文化圏で仕事をするようになると、全ての文化の行動パターンやタブーについて逐一学ぶことなどほぼ不可能に近いからだ。ＣＱとはどのような文化圏や状況においても、社員にやる気を出させたり、交渉をしたり、業績を上げたりするための、リーダーとしての総合的な異文化への適応力を指す。

なぜ本書なのか？

ＣＱを使ってのリーダーシップや企業運営のノウハウを伝える本書は厳正な学術研究に根ざしており、グローバルに無駄足を運ばずに仕事をこなすリーダーに必ず備わっている能力と、いかなる異文化環境でも役立つ四能力構成のＣＱのモデルについて紹介する。かつて文化差を乗り越えて完璧にリーダーシップが執れる人は存在しなかった。しかしこの四能力をうまく育むことができれば、多くの国籍、人種、組織による文化の違いを乗り越えて組織をスムーズに運営して、人と関わることができるようになるだろう。この四能力をすでに学んでいるならば、読者諸氏が統括する組織の部下にどのようにCQの概念を伝えればよいか、CQの四能力モデルはその方法を示唆するに違いない。

世に存在するグローバルな組織運営や、文化差を乗り越えてリーダーシップを執る方法に関する数多の本やモデルは、私が異文化圏でリーダーシップを執る際に何をどう考えるべきか、どのようにビジネスを運営すべきか、さまざまな示唆に富んではいたものの、グローバルな企業運営に関する書籍やモデルが増加したにもかかわらず、文化の違いが原因で七十%のグローバル事業が失敗に終わっている事実を看過してはならないだろう。まるで普遍的に通用するものであるかのように、特定のリーダーシップの原則について教えることに終始した単純なアプローチは、グローバル化の劇的に進んだ現在の社会には合わない。一方で文化とリーダーシップに関する本の何冊かは難解すぎ、象牙の塔の例えではないがリーダーたちを嫌厭させがちだ。

「CQを活用したリーダーシップ」に関する本書は、一貫した学術研究の成果をもとに複数の多様な文化が交錯する状況での企業運営に役立つ概念や理論を提供するものであり、法人勤務、省庁、非営利団体などの幅広いジャンルの働き手をターゲットに執筆したものだ。本書で紹介するCQの四能力構成のモデルはあらゆる多文化環境に応用して活用することができるだろう。

第2版

本書の初版を出版したことで私は世界中のグローバル・リーダーと話す機会を得た。それは私自身がいかに些々たる存在なのか気づかせてくれた機会であり、また本書で言及した研究がリーダー諸氏が長年考えていた事柄や長期間取り組んできたプロジェクトをうまく説明するために必要な表現や、実証研究のケーススタディを学ぶ上で役立ったとの嬉しい意見をさまざまな分野のリーダーから聞く機会でもあった。こうした会話の内容は、本書にどのような追記や修正が必要なのかを考えるよいきっかけにもなった。このような会話や建設的な意見、CQとグローバル・リーダーシップに関する六年間に及ぶ研究成果などを組み合わせて改訂版の出版に至った。

CQの四能力とCQとリーダーシップとの関連を詳しく説明している点では第2版の核を成すものは初版とさほど変わらないが、各章に修正追記項目があり著者である私自身のCQを活用するリーダーとしての成長が見てとれる。私は初版が出版された二〇〇九年時点とは違うリーダーへと成長している。そのためほぼ全ての章に新しいケーススタディや研究成果、また初版出版以降に光栄にもお目通りの叶った素晴らしいリーダーや組織についての話などの必要な情報を適宜追記している。現在私はこの第2版についても、今の私が初版について抱いている感想と似たような感想を持っており、第3版出版に向けての改訂作業を進め過日無事に刊行に至った。

研究基盤

本書のCQの四能力モデルは、ビジネススクールの教授やクリス・アーリイ教授やスーン・アン教授のような研究者が、知性に関する研究成果を基に構築した首尾一貫した理論的枠組を使用した実証研究の結果に基づく。この四能力モデルを基にさまざまな文化圏でCQを測定するために、アン教授はリン・ヴァン・ダイン教授と一緒に二十項目のCQの測定基準（COS）を作成し、その基準が科学的に妥当なものであると証明した。COSが妥当な基準だと証明されるに至るまでに、世界中のさまざまな文化圏出身のビジネスパーソンや学生が研究の対象になった。CQは異文化圏で効率よく文化差に適応する能力や、現地での仕事の遂行能力を予測するものだ。二〇〇三年以降、CQは世界のさまざまな分野で注目を集め、多くの国でCQに関する学術研究が百冊を超える学術誌に掲載されている。研究の多くは、ビジネスや教育の分野のものだが、ヘルスケア、エンジニア、法曹界、社会福祉、化学、精神衛生、政府、宗教などの分野でもデータの収集が行われた。

本書の中で言及されるCQに関する研究は全て私を含めた研究者が行ったものだ。私の最初の研究は、留学生や海外ボランティア志願者、国外を転々と旅する旅行者やビジネス出張客など異文化に触れる機会を持つ海外短期滞在者に関するものだった。この研究成果から短期滞在者の現地での異文化への関わり方に人によって大きく違いがあることが分かった。しかし参照文献の多くは、どの文化圏に行くにせよ旅行者は現地の言語や習慣、文化規範などを学んでから海外へ出るべきだと謳っていた。いずれの文化圏に赴くにせよ、各地の言語や文化の持つ微妙なニュアンスなどを旅行前に全てマスターするなど到底現実的ではないだろう。多くのグローバル・ビジネス・パーソンのように私はさまざまな国を旅することが多い。私はたった今七カ国間での電話会議を終えたところで、来週私は五つの異なる国で会議やプレゼンを控えている。ただその出張に行くからといって、私が遭遇することになるさまざまな組織文化、世代文化、イデオロギー文化やサブカルチャーなどを逐一学ぶのは到底現実的とは言いがたい。数えきれないくらい多くの文化に遭遇する経験は今や取り立てて珍しいものではなくなっている。頻繁に飛行機で移動しているリーダーでなくとも、多様な文化背景を持つ人やプロジェクトを統括する機会との遭遇は珍しくないだろう。特に異なる民族文化、国内の異なる地域文化、さまざまな組織やコミュニティ内の数え切れないほど多いサブカルチャーなども文化と捉えるならばなおさらだ。

浅く広く世界を旅する必要のあるグローバル・リーダーにとって、異文化理解やグローバルな企業運営のこれまで一般的とされてきた方法はあまり現実的な選択肢ではない。だからといって効果的にリーダーシップを執る上で、文化が非常に大きな役割を果たすという現実から目を背けるべきでもない。

この葛藤の真っ只中に知人を介してシンガポールのナンヤン・ビジネス・スクールで教えていたスーン・アン教授と知り合いになり我々はすぐ友達になった。アン教授は気前よく彼女自身の研究成果についていろいろと教えてくれ、研究仲間のミシガン州立大学のリン・ヴァン・ダイン教授を紹介してくれた。数年経った今も我々は他の研究者と協働してCQの研究内容を掘り下げつつ、多くの分野でCQ

の共同研究を進めているところだ。

本書の読み進め方

本書は読者諸氏やその周りの人がCQを正しく理解してスムーズに育むための指針だと思ってほしい。CQの伸長は最終目的地ではなく、グローバル化の進んだ世界でのリーダーシップの効果的な発揮のための方向性を示す指針だからだ。CQの習得に向けての旅路に終わりはないが、努力すればスムーズに異文化圏でもリーダーシップを執ることができるようになるだろう。多くの経験豊かなリーダーは千本ノックのような厳しい試練の中から、CQを使ったリーダーシップの執り方を学んできた。実際のCQを使ったリーダーシップの経験に代えられるものはないとはいえ、CQの研究成果やCQの四能力モデルは経験豊かなリーダーが異文化圏での成功談や失敗談を伝える際に役立つことだろう。

第1章ではCQとグローバル・リーダーシップとの関連について説明する。多くのリーダーは、今日のリーダーシップにおける文化的多様性の影響を認識していても、CQは絶対必須のスキルではなく「あるに越したことはない」程度の対人折衝力くらいにしか考えていない。本書はなぜ異文化への理解力や適応力がリーダーの地位を確かなものにしたり危うくしたりするのか、その具体的な理由を探ってゆく。第2章ではCQの研究についての簡単な説明とより詳しく知りたい読者向けの参考文献の紹介を行う。第3章から第7章までは本書の中で最も重要なCQの四能力とそのスキルを、どのようにリーダーシップに応用したり育んだりできるのかについて説明する。第8章ではCQをリーダーシップに導入した結果、どんな見返りが期待できるのか（ROI）を説明し、第9章ではCQの高いチームを育てるために何をすべきなのか、具体的な事例を挙げて紹介する。

私の言うところのグローバル・リーダーシップとは学術研究や理論のみで構成されるものではない。私は過去二十〜三十年間にわたり、複数の大陸で多様な文化背景を持つ人々を統括するリーダーとしての役割を担ってきた。私自身の文化を越えてのリーダーシップの試みには成功と同じくらいたくさんの失敗もあり、その多くを本書の中で読者諸氏と共有するつもりだ。また過去数年間をさまざまなリーダーのグローバル・リーダーシップの研究に費やしてきたが、本書には私自身が研究を通じて知り得たリーダーの実際のエピソードも多く盛り込み、異文化圏でのリーダーシップのノウハウを多分に紹介するつもりだ。

地球の反対側にいる人とのオンライン会話が無料でできる今は、異文化圏でのリーダーシップを語るにはなんとうってつけのタイミングなのだろう。このような技術の発達が重要な理由は、十五の異なるタイムゾーンに暮らしている人たちの生活に、インターネットを介して自由自在に関わり合うことができるからだ。ということは自身とはかなり文化の異なるところで働いているリーダーからも、リーダーシップについて学ぶことができるようになったという意味でもあるのだ。グローバル化の進んだ今は、タイのバンコクでメキシコ料理のナチョスを食べることも、南アフリカのヨハネスブルグで寿司を食べることも、レバノン料理であるバクラバを米国のネブラスカ州のオマハで食べることもできるだろう。

インドのバンガロールとカナダのバンクーバーで働いているビジネスパーソンの、会計処理の秘密のスキルをこっそり使わせてもらうこともできるようになるだろう。石油価格の高騰にもかかわらず、実際に世界を見たり世界中の人々とコミュニケーションを取ったりする機会は、今までとは比べ物にならないくらい激増している。ＣＱを使うことで互いへの敬意と世界中の人々への尊厳を根底に持ちつつ、小さくなりつつある世界に関わり、個人や組織の目標をスムーズに達成することができるようになるだろう。本書は読者諸氏が優雅にそしてスムーズに、小さくなりつつある異文化で溢れる世界への旅路につくことができるようにその道筋を指し示すものだ。読者諸氏とこの異文化への旅路を共有できることに至上の喜びを感じつつ。

ミシガン州グランラピッズにて
デイヴィッド・リヴァーモア（博士）

パート１　グローバルなビジネス・リーダーにとってのＣＱ

第1章　文化の影響は侮れない
――なぜＣＱが必要なのか

リーダーシップを執ることが多文化が混在するビジネス環境でのあくなき挑戦であることに疑問の余地はないだろう。グローバル化の進んだ市場で私たちは他社と競合し、多様性に富んだ社員を統括し、絶え間なく大きく変化している市場のトレンドに置いていかれまいと躍起になっている。しかしこの難しい挑戦であるはずのリーダーシップへのアプローチの多くは「笑顔でこれらのタブーは避けていれば大丈夫」などの恐ろしく短絡的なものか、「異文化のプロでないなら異文化圏へ行くべきではない」などのびっくりするほど極端なもののいずれかだ。ＣＱの概念はこのリーダーシップを取り巻く現在の状況への解決策を見出せる可能性に満ちている。ここで紹介するＣＱの四つの能力は、どのような異文化状況でも、うまく文化差を切り抜けてビジネスを進める上で大きな助けとなるだろう。

何が異文化圏において個人または組織のビジネスゴール達成の妨げになり得るのだろうか。文化的多様性に富んだチームをスムーズに運営するには何に気をつけるべきなのだろうか。どのような異文化状況でリーダーは最も疲弊するのだろうか。ノルウェーと中国のチームメイトに対して、読者諸氏ならどのような指示を出す必要があると思うだろうか。複数の異なる文化圏出身のチームメイトに対し、リーダーとしてどのような研修を受けてもらうのがよいと考えるだろうか。ハッキリと正直な感想を述べることよりも、相手の面目を保つことに重きを置く文化圏出身の同僚から、どのような方法で率直かつ忌憚ない意見を引き出すことができるだろうか。そして急速にグローバル化の進む世界で直面する、全ての異文化に適切に対応するにはどうすればよいのだろうか。CQが高くなればこのような問題に解決の糸口を見出すことができるに違いない。

私は一生涯異文化に魅了され続けてきた。遥か昔、私がニューヨーク育ちのカナダ系米国人の少年の頃から、家族に連れられて国境を越えカナダで暮らしていた親戚を訪ねる度に発見する文化の違いに、引き込まれるような魅力を感じたものだった。米ドルとは違うカラフルな紙幣、同じ北米の英語であっても存在するカナダと米国の言葉遣いや表現の差、空港の税関を通り抜けると食べられるさまざまな国の料理などの虜になった。今まで自分が生徒として受けたり教員として教えたりしたどの大学院の授業よりも、自分自身の異文化体験からリーダーシップ、グローバルイシュー（訳者注：環境問題などの地球規模の問題）、文化による信条の違いや仕事の仕方などに関して比べものにならないくらい多くのことを学んだ。母語ではない言語を話していて発言がつかえて笑われたり、意図的ではないにせよ行儀の悪い食べ方をしてしまって失笑を買ってしまったこともある。民族的背景の異なる同僚に私が長々お世辞を言いすぎたために、彼らが気分を害していたと後になって知り身の竦《すく》むような思いをしたこともある。それでも仕事を通じて育んだ文化を越えた友情のおかげで、よりよいリーダーや教師、父親や友達、市民でいることができている。CQという学問領域のおかげで、私は国外で仕事の準備をしたり現地の異文化を理解したりする際のスムーズな実りある方法を発見するに至った。

CQは国や民族、組織などの文化差を乗り越えて異文化圏で無駄なく立ち回れる能力を指す。またCQは後天的に学び習得することができる能力でもある。つまりCQを身につけることでリーダーはさまざまな異文化圏で包括的に役立つスキルや視点を得ることができるのだ。CQは物事の進むペースが極端に速いグローバル化時代に、部下からリーダーへの期待にそぐうスムーズなリーダーシップを執る上で重要な四つの異なる能力から成るアプローチだ。本書はCQを用いてリーダーシップを執る上で必要な四つの能力を用いて、いかに競争力を上げるための能力を身につけるのかを紐解いてゆく。今抱えている異文化圏でのプロジェクトについて少し考えてみて欲しい。

CQの四つの能力とは以下の能力を指す。

1　CQへの動機　プロジェクトの文化的な側面に目を向けることになった動機は何か。

2　ＣＱに関する知識　どの文化差がこのプロジェクトに一番影響を与えているのか。

3　ＣＱに関連した戦略　文化差という視点を使ってどのような計画を立てるのか。

4　ＣＱを用いた行動　異文化圏でのプロジェクトに向けてスムーズに無駄なく立ち回るためにどのように行動を変える必要があるのか。

今この四つの質問に答える術がなかったとしても焦る必要はないが、ＣＱがどのようなものか、またどのように育むことができるのか詳しく説明する前に、ＣＱとリーダーシップの関連について少し紐解いてみることにしよう。

ミシガン西部からアフリカ西部へ

話は私がリベリアの首都モンロビアへ向かう飛行機に乗る前日まで遡る。アフリカ西部の海岸沿いの小国リベリアは、これまで自分から進んで訪問することは決してない場所だった。しかし当時勤めていた大学がモンロビアの大学と提携を結んだことを皮切りに定期的に訪れる場所になった。長い間ヨーロッパやアジア、ラテンアメリカで仕事をしてきて現地の勝手が分かっているが、アフリカ西部はいまだに慣れないし勝手がよく分からない。しかしグローバル化が進み文化的に平坦になった世界では、最も馴染みのない場所でさえもまるで馴染みのある場所かのように感じることがある。宿泊先のホテルのWi-Fi、ダイエットコーラが街中で買えること、米国から地理的に遠いモンロビアのような場所での米ドルの使用などもその例だろう。そのような状況でもリベリアのような馴染みのない国でスムーズに仕事を進めるにはかなりの異文化適応を必要とする。

世界で急速にグローバル化が進んだために、日常生活や仕事の場が前例のないくらい多くの世界中の人や場所、問題との出会いに満ちていることは本当に素晴らしい。世界がかなりフラット化（訳者注：均一化）してきているように感じるが違うだろうか。この表現はジャーナリストのトーマス・フリードマン氏が、「フラット化する世界」という言葉を、すでに産業化の進んだ市場と新規市場との間の競争の激しいはずのビジネス市場がフラット（訳者注：平坦）になってきているという意味で使用し、瞬く間に世界中に広まったものだ。

西アフリカへ向かう前日は、一週間留守にする前の片付け仕事に追われた。ドバイ、上海、フランクフルト、ヨハネスブルグからのEメールに返信し、クアラルンプールと香港のクライアントと電話で話した。私と妻はお気に入りのインド料理屋で手早くランチを済ませ、私たちが帰り道に買うつもりでいた野菜を自分たちが買うのだと言い張るスーダン出身の難民とも少し話した。学校でのシンコ・デ・マヨ（訳者注：メキシコの一八六二年のプエブラ会戦時の勝利を祝う行事）のお祝いのために子供たちが学校へ戻る前に、私はクレジットカード会社に電話をかけてインドのデリーにいる接客担当者と話した。私が暮らすミシガン州のグランラピッズのような小さな町でも、異文化との接触は毎日かなりの頻度で起こりうる。

ひょっとしたらフラット化した世界を旅するのは以前よりは簡単だろうと言う人もいるかもしれないが、グランラピッズからモンロビアまでたどり着くには入念な計画も体力も必要とする。モンロビアへの空路での移動と現地での会議の予定は、週に三日モンロビアに飛んでいる唯一の欧米系の航空会社のブリュッセルエアーのフライトのある曜日の近くにまとめなくてはならない。しかしそれでもなお私が家族と朝食を共にできる日が一日取れたり、その後二十四時間以内に私がアフリカ西部の大西洋岸をランニングできたりする事実は驚くべき素晴らしいことだ。そういう意味では本当に世界はフラット化してきていると言えるのかもしれない。

ブリュッセルからモンロビアまでのフライトで、私はアトランタに暮らす二十二歳のリベリア人のティムと席を隣り合わせてしばらく話した。十年前のリベリア内戦の時に両親が彼が米国へ亡命できるよう取り計らってくれて以来、初めてのリベリアへの里帰りにかける彼の想いがいかほどなのか熱を込めて説明してくれた。

飛行機がモンロビア空港に着陸すると国連専用機が向かい側に停まっていた。思えばつい八時間前には朝食のワッフルを買いにベルギーのブリュッセルの通りを歩いていたのに、今はモンロビアの入国審査場に向かっている。複数のタイムゾーンをくぐり抜けての旅はまんざら捨てたものでもないのかもしれない。

ティムと私が手荷物受取所で並んで荷物を待っているすぐ傍に、軽く百歳を超えていそうな風貌のティムの荷物担当の年配の赤帽が立っていた。赤帽は「滞在は長いのかい?」とティムに訊き、ティムは「たったの二週間だよ。もっと長いとよかったんだけど。」と答えた。赤帽は大声で笑いながら「米国出身なのにどうしてだい?」と訊いた。ティムは「向こうは暮らしにくいんだよ。ここに長く居られたらいいのにな。こっちの方が暮らしやすいからさ。」赤帽はさらに大きな笑い声をあげて、ティムの背中をバシバシ叩きながらこう言った。「変わってるな! お前さんは。米国のパスポート持ってるんだろう? お前さんは人生の大変さが分かっちゃいないんだよ。俺は三十七時間ぶっ続けで仕事して、六週間給料未払いだったこともあるぜ。でも俺はこの仕事を辞めなかったよ。今は職にあぶれてる人ばっかりだからな。それにひきかえお前さんはどうだ? ちゃんと食べていけてるし、健康的だし、肉付きもいいじゃないか。何より米国で暮らせてるんだぜ!」ティムは頭を振りながらこう言った。「おじさんは何も分かってないんだよ。米国での生活がどれだけ大変なのか想像もつかないんだろうね。もういいよ。僕の荷物はどこ?」そう訊ねるティムの広い肩のあたりに疲弊感が漂っていた。

赤帽が海外で二週間の休暇を楽しめるだけのお金の余裕のある二十二歳の若造が「生きづらい」と思っていることを笑えるくらいおかしいと思うのも、アトランタ在住の若いリベリア人としてのティムの苦悩も私はどちらもよく理解できる。統計的に見てティムが米国で白人と同じように公平に扱われる可能性は決して高くない。アフリカ系の外見のティムが近づいて来ただけで、どれほど多くの人が警戒して車の鍵を閉めたか分からない。フィットネスセンターでの仕事を得るために白人以上にどれほど余分な苦労をしたか分からない。加えてティムはリベリアにいる家族や友人からどれほど途方もない期待をかけられているのか機内で私に話した。彼の家族は戦争中にリベリアから亡命できなかったため、家族の生活を支えるために自分にできることくらいはしようと彼は米国から家族に仕送りをしているのだった。旅行中のこのような何気ない会話は、リベリアではどのようにビジネス交渉を進めるべきか重要な手がかりを与えてくれたりするものだ。

モンロビアの空港から出ると頭の天辺から足の先までオレンジ色で鮮やかに飾り立てた、まばゆいこぼれんばかりの笑みをたたえた女性が、スマートフォンに入れて使えるＳＩＭカードを五ドルで売っていたので、カードを買って家族にショートメールを送って無事に着いたことを知らせた。歩いたりショートメールを送ったりタクシーのドライバーを探したりしている間、私は道でくつろいでいる女性につまずきかけたり、子供が飲み水を売っているのを見たり、リベリアの平均寿命から考えると晩年を迎えているであろう同年代の男性とすれ違ったりした。自分のスマートフォンからショートメールを送って外国だった景色が身近に感じられ始めた矢先、我が子と同年代の子供が水を売っているのを見ると全く同じ場所がまた馴染みのない外国に感じられたりもする。

一晩ぐっすり眠った翌朝にホテルの近くの泥だらけの道をランニングした。何度も近くの井戸から汲んできた水を入れたバケツを頭の上にのせた子供とすれ違った。泊まったホテルの大きなダイニングルームのテーブルに着くと、半熟卵、ゆで卵、食パンを一切れとインスタントコーヒー一杯の朝食が用意されていた。この朝はインドとスウェーデンの国連コンサルタント、米国の経済学者、何人かの北米のビジネスマンと英国人の内科医が朝食の席に着いていた。

私は隣の席に座っていた米国人のキャリアウーマンと話し始めた。彼女は米国の離乳食の会社の社員だった。この二年間でこれが五度目のモンロビア出張だと告げた。最初の出張の後、「十五年間の戦争の後、亡命先の外国から帰国してきて海外の離乳食に慣れているリベリア人が相当数いるので、リベリアには経済成長のポテンシャルの高いマーケットがあるので進出するべきだ。」と会社を説得したそうだ。国外に亡命して海外の離乳食の栄養価の高さと便利さを目の当たりにしたリベリア人は、戦時中リベリアに残っていたリベリア人にも離乳食を買うように帰国後に勧めることを見込んでのことらしい。会社はすでにコンテナ何台分もの離乳食を送ってきていた。リベリアの食習慣に関する市場調査を元にどの種類の離乳食を送るか決めたそうだが、パッケージは赤ちゃんの写真が載った米国の製品と全く同じものだった。実際に食べさせてみることができるよう離乳食の無料サンプル配布などプロモーションから離乳食の発売を始めたが、サンプルを手に取る人はかなり少なく、破格の廉価で販売したにもかかわらず購入した人はもっと少なかった。離乳食の売上は会社側がアフリカの食品会社はラベルに中身の食べ物の写真を載せていることに気づくまでずっと低いままだった。だから瓶に赤ちゃんの写真のラベルを貼っていては離乳食は売れなかったのだ!

そのキャリアウーマンの話を耳にした向かい側に座っていた白髪の英国人の医師が会話に入ってきて経験談を語った。ロンドンから六ヶ月前に薬の入った木箱を数箱送ったにもかかわらず、まだリベリアに届かないらしい。この二、三ヶ月毎週二、三回、ロンドンからモンロビアの船着場に連絡したが、その都度まだ届いていないと告げられたそうだ。モンロビアに着いてからもほぼ毎日港へ行って彼の荷物が届いたかどうか尋ねているが「また明日来てもらえますか。次の便で来るはずなんで！」と言われ続けていまだに木箱が届かないのだそうだ。彼はもう薬が届くことを諦め始めていて、そうなると彼のリベリア出張はただの時間の無駄になってしまう。しばらく考えている様子を見せた医師は「この出張はただの時間の無駄だったのかもしれない。」と落胆した様子を見せた。

私も続けて文化の違いによって我が身に降りかかった不運な出来事を二つ三つシェアして、文化差によるトラブルは後で振り返れば笑い話だけれど、その時々に感じるストレスやお金の無駄は笑い事では済まされないと話を締め括った。この朝の会話をきっかけに異文化圏でリーダーシップを執る上で付き物の多くの挑戦を思い出した。そして二、三分後に私は再び一人で現実と向き合うことになった。

私のリベリア出張の大きな目的の一つは、私たちがリベリア全域で展開しているパートナーシップにマディソン・カレッジ（仮名）というリベリアの学校を含めるかどうかを決定することだった。我々の担当者はモージスという戦後に母国の教育システムを立て直すべく奔走していたリベリア人だった。モージスは彼の父親の八十五人の子供の中で最年長の第一夫人の子供であり、それはつまり父亡き今、彼が家族の中で一番地位が高いことを意味した。モージスは背が低く体軀ががっしりしていて酋長のように振る舞った。彼はマディソン・カレッジとは距離を置いた方がよいと何度も私達に忠告した。ジョーンズ博士というマディソン・カレッジの学長の不誠実さや倫理意識に関する懸念からしかった。今朝モージスと一緒にハリス博士という、もう一人のモンロビア側のキーパーソンに会ってきた。ハリス博士はジョーンズ博士やマディソン・カレッジについてよく知っている背の高い物静かな男性で、私たちと話している間もデスクの前から離れようとせず、紺のスーツを着て姿勢よく厳格な様子で椅子に腰掛けていた。

はっきりとした直接的なコミュニケーションをとりたいのが北米出身の私の好みなので、紋切り型のお互いの紹介が終わるとすぐ、ハリス博士がマディソン・カレッジで時々教えていると切り出したのをきっかけに会話を始めた。

デイヴ　ハリス先生、マディソン・カレッジでのご指導はいかがですか。よい学校だと思われますか。

ハリス博士　もちろんマディソンでの指導は、非常に楽しませていただいていますよ。やる気のある学生も多いですし……

デイヴ　ジョーンズ先生はどのような方でしょうか。彼のリーダーとしての資質についてはどのようにお考えですか。

お気づきかも知れないが、私は直接的に話してはいるが「はい」か「いいえ」で答えるのではなく、回答に具体的な説明が必要なタイプの質問をしている。米国では誰かに意見を求めるときうまくいくコミュニケーションのアプローチだ。

ハリス博士　マディソン・カレッジはとてもよい学校ですよ。ジョーンズ先生は戦前から長くお勤めでね。

このアプローチがあまりうまく答えを引き出せていないことに私は気がついた。ハリス博士との時間は限られている上、彼のジョーンズ博士に関する率直な忌憚ない意見を必要としていたので思いきって単刀直入に訊いてみることにした。

デイヴ　ハリス先生、これからお伺いする内容を不躾に感じられたら申し訳ありません。ジョーンズ先生や彼のリーダーシップに関する懸念をいくつか耳にしております。微に入り細に入り詳細をお伺いする必要はないのですが、ジョーンズ先生やマディソン・カレッジとのパートナーシップを検討しているものですから、私どもとしても巨額の投資をすることになりますので、ジョーンズ先生について私が耳にした批判に関して、先生のご忌憚のないご意見をお聞かせいただけないでしょうか。

ハリス博士　マディソン・カレッジとのパートナーシップはきっと貴学の学生さんにとって素晴らしいものになることでしょう。私たちの学校にはそのような米国の学校とのパートナーシップは何もありませんから。戦争で全て失ってしまいましたのでね。さあどうぞこちらへ。

私は完全に雲をつかむような状態だったわけではない。何が起きているのかなんとなく分かってはいたのだが、ただの茶番としか思えないもののために使っている時間もなかったので、もう一度尋ねてみた。

デイヴ　ええ、ですから先生のご意見をお伺いに来たのです。ジョーンズ先生についてのご意見をいただけないでしょうか。彼は重要なパートナーシップの相手として勧めるに足る信頼に値する人物でしょうか。

ハリス博士　マディソン・カレッジが戦火をくぐり抜けてもなお開講され続けているのは素晴らしいことです。もちろん戦火のひどい時には学校の一時中断などもありましたが。反逆軍の兵士がモンロビアを占拠したにもかかわらず、マディソン・カレッジは一番初めに再開した学校の一つですからね。とても優秀な人材を揃えておられるからできたのでしょうな。

デイヴ　ジョーンズ先生の経営手腕に関しても好印象をお持ちですか？

ハリス博士　ジョーンズ先生は多くの貢献をして来られましたよ。私たちは長年の友人でね、小学校の同級生だったのです。あなたの学校がマディソンをお助けになられるのはとてもよいことです。もし必要でしたら彼をご紹介しますよ。

会議が終わって部屋を出る際、私はモージスに「君のジョーンズ先生に関する懸念を信用していないとは思わないで欲しいんだ。ただ彼の意見も重要なんだよ。だからと言ってこのパートナーシップを差し控えた方がよいという君の意見を真摯に受け止めていないわけじゃないから。」とモージスに伝えておきたかったのでショートメールを送った。

幸いモージスは私のような北米のコミュニケーションスタイルを使って、私が理解できるような要点を得た話し方の術を学んでいたのでこう返信してきた。「デイヴ、本当に分からないのかい？ジョーンズ先生に関していろいろと思うところがあったとしても、ハリス先生があけすけにそんなことを君に話すわけがないだろう？俺がいない時にそんなこと絶対に訊くべきじゃなかったんだよ。彼が同じリベリアの同胞のことを会ったこともない米国人の前で悪く言うわけがないだろう？あの二人は子供の時から一緒に育った幼馴染なんだぜ。何を話してもらおうと思ってたんだよ？」

私はこう返信した。「まったくだね！　別に詳細を全部教えてくれなくてもよかったんだよ。もしハリス先生がよく話題に上るジョーンズ先生の不適切な言動に気づいているなら、もう少し調べた方がいいと勧めて欲しかったんだよ。もし幼馴染の中に他人のお金を着服した奴がいて、誰かが僕にその友達について尋ねたら僕なら事実を教えるだろうからね。」

モージスはもし彼自身がハリス博士と二人きりでいたら、もう少し込み入った話をしてくれたかもしれないと説明した。「でももしハリス先生が幼馴染を俺や君の前で批評するような真似をしたら、それは僕にも彼にも恥でしかないんだ。しかもマディソン・カレッジでも教えてる先生なんだぜ？　ジョーンズ先生の不品行についてあけすけに話すことは、彼自身の顔にも泥を塗ることになるんだ。俺がいない時に彼にそんなこと訊くべきじゃなかったんだよ！　絶対に！」と彼は続けた。

リベリアの文化規範やコミュニケーションの取り方について全く何も知らなかったわけではないが、パートナーシップの一件を進めるために必要な情報を得ることができずに行き詰まっていたのだ。普段ならこんな時には自分と似た文化的背景を持つ人と会話をして問題をうまく処理するのだが、ここでは私が北米で無意識に使っているコミュニケーションスキルも、説得する時に使う戦略もうまく機能しなかった。こんな時こそCQの出番となるのだ。CQは自分とは異なる文化背景を持つ人たちと仕事をする時、きちんと業績を上げつつも私たちのリーダーシップの戦略をうまく異文化に適応させて修正することを手助けするだろう。私がリベリアで抱えたジレンマをCQがどう解決したのかについては、後ほど詳しく紐解いてゆこう。

リーダーは文化の影響を侮るべからず。

世界の68カ国の90％の会社重役は、異文化圏でリーダーシップをスムーズに執れるようになることを今後の課題として挙げている。現代のリーダーは毎日夥しい数の文化に遭遇しながら業務をこなしているのが実情だ。全ての文化規範や価値観をマスターすることは不可能に近いが、異文化圏でスムーズにリーダーシップを執るためにリーダーシップのアプローチやビジネス戦略の修正が必要になるだろう。以下の4つの理由からCQは今日のビジネスにとって重要なのだ。

＊多様化する市場ニーズ
＊社員の多文化化
＊優秀な才能を持つ人材の採用と定着
＊利益率と経費節減

文化とリーダーシップ

リベリアのような西洋の多くの国と文化規範の大きく異なる文化圏について考えるならば、グローバル化が進んだ現在においても世界はそこまでフラット化しているわけではないことになる。リベリアを含め世界の多くの国は個人主義的ではなく全体主義的なので直接的で明瞭な物言いは好まれず、権威主義的な社会構造やヒエラルキー、相手の面子を潰さないことなどに重きを置く傾向にある。（詳細は第5章を参照。）このような強烈な文化の違いを今は多くの人がまるで日常生活で本を読むのと変わらないくらいのかなり高い頻度で経験している。二十四時間単位で複数の文化差と出会うことが当たり前の現代の生活に慣れていると、グランラピッズとモンロビアの違いであれ、フランスとドイツの違いであれ、スターバックスとシェル石油の違いであれ、一つの文化とその次に出会った文化の違いとがあまり違わないかのような錯覚に陥ることもある。フリードマン氏の「フラット化する世界」は年々熾烈化を極める市場競争と、成長の著しい経済市場に限定して当てはめて考えるなら妥当な概念なのだろう。しかし「フラット化する世界」の概念は、ビジネスをいつも通りのやり方で世界中どこに行っても行えるという意味で使うことは決してできないのだ。

実際のところ六十八カ国の九十%の会社重役は、異文化圏でリーダーシップをスムーズに執れるようになることを今後の課題として挙げている。世界を股にかけて飛び回り異文化と接点を持つことは、かつては州政府の上役、政治家、ＩＢＭや三菱のような大手の多国籍企業の重役などに限られていた。今日ではリーダーと名のつく人の多くが夥《おびただ》しい数の文化との接点やその文化圏の人々とのコミュニケーションを経験している。意外かもしれないが異文化との接点は、入国審査場を通り抜け新しい食事や言語で満ちた魅力的な世界への出張、毎日の海外とのＥメールのやり取り、向かいの席で仕事をしている異文化圏出身の同僚とのコミュニケーション、世界中に散らばる全員の文化アイデンティティが異なるチームメイトとの、時差ゆえの自身のタイムゾーンでの朝六時からの電話会議などの意外と身近なものでもある。

直感に頼ってのリーダーシップや、自身の分野に関する専門知識がリーダーシップを執る上で重要なことに変わりはないが、それだけでは人知れずその組織に存在するグローバルなキャパシティを最大限に引き出して活用するには不十分だと言えよう。病院の経営者は毎日多様な文化背景を持つ患者の治療を担当するヘルスケアの現場職員の能力を見過ごしがちだ。軍の司令官たちは、もしうまくゆかなかったらBBCやCNNに国際ニュース速報として取り上げられかねないような、極めて重要な指令を十八歳の若者に出している。そして会社重役はこれから成長を遂げゆく新しい市場で商品やサービスをスムーズに売ったり作ったりすることのできる才能ある人たちを見抜いて雇用し、彼ら相手にリーダーシップを執らなくてはならないのだ。

重役の多くはCQを使わずにリーダーシップを執った場合、同じ仕事を終わらせるのに余分な時間がかかる、出張の時間と費用が嵩む、社内でイライラと混乱が募る、仕事の質が下がる、利益が減る、自国でも海外でも職場の人間関係が悪くなる、好機を逸するなど望ましくない結果に終わりがちだと報告している。しかしCQをリーダーシップに活用することができれば、数え切れないくらい多くの可能性の扉が開かれることは間違いないだろう。

多様な市場

ターゲットにする顧客層がたったの一グループだけで済んだ時代は多くの組織にとって過去の話ではないだろうか。今や多くの組織やリーダーは、好み、行動、思考パターンなどが異なるどころか真っ向から対立することさえある複数の顧客層を相手に仕事をしている。米国の市場では人参のピュレの写真を離乳食のラベルに貼っていては製品の売上を下げかねないが、リベリアの市場でならば多くの売上につながるだろう。「米国中西部で信頼のある老舗」や「三世代続きの中国人による経営」などの謳い文句は、特定の顧客層からの信頼に繋がっても別の顧客層には倦厭されることになりかねない。

米国市場より日本市場での売上の方が大きいコカ・コーラ社を筆頭に、企業の収支に占める海外市場での売上は二〇一二年現在、今後三～五年間で三十～五十％増加すると予測されている。二〇〇三年までの時点で米国の大手フランチャイズ・チェーンの五十六％の事業主は国外市場でも取引を行っており、ダンカン・ドーナツやKFCのような会社は国外でも相当な額の売上を計上している。新興市場のニーズに関する情報はグローバル・ビジネスに一番重要で、中でも中国とインドの経済成長の勢いは凄まじい。英国の有力経済誌である『エコノミスト』のCEOブリーフィングの報告では「米ドルで年収五千ドル（訳者注：一ドル140円換算で日本円で約七十万円）の世帯数が、中国で今後五年間で二倍に、インドでは三倍になる」と報告されている。つまり今後十年間で中産階級の所得層は、世界でおよそ十億人増えることが予測されているのだ。

二〇一二年にエコノミスト誌の調査部門が数百名の世界中の多国籍企業のCEOを調査した結果、米国で経済不況を経験すると多くのCEOは事業撤退ではなく国際展開を考える傾向にあり、米国の不況は国外市場への展開のチャンスと捉えていたことが判明した。有名なSNSの一社Facebookのユーザーの七割は北米以外の場所で暮らしていて、国外ユーザーの割合は今後も増え続けると見込まれている。過去十年間のGE社の経済成長の二十％は国外新規市場からの売上で、今後十年間で国外市場からの売上は六十％に増加する見込みだ。本社が私の暮らす小さな都市にあるアムウェイ社の歳入の九割は国外市場からの売上であるため、物理的にアムウェイの社員はミシガンの社屋から出ていなくとも、世界中の同僚や顧客が抱えている問題と関わっていることになる。国際事業展開を計画中の中国企業の数はこれまでに類を見ないほど増加し、中国の経済成長は今後も続くと見込まれている。中国のPC大手レノボ社はブラジルのCCE社やドイツのメディオン社などを買収し、日本のNECとの共同ベンチャー事業を起こしている。南アフリカは世界でも類を見ない炭鉱事業の長い歴史を持っているだけでなく、過去十年間で遠距離通信業、小売業、MTNやウールワース、サブミラーなどのビール醸造業社など、多くのさまざまな業種の南アフリカ企業の外国市場への急激な流入が見受けられた。

中国、南アフリカ、ドイツ、米国、日本など多くの国のリーダーは絶好のビジネスのチャンスが異文化圏の市場にあることを知っている。私たちが商品を売り込みにゆくことのできる全てが統一されたグローバル市場など存在はしない。今日の組織やリーダーは顧客を理解してスムーズに取引する上で、グローバルでありつつも地域の文化規範に根ざす、いうなれば「グローカル」であることが必須なのだ。

多様な文化背景を持つ社員

国内外の複数拠点に分散している多様な文化背景を持つ社員の統括は、今日のグローバル・リーダーが越えるべき高いハードルだ。スムーズなコミュニケーションや信頼関係の構築はリーダーシップを深刻に左右しかねない重要な事柄だが、文化背景の多様なメンバーで構成されるチームで、どのようにスムーズにコミュニケーションをとったり信頼関係を構築したりするか学ぶことは前代未聞の挑戦と言えよう。人事政策、モチベーションアップ、業績評価などをチームメイトの個々の文化に合わせて、その都度方法の修正や変更を行う必要があるからだ。加えてグローバルな社員との接点は、欧米の会社からインドへのサービスの外部委託、中国に工場を置いての商品の製造、もしくはインドからフィリピンへの事業の外部委託などでもあったりする。このようなグローバルなビジネスチャンスのコスト、利益、成果などの予測は想像を絶する複雑怪奇なものとなる。

現段階で最も包括的なグローバル・リーダーシップに関する研究と見なされているGLOBEと略される組織行動に関する研究では、多様な文化圏でのリーダーシップに関する共通点と差異について調べるため六十二カ国のリーダーと部下を調査した。その結果「明瞭なコミュニケーション」が世界中で部下がリーダーに普遍的に求める特徴だと分かった。そして「倫理的ではない言動」が文化圏を問わず部下が上司に望まないことも浮き彫りになった。ところが何が「明瞭」で、何が「倫理的ではない」のかは、どの文化圏に焦点を当てるかによって全く変わってくる。お金の着服を倫理的でないと判断するリーダーもいれば、友人を誹謗中傷することの方がもっと非倫理的だと思うリーダーもいるだろう。GLOBEの膨大な研究成果から浮き彫りになったことは、特定の文化圏出身の部下がリーダーに求めることが、別の文化圏出身の部下がリーダーに求めることと劇的に異なっていたり場合によっては矛盾していたりすることだ。たとえばドイツで調査した組織では、リーダーが部下の意思決定プロセスにある程度関わるタイプの参加型のリーダーシップが必須と見なされることが浮き彫りになった。しかしこの類のリーダーシップは、権威的なリーダーシップが明瞭さと強さの現れと見做されるサウジアラビアではリーダーの弱さの現れと見なされるらしくすこぶる不評だった。

リーダーシップの嗜好の多くは文化が擁する価値観と深い関わりがあるため、リーダーシップの嗜好と文化についても本書の中で詳しく見てゆこう。今日の多文化の交錯する世界でリーダーシップを執る上での難題は、前述のドイツとアラブのように相反する価値観をよしとする文化を持つチームメイトが同じ一つのチームに在籍することだ。文化的な価値観の違いは交通渋滞のようにチームの進路を行き詰まらせかねないが、CQを使うことは複数の異なる文化で構成されたチームの運営に大いに役立つことだろう。さまざまな市場に関する深い知識を備えていて世界中に会社の拠点があれば、時差のおかげで二十四時間常に稼働している労働力を持つことが可能で、その労働力をうまく統括できれば多様な意見が出やすいイノベーションのポテンシャルが最大の組織を持っていることになる。革新的なアイデアを生み出す上でポテンシャルが高いものは多様性以外にも存在するが、チームに多様性が存在していてもCQが低ければイノベーションには繋がりにくい。チームメイトが会議で意見を述べる頻度に多様性がどのくらい影響するか調べた調査結果によると、CQのレベルが低ければ文化的に多様なチームよりも均質なチームの方が、はるかに議論もはかどり革新的なアイデアを生み出しやすいことが判明した。一方でCQのレベルが高い場合は文化的に多様なチームの方が均質なチームよりもはるかに多く革新的なアイデアを生み出した。よい仕事のできる文化的に多様なチームは文化によって異なる価値観や期待をいったん脇に置き、揉め事を最小限にとどめてできる限り多様な視点を活用するための一貫した戦略的なアプローチを生み出してよい解決策を生んできたのだ。

文化差ゆえにチームに存在する全ての異なる好みや要求に応じることは不可能だとしても、チームメイトと信頼関係を築いたり、売上目標を到達したり、仕事の業績を上げたりする上でCQは大いに役立つだろう。このような項目の達成に向け、どのように文化差を越えてチームメイトと共有できる基準を策定するのか、またCQが高いとどのように同僚やチームメイトの文化に合わせたリーダーシップの適応ができるようになるのか、その具体的な方法や事例は後章で見てゆこう。

優秀な人材の確保と定着

CQは優秀な人材の採用、成長、定着率の維持などグローバル・リーダーへの挑戦について言及する際にも必要な概念だ。新市場で成功するリーダーは自由裁量で決められる業務上の選択肢を多く持ち、CQの高い方法で操業している重役や会社を常に探しているものだ。中国のスタンダード・チャータード銀行のCEOキャサリン・ツァン氏は、将来のリーダー候補であるグローバル・マインドを抱く若者を採用し、長く働いてもらうためのスーパー・ハイウェイ（訳者注：日本語で言うと「スーパー高速道路」）というシステムを作り、優秀な人材の採用、成長、定着率の向上に成功した。「実際に現場に行って仕事をしてみる」というツァン氏のチームのスローガンには「グローバルなネットワークを使って実際にさまざまな団体と仕事をする」という意味と、「そこでの協働経験を通じてグローバル・リーダーシップに関する知見を増やす」の二つの意味がかけられている。他者との熾烈な優秀人材確保の競争のプレッシャーこそがツァン氏の会社のCQを常に高く保っている要因だ。

CQは国外駐在などの国際業務に就く場合にはとりわけ重要だ。駐在員として国外勤務を命じられた課長職の十六～四十%が、駐在を予定より早く切り上げて帰国しているからだ。仕事のスキルの問題ではなく異文化に関する問題が駐在を早めに切り上げた理由の九十九%を占めている。海外への引越、駐在の影響による業務停止期間などの直接経費と間接経費を全て含めると、駐在の失敗は米ドル換算で二十五万ドル（訳者注：一ドル140円換算で約三千五百万円）から百二十五万ドル（訳者注：一ドル140円換算で約一億七千五百万円）の経費のロスに繋がると推定される。

CQは長期間の国外駐在未経験の社員には必要不可欠なものとなりつつある。短期の国外出張で同僚や顧客と仕事をする機会や、自国にいながら国外のクライアントと仕事をする機会を持つ社員の数は今後ますます増えると予測されているからだ。CQを活用している組織はこのトレンドにそぐう優秀な人材の雇用や会社への定着に成功しやすいと言えるだろう。

利益率と経費節減

P&G社の技術部門の最高責任者だったブルース・ブラウン氏は、一九九〇年代に他社がさまざまな地域の市場での消費者の嗜好調査に関心を向ける中、P&G社は市場を問わず普遍的に売れるグローバル市場向けの商品開発プロジェクトを進めており、その際の大枚をはたいて得た学びについてこう語っている。日本市場でP&G社の当時の競合他社のユニチャーム社が、P&Gのグローバル市場向け商品よりも売れ行きのよい新商品を導入した時のことだ。「ユニチャームの商品がP&Gよりも売れ行きがよかったことは顧客満足度についての厳しい学びの機会だったよ。ボスは消費者であってグローバルな商品開発プログラムや商品製造機器ではないからね。P&Gは世界中でよく名前の通った存在になることはできたけれど各地域で消費者を喜ばせるための資質や社風が抜け落ちていたと学んだよ。」とブラウン氏は話した。

対照的にP&G社のCEOであるA・G・ラフリー氏は、各地域の消費者の嗜好や興味を知りたいと主張する。ラフリー氏は現地での顧客の家庭訪問と店頭チェックの準備が整わない限りP&Gの支社への出張を一切しない徹底ぶりだ。最近のイスタンブール出張ではトルコ人の女性宅を訪れ、食器や服を洗うのを見せてもらった。九十分ほど彼女と話すとラフリー氏はその地域のスーパーの棚を見て歩き、P&G社の商品とライバル社の商品がどのように陳列されているか確認した。出張中の家庭訪問がラフリー氏の一番重要な任務だ。各地域のスーパーをつぶさに見たいとのラフリー氏の主張は消費者のニーズをよりよく理解したいという思いと、重役にその発見を伝えたいとの思いからだ。年商八百億ドル（訳者注：一ドル140円換算で約一兆千二百億円）級の会社のCEOが、イスタンブールの一般家庭で二、三時間過ごすチャンスがあるなら、きっと同じことをするに違いない。

CQの高いリーダーシップは、新市場で商品をPRしたり売ったりしながら同時に利益を増やし、経費を節減し、ビジネス効率を上げることを意味するのだ。CQの高い駐在員はスムーズに新しい課題に取り組んで作業効率を上げるので、才能ある優秀な社員を海外に送る莫大な経費から得るリターンをどんどん大きくするだろう。CQと利益率の結びつきは他にも垣間見ることができる。たとえば会社や公人が文化差に関する不適切でCQの低いコメントをしたがために、自社の組織や商品、サービスの評判を地に落とし、全てを台無しにしたという類のニュースを耳にせずに過ぎる週はほとんどない。しかしこの類の問題をうまく処理できるリーダーは、所属組織の信用と市場での価値を築いてゆくことができるだろう。

市場競争で優位に立つことや利益率の増加、会社のグローバル展開などは多くの人がCQに関心を寄せる大きな理由だが、同時に仕事で関わり合う人たちに敬意を持って人道的に接したいという理由もあるのではないだろうか。CQは我々が異なる見解を抱く人に対しても善意を持って接する手助けになるだろう。敬意を持って相手の面目を潰さずに他者と関わりたいという渇望や意図だけでは、行動規範の異なる文化圏では実際の敬意ある行動に繋がりにくいからだ。ある種の形式的な礼儀正しさを適切だと感じる人は多いが、何が礼儀正しいと見做されるかは文化圏によって大きく異なる。私たちの相対する文化の異なる人々に、面目を潰されずに敬意や威厳を持って接してもらえていると感じてもらうためにはさまざまな行動や思考の修正や変更が必要になる。この種の変更や修正にこそCQを必要とするのだ。文化を越えてうまく人と関わり合い仕事をする能力はグローバル社会を生き抜く上で必要不可欠だ。CQを使えばグローバル・リーダーはサバイバルスキルを得るだけではなく、二十一世紀の世界を経済的に豊かにすることもできるようになるだろう。

グローバルなリーダーシップに関する神話

文化のビジネスへの影響は侮れない。だからCQは「あるに越したことはない」程度のスキルではない。むしろCQは今日のグローバル・リーダーには必須だと言えよう。だからこそ今やどのセクターも異文化圏でスムーズに仕事のできるグローバル・リーダーを躍起になって探していてCQを使ってリーダーシップが執れる人材の需要は高いのだ。にもかかわらずグローバル・リーダーシップについてよく耳にする内容は、経験的証拠に基づくものではなく神話や逸話による情報がほとんどだ。有名大学の評判のよいMBAプログラムの多くは入学希望者や雇用主に、グローバル・リーダーシップ力を育てることを謳い文句にしているが、実際に学生の「グローバル・リーダーシップ力」を育てることも、どの程度能力が育ったのか測ることもほとんどしていないのが現実だ。また多くの組織は誰が新しいグローバル・プロジェクトの責任者に就くべきか考える際に業務に関する専門知識の有無のみでしか判断をしない。グローバル・リーダーシップについて本を読んだり、話を聞いたり、他の人と話したりすると、結構な頻度で以下の四つの神話を耳にすることになると言っても過言ではないだろう。

神話その1　リーダーシップは第六感を使って行うべき

多くのビジネス業界の重役に広く一般的に受け入れられている意見は、リーダーシップは第六感を使って行うべきだというものだ。リーダーシップ力は天賦の才なのだから与えられているかいないかに過ぎないのだと。だからリーダーシップに必要なのは理屈ではなくガッツや勇気なのだと。リーダーがデータの詳細な分析よりも、ガッツや勇気を使ってよい決断を下しているという経験豊かな重役の驚くべき強みをサポートする研究成果も数点出ているが、それでもガッツ神話の過信は禁物だ。リーダーのガッツや勇気はその業界での豊かな職務経験と組み合わされて、その文化圏でリーダーとして思い切った決断をする際に必要な情報が無意識のうちに脳内にプログラミングされているからこそガッツに頼ってもうまくゆくのであり、リーダーがむやみにガッツや勇気だけを頼りにしているわけではないからだ。問題はリーダーが思い切った決断をする際に必要な脳内にプログラミングされておくべき情報が文化圏によって大きく異なり、馴染みのない文化圏で部署毎に異なる判断や決断を行う際には、自国の文化圏で脳内プログラミングされた情報があまり頼りにならないことだろう。これは驚くべきリーダーシップ能力を発揮している人が、他の文化圏で同じようにリーダーシップに挑戦して惨敗を喫する理由の説明としてはうってつけだ。文化の異なる場所ではリーダーシップの「第六感」はトレーニングをし直したり修正や変更をしたりする必要が出てくるのだ。

神話その2　世界は文化的にフラット化してきているのだから、もはや文化差を気にする必要はない

世界中において経済競争がフラット化してきているというフリードマン氏の説得力に富む見解についての私の賛辞は先述の通りだ。経済競争のフラット化ゆえに、フィリピンの出来立てホヤホヤの会社が

巨大な多国籍企業と互角の勝負をすることもできるだろうし、リーダーはこの類の現実の変化に気づけるくらいの頭は持っているだろう。しかし人々が世界はフラット化してきているというフリードマン氏のアイデアを、元来意図されているものよりも広い意味で使ってしまっているのをしばしば耳にして懸念を覚える。折に触れ「ビジネスシーンで文化の違いを排除して同じように行動することを前提にした、世界中で普遍的に通用するグローバルなビジネス文化というものは生まれ得ないのでしょうか。」と私に訊く人が増えているからだ。

ドバイやシドニー、ロンドンで、空港のラウンジにいる人々を見ると我々の文化の違いはあまり目立たず、全てが似通っているように見えるだろう。国外の訪問先でも外国からのゲストのために建てられたホテルやオフィスを訪ねるだけなら、明らかに存在する文化の違いに気づかずに終わる可能性は相当高い。しかし水面下を少しでも垣間見るチャンスを得たなら我々の文化が著しく異なっていることに気づくだろう。文化を問わずどこでも同じように人々を統括できると考えたいリーダーは、明らかに存在する文化の違いをわざと見て見ぬ振りをするかもしれない。もちろん文化差が全てを説明できるわけではないが文化はスムーズに交渉を進めたり、信頼関係を築いたり、イノベーションを促進したり、人々が共通の目的に向かって進めるようモチベーションを上げたりする上での原動力の一つでもあるのだ。

神話その3　ついてくる部下が誰もいないのなら、リーダーシップを執っているとは言えない

無論のこと部下が誰もついてこないのならば、リーダーシップを執っているとは言えないのかもしれ

ない。もしくは状況に合わない方法でリーダーシップを執ろうとしているのかもしれない。うまくゆくリーダーシップはリーダーの価値観やリーダーシップ・スタイルの問題だけでは済まない。本章ですでに言及したグローバル・リーダーシップや、GLOBEの組織行動研究の成果にも裏付けられているように、すべての部下がリーダーに同じことを求めるわけではないからだ。文化に根ざす価値観や部下の好みなどが誰がリーダーにふさわしいかの決定に大きく影響する。ビル・クリントンのような力強く堂々としていてカリスマ性のあるリーダーを求める部下もいれば、アンゲラ・メルケルのような行動も発言も控えめで実践力のあるリーダーを求める部下もいるだろう。スムーズにリーダーシップを執れるかどうかはリーダーシップ・スキルのみによって決まるのではなく、部下のリーダーに対する期待も反映された上で決まる「暗黙のリーダーシップ理論」で説明がつく。文化は人々がリーダーに期待したり求めたりすることに色濃く影響を与える側面なので、CQの高いリーダーはそれをよく分かった上でリーダーの職務を自ら引き受けたり、人を任命したりするのだ。

神話その4　国境を越えたリーダーシップには、マトリックス型モデルの方が向いている

多くの会社が本社が中心のリーダーシップモデルからマトリックス型モデルへと移行しつつある。業務報告ラインもこれまでのトップダウンの一直線型ではなく複数方向へ広がり、一つのチームが複数の拠点に位置していたり協働型の意思決定方法へと変化したりしつつある。しかし世界中の多くの国では誰が発言権を持っているかが明白で、上司が部下に明瞭で具体的な指示を与える権威主義的なトップダ

ウンのリーダーシップを今も好む傾向にある。マトリックス型モデルは国際的な企業の成長や展開に向けてのポテンシャルが高い反面、組織をスムーズに稼働させる上で別のCQも必要とするのだ。

Google社のリーダーから、企業文化がユニークなため採用担当者は新入社員を採用する際に社内でうまくやっていく素質を持っているかどうか見抜くため、画一的な採用基準を守るのだと聞いたことがある。しかし採用担当者が候補者の興味や、仕事の実績、心のうちに秘めた革新的なアイデアなどを探ろうとして訊く質問は、採用候補者の出身文化に合わせて修正する必要がある。ということはマトリックス型モデルの組織文化を持つGoogle社に見合う適切な候補者を見つけるためには、採用担当者のCQも高くなくてはうまくゆかないということになる。

グローバル・リーダーシップは神話でもなんでもなく、実際に複数の文化圏でスムーズにリーダーシップを執ることは可能なのだ。このスムーズなグローバル・リーダーシップの本質こそ我々が過去二十〜三十年間のCQ研究を通じて探り続けてきたことだ。本書のパートⅢで詳しく見るが、リーダーのCQがリーダーシップの顛末を語ることを証明する研究成果は増加の一途をたどっている。多様な文化圏でスムーズにリーダーシップを執る能力は計ったり成長させたりできることと、その能力の伸長は注意深いリーダーシップの現状の把握から始まることをお忘れなく。

結論

今空港で椅子に座って本書を執筆しているが、ふと一瞬どこにいるのか忘れそうになる。そして周りに見覚えのあるものがあるかどうかは、今どこにいるか思い出す手がかりとしてはほとんどの場合あまり役に立たない。ボディショップが目の前に、バーバリーのブティックが左側に、スターバックスは右側に、免税品店は角を曲がったところにある。隣の男性は必死でスマートフォンに何か入力している。シドニーやサンパウロ、ロンドンや香港、オーランドやヨハネスブルグの空港なら、見慣れた空港のトーテムポールが目に飛び込んでくるだろうし、今や世界は文化的にフラット化してきているのだと思い込むことはいともたやすい。それに世界が文化的にフラット化してきているというのはある意味では本当だ。今や六十二カ国のスターバックスのどの店舗でも全く同じグランデサイズのトリプルショット入りノンファットバニララテを注文できるのだから。そして次から次へと雨後の筍のように出てくるスターバックスの競合他社が別の名前の似たようなドリンクを多くの場所で提供している。だからと言って同じ交渉スキルや、ジョーク、やる気を出させるためのテクニックなどが無差別に所構わず誰にでも使えると勘違いしないよう気をつけた方が賢明だろう。

二十一世紀にリーダーシップを執ることは多面体のような世界でねじれや曲がり角をうまく避けて進んでゆくようなものだ。グローバル・リーダーシップを取り巻いている絶え間なく変化し続ける状況下で、どちらへ進むべきなのか分からなくなることもあるかもしれない。経験や直感だけではどちらへ進むべきか見極めるのに十分ではなくても、ＣＱはその迷路のような道筋を迷子にならずに進むため、回り道の少ない道筋を示すことだろう。世界中のＣＱを持つリーダーの集まりに参加し、急速にグローバル化の進みゆく世界でリーダーシップを執る実際の機会や、その顚末についての知識を増やすとよいだろう。

第2章　CQとは何か

フォーチュン社が選ぶ世界のグローバル企業総収入ランキングのトップ百社に入る有名な会社の副会長が、シンガポールでアジア人重役の一団に演説をする機会があった。北米出身の副会長は基調演説の大半をアジア好きであることの説明に費やした後で締めくくりにこう言った。「私はかれこれ通算で年間二百日以上アジアに滞在していましてアジアの食べ物が大好きなんです。本当に素晴らしい所です。アジアは世界経済の未来です！　できる限り頻繁に訪問するつもりでおります。」

アジア人が聴衆のほとんど占めていて副会長のアジアへの情熱に好印象を抱いている様子だったが、演説後の質疑応答の時間が来るや否や副会長の化けの皮は剥がれたのだった。「アジアへのコミットメントについて伺いますが、アジアでのビジネス戦略は米国での戦略からはどのように変えておられるのですか?」との不意を突く質問に、ビジネス戦略の変更を決めるために今後フォーカス・グループを作って意見を聞くつもりだと返答に窮した副会長は不明瞭な要領を得ない返事をした。他の聴衆から誰かアジア出身の役員がいるのかどうか質問された際にも「四半期に一度米国で会議をするため、頻繁にアジアから飛行機で来てもらうのは現実的ではないのでいません。」と答えたのだ。加えてアジアでのビジネス運営ではどのような課題と対峙しているのかという問いにもまともに答えることができなかった。

この副会長は普段はとても弁の立つ人物だ。人好きのする性格で素晴らしいリーダーシップの実績もカリスマ性もある。にもかかわらず彼の熱意も魅力もアジア人の聴衆には全く歯が立たず、質疑応答での質問内容は副会長には完全なる不意打ちでスマートな対応は非常に難しかったのだ。

もし重役候補が二人いたと想定してみよう。この二人の履歴書がよく似通っているからといって、二人ともが同じように国境を越えてスムーズに仕事をする能力があることを意味するだろうか。必ずしもそうとは言えないところが研究成果から浮き彫りになったCQに関するユニークな発見だ。CQはどこかで働いたり、勉強したり、暮らしたりしたからといって例外なく身につく能力ではないからだ。同じような経験をしていてもCQの高い人も低い人も存在し、また誰であれCQを高めることは可能なのだ。

高いレベルのCQを育てるには何が必要なのだろうか。ロンドンやシンガポールのような多様な人々が暮らす町で育った人の方が、地方都市であるアイオワ州のデモイン市や中国の田舎で育った人よりCQが高くなるのだろうか。戦後すぐのベビーブームに生まれた団塊の世代よりもミレニアル世代の方がCQが高いのだろうか。また海外経験や教育水準はCQに影響するのだろうか。全てはCQと相関関係にある事柄だが、だからといって個々人のCQの高さと直結しているわけではないことを心に留めておこう。私は海外に何十年も暮らしているのに自分の文化の物差しでしか物を見ることのできない数多の経営者や政府高官を見てきた。また一方で最低限の海外経験しか持たないにもかかわらず、複数の文化が交錯するような状況で何の問題もなくスムーズに仕事をこなし、それでいて嘘偽りのない自分自身でいることのできるリーダーも何人か目にした。では一体どのような能力やスキルがスムーズに異文化でリーダーシップを執る上で求められるのだろうか。

CQが高い人とは

七十数カ国での研究において過去二十〜三十年間で役立った問いは「多数の文化が交錯するグローバル社会でビジネスが成功した個人や企業と、失敗した個人や企業の違いは何か?」というものだ。つまり既存の「異文化感受性」や「文化差に対する気づき」だけでは説明のつかない、どのような異文化圏へ赴いても文化の違いを尊重しつつスムーズにビジネス目標を到達できるリーダーに、普遍的に見受けられる特徴を見出すことこそが重要なのだ。文化差に関する気づきは異文化理解の最初の第一歩だが、

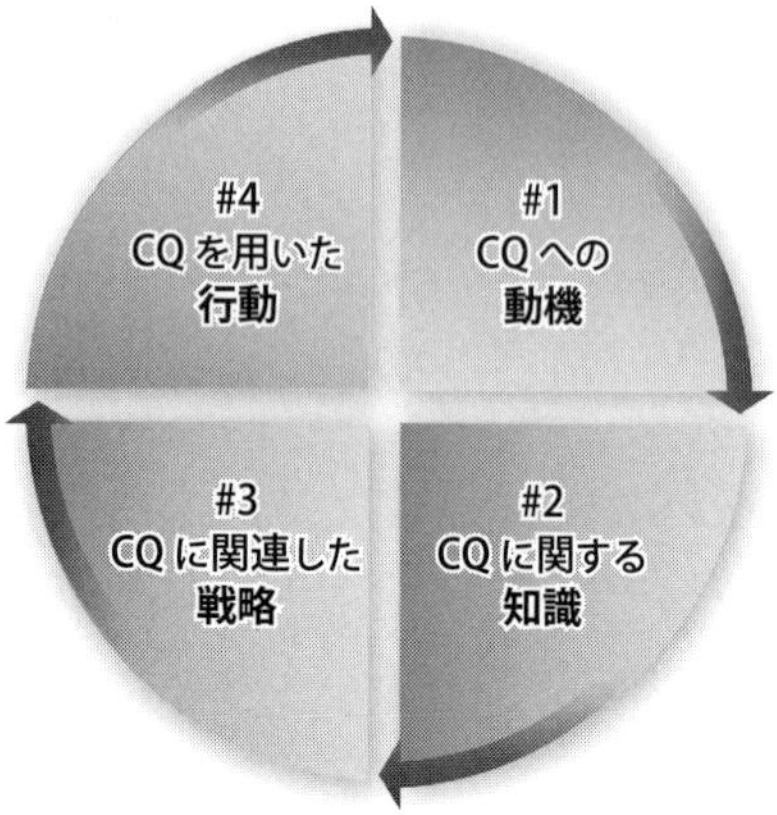

図2－1　CQの4能力

その気づきだけではビジネス運営には不十分だろう。CQの高いリーダーはどのような異文化圏においても、人やプロジェクトを難なく統括することができるものだからだ。

世界中のメジャーな国や都市の四万人以上からのアンケート結果をもとに研究したところ、図2－1に描かれている四つの能力がCQの高い個人や企業に共通して見受けられることが分かった。

これらの四項目は学術的知性（IQ）、感情的知性（EQ）、社会的知性や実践的知性などの他の知性を含めた、既存の知性に関する研究を基に概念化したものだ。CQを高くすることで異文化圏で必要になる現実的な対人折衝力が高くなるだろう。このCQの四つの能力は計測したり高めたりすることのできる特定の能力（訳者注：つまりCQのサブカテゴリー）を含む。

1　CQへの動機（モチベーション）
――異文化に適応したいというモチベーションや興味、自信

CQへの動機（CQの動機的側面）は異文化に適応することへの興味や、動機、エネルギーのレベルを指す。異文化圏で仕事をする上で避けて通ることのできない難題や衝突を乗り越える自信や、また乗り越えたいという動機は十分にあるだろうか。文化的に多様な人々と個人レベルで深く関わる能力や異文化間で起こる難題を粘り強く乗り越えてゆく能力は、CQの一番独特で真新しくまた重要な側面だ。リーダーは社員が文化の違いに適応することへの興味や動機を持っているに違いないと勝手に決めてかかることはできない。多くの社員はダイバーシティ研修に無関心でなんとなく研修に出ているだけだったり、参加が義務付けられているから仕方なく参加しているだけだったりするからだ。社員の海外赴任を統括する人事部は海外への引越や同行する家族の海外生活への適応のみに懸念を示すことが多く、社員自身の赴任先の文化差に関する理解の促進は見落とされがちだ。異文化理解に関わりたいという十分な動機を持ち合わせていない社員の異文化研修にお金と時間を費やす意味はあまりないのではないだろうか。

CQへの動機には多数の文化が交錯するような状況に楽しさを見出せるレベルの本質的なCQへの興味もあれば、多様な文化が交錯する状況でのビジネスから得られる利益向上など可視化できる二次的

な側面からのCQへの興味、そして異文化と遭遇してもうまく仕事をやり遂げられるという自信や自己効力感（訳者注：セルフ・エフィカシー）の三つの測定や伸長が可能な側面を含んでいる。これらのモチベーションに関わる三つの側面が複雑に絡み合い、企業や個人の異文化圏での時間やお金の使い方に影響を与えるのだ。

2　CQに関する知識（認知）
——異文化圏における文化規範や文化の違いの理解

CQ研究の認知的側面であるCQに関する知識は、文化に関する知識や文化がビジネスにおいて果たす役割についての知識を指す。文化が人の考えや行動にどのように影響を与えるか理解できているだろうか。CQに関する知識は文化が互いにどのように異なるのかに関する一般的な知識も含みうる。

CQに関する知識には文化に関する全般的な理解と文化圏で状況に応じて異なる事柄についての理解の二種類があり、それぞれ評価や学習が可能なサブカテゴリーに分けられる。文化に関する全般的な理解とは文化システム自体の理解を指すのではなく、文化規範や価値観など文化システムのマクロレベルでの理解のことを指す。スムーズにリーダーシップを執るためにはコミュニケーションの取り方、宗教的な信念、男女に求められる役割の違いなどが文化毎にどのように異なるのか理解する必要がある。加えて世界中の経済、法律、政治など異なるシステムについての一般的な知識は重要だ。たとえばすべての国でどのように商品やサービスを流通させるか、どのようにパートナーと出会って子供を育てるかなどに関する独自のシステムや規範がある。特定の文化圏でどのように家族が機能するか理解することは一見ビジネスとは無関係な事柄に見えるかもしれないが、年配の家族や親戚のケアを期待される社員のために人事政策を作るとなると密接にビジネスに関係してくる。また文化や言語パターン、非言語コミュニケーションなどの文化の中核をなす事柄について理解しておくことも必要だ。この種の知識は新しい文化圏で自分自身がうまくやれるという自信や自己効力感を高める上でも役立つだろう。たとえばリーダーから部下への期待値が大きく異なる中国やサウジアラビアのような場所で、北欧出身のリーダーが同僚に雇用契約書にサインをしてもらう際に、時間や人間関係に関する文化的価値観の違いが密接に仕事と関わってくるからだ。

CQに関する知識のもう一つの重要な側面は特定の職業領域で文化がどのように仕事の効率に影響するか理解しておくことだ。たとえばビジネスを無駄なく効率的に運営できるグローバル・リーダーに必要な能力と、文化的に多様な学生や教員の在籍する大学をスムーズに運営する上で必要な能力は全くの別物だからだ。IT業界で国境を越えて仕事をすることは同じように国境を越えて働くと言っても、慈善団体や軍事産業で働くのとは異なる種類の文化の理解や知識を必要とするだろう。このような専門分野に特化した特定の職業領域の文化の知識を、マクロ的な文化知識と組み合わせて応用して活用することがCQを使ったリーダーシップには重要なのだ。

CQに関する知識は文化を跨いでリーダーシップを執るための多くのアプローチの中で最も強調さ

れる側面だ。急激に成長中の研修産業やコンサルティング業界の大手企業は、躍起になってこの類の文化知識をリーダーに教えこもうとする。CQに関する知識を元にした情報は価値のあるものだが、他のCQの三能力と組み合わされない限りはリーダーシップへの有用性には疑問の余地が残る上、リーダーシップへの障壁にもなりうることを覚えておきたい。

3 CQに関連した戦略(メタ認知)——異文化体験の意味を理解し、その理解を元に異文化圏での行動計画を立てる能力

「CQのメタ認知的側面」としても知られるCQに関連した戦略は文化を越えてビジネスを行う際に適切な戦略を立てられる能力を指す。状況を一歩引いて俯瞰して自身や文化背景の異なる相手の感情の動きを落ち着いて注意深く観察できているだろうか。CQに関連した戦略は複雑な問題を解決するために文化に関する知識を応用できる能力を指す。CQの戦略はリーダーにその場に応じた適切な戦略を立て、その場で何が起きているのか正確に理解し、特定の異文化圏では物事がこのように進むはずだという自身の予測が正確なのか修正を要するのか、その判断を行う上でも役立つことだろう。

測定したり伸ばしたりできるCQに関連した戦略の三つのサブカテゴリーはプランニング、気づき、チェックの三つだ。プランニングとは異文化圏で人や物事や状況にどのようなアプローチをするのがよいのかの事前シミュレーションも含め、異文化との遭遇に向けての時間をかけた入念な準備を意味する。

気づきは異文化との遭遇の最中に相手と自身の感情の動きに注意深く意識を向け、その場で何が起きているのか情報を感知することを指す。チェックは我々が特定の文化圏では物事がこう進むだろうと予測したことと実際の経験との比較を指す。CQに関連した戦略に関しては時間をかけて細心の注意を払って異文化との遭遇に向けて行動戦略を練ることが何より重要で、異文化に関する知識を実際に異文化圏でスムーズに立ち回るためのツールとして使うには事前の入念なプランニングが必須なのだ。

4　CQを用いた行動(行動的側面)
——文化を越えてコミュニケーションをとる際に、言葉遣いやジェスチャーを異文化圏で適切なものに修正する能力

CQの行動的側面である「CQを用いた行動」はさまざまな異文化圏で適切に振る舞うことができる能力を指す。自身が異文化圏でもスムーズにビジネス業績を上げることができそうかどうか自問してみよう。CQを用いた行動において最も重要な事柄は、異文化に合わせて行動を修正するべきタイミングとそうでないタイミングの見極めだ。CQの高い人は異文化圏で業績を上げるために仕事の効率に深刻に影響する行動とそうではない行動について学び、異文化に関する知識に基づいて適切に振る舞えるものだ。CQを用いた行動には特定の文化に合わせて行動を柔軟に修正する能力が含まれる。

CQを用いた行動のサブカテゴリーには、特定のメッセージを伝えるために使用が適切とされる単語や表現、文章や口頭での言語表現を使用したコミュニケーション、ジェスチャーなどの非言語コミュ

ニケーションの三種類が含まれ、文化規範に合わせてこの三つの修正が必要になる。今日の複雑化の一途をたどる異文化を取り巻く状況下では、全ての文化のタブーについて完全にマスターすることは不可能に近いが、文化の異なる人々と意思疎通を図る際にした方がよいこととしない方がよいことは存在する。たとえば西洋人はアジア出身者から渡された名刺の意味するところについて学習するべきだろうし、アジア人は北米人と信頼関係を築くためにちょっとした小話には参加するべきだろう。また言葉遣いやジェスチャーなどの非言語コミュニケーションは、有能なリーダーである印象を与える上で役立つものでもある。例を挙げるならどのような声のトーン（大きいのか、優しめなのか）で話すかは、全く同じ発話内容でも文化によって伝わる内容が大きく変わりうるからだ。そして何より大切なことは文化によって大きく異なる意思決定プロセスや締め切り、チーム内の力関係などに合わせて働き方を変えられるかどうかだ。異文化理解に関するほとんどのアプローチは物事への柔軟な対応を重要視している。CQを用いた行動の能力があるということは、言い換えれば物事への対応の柔軟性のレベルを査定したり伸ばしたりするための科学的な論拠に基づく方法を持つことでもある。

本書の大部分はこのCQの四能力について詳述し、読者諸氏や部下がどのようにCQの四つの能力を伸ばすことができるのか、ヒントを提供することを目的としている。この四能力を身につけてゆくことは読者諸氏や周りの同僚のありとあらゆる可能性の扉を開くことになるだろう。

CQはどのように測定できるのか

CQの四能力を概念化して科学的な信憑性をチェックし終えた研究者仲間のリン・ヴァン・ダイン教授とスーン・アン教授が、CQS（訳者注：Cultural Intelligence Scale: CQの尺度）を開発し、会社重役、海外駐在員、軍隊の重役、職員、学生、販売員などの文化的に多様な被験者に協力を依頼し、CQSが科学的に妥当な測定ツールであるかどうかの査定を行った。CQSはCQの四つの能力とサブカテゴリーの各能力の伸びを測定するツールの名前だ。

CQSを被験者に対して使用し収集したデータを元に、CQSがCQの能力測定ツールとして科学的に妥当だと証明する論文が二〇〇七年に初めて刊行された。以降CQの研究成果に関する論文は百種類以上の学術誌に多数投稿されている。加えてヴァン・ダイン教授とアン教授、コウ教授はオブザーバー認定版のCQSが研究用のCQデータ測定ツールとして妥当だと証明し、同僚、報告書、上司の意見を元にリーダーの異文化適応力を正確に査定する能力測定ツールとしての科学的信憑性を実証した。CQSは世界中の研究者が現在も行っているCQ研究をサポートし、さらなるCQ研究の繁栄のために学術業界での研究利用に向けても提供され続けることだろう。

CQは性格、年齢、性別、出身地、EQなどよりも異文化圏でのリーダーシップ能力を予測できる信頼に足る科学的なアプローチだ。世界的に著名な異文化心理学者のデイヴィッド・マツモト氏は、

CQが唯一の信頼できる異文化対応力の測定方法だと認めている。彼は「複数の文化圏出身の被験者への使用を経てCQは併存的妥当性、予測妥当性、生態学的妥当性の全てを備えていると示せるだけの夥しい数の科学的実験に基づく論拠がある。」と述べている。マツモト氏はさらにCQはリーダーの異文化圏での判断力、意思決定力、問題解決力、適応力、心身の健全、営業力、カルチャーショックへの対応力、発明力、チームの仕事の質を向上させる力、交渉力、信頼構築力などを予測する上でも役立つと説明している。

CQSはCQのセルフアセスメント（訳者注：自身での査定用）ツールと、CQの複数の評価者がデータを分析する査定ツールの両方を開発するために使われ、両方ともビジネス業界、政府、慈善事業、大学などのリーダーにより幅広く活用されている。CQのセルフアセスメントは、リーダーが自身の異文化圏でのリーダーシップ能力をどう評価しているか、性格検査のような機能も併せ持っている。複数の評価者の査定ではリーダー自身のセルフアセスメントと周りの同僚の意見を統合してリーダーのCQを査定する。この複数の評価者による査定方法はリーダー自身のセルフアセスメントと他者からの査定とを比較できるので、より完全に近い信頼に足るリーダーのCQの査定と言えるだろう。『フォーチュン』誌五百社リストに掲載されている数社、政府機関、慈善団体、大学などがリーダーシップ・ディベロプメント（訳者注：幹部候補者向けの研修）において、CQの複数の評価者による査定を取り入れ始めている。（www.culturalQ.comのウェブサイトにアクセスすれば、CQの評価と研究についてもっと知ることができる。）

CQ vs. 異文化適応力

リーダーが母国でも海外でも文化差を乗り越えてスムーズに働くスキルを身につけるべきという意見は真新しいものでは決してないはずだ。文化差を乗り越えてスムーズに働く能力は「異文化適応力」や近年では「グローバル・マインド」などと呼ばれたりする。CQはどのような点で「グローバル・マインド」などの似た概念と関連があるのだろうか。異文化適応力は大きく括ると「文化背景の異なる人々に関する理解を深めたり、異文化の価値を的確に理解したり、意思疎通を図ったりする能力全般」を包括的に指し示す言葉だ。三十種類以上の異文化適応力に関する理論モデルがあり、内向的か社交的かなどの性格上の特徴から振る舞い方や信念に至るまで三百種類以上の概念を含む。このようなモデルのほとんどはグローバル・リーダーシップについて理解する上で有用なものだが、たくさんの異文化適応力の理論について本を読んだりプレゼンを聞いたりすればするほど、CQの理論や異文化適応力を実際に仕事の現場でどう活用すべきか十分に理解できていないリーダーが多いことに気づいた。また異文化適応の研究では能力測定のために共通して使われている理論モデルがまだ存在せず、多くの異文化適応に関する理論モデルは異文化への気づき、態度、文化規範の理解などを強調しすぎるきらいがあるようだ。異文化に対する気づき、態度、文化規範の理解などの捉えどころのない漠然とした概念を査定したり伸長したりすることは不可能に近く、自身の性格的な特徴が異文化適応力を下げているなどと分かってしまったら、異文化理解のモチベーションが下がるだけではないだろうか。同様に異文化圏の文化規範への気づきも同じくらい重要なはずだが、異文化圏の文化規範を熟知していてもなお、うまくリーダーシップが執れないケースも数多く見てきた。

CQは異文化適応の学問分野から派生しているものの、以下の四つの点において異文化適応分野の研究と大きく異なることを覚えておこう。

知性の形

CQは知性に関する研究の長い歴史の恩恵を受けて発展した学問分野だ。CQは感情的知性（訳者注：いわゆるEQ）や社会的知性などの他の知性研究で取り上げられている知性とともにケンブリッジ大学の知性研究のハンドブックにも登場する。EQは自身や他者の感情に気づいたり、気づいた感情をうまくコントロールしたりする能力を指す。ほとんどのリーダーはスムーズにリーダーシップを執る上でのEQの重要性については理解しているだろうが、EQをどのように異文化状況でのリーダーシップにあてはめて活用できるかについても理解できているだろうか。

かつて留学プログラムでインドのバンガロールへ旅したMBA学生のグループにインタビューをしたことがある。参加者のシェリーはハイヒールに黒いスーツ、髪はひっつめのいでたちで現れ、インタビューで活発に意見を述べていた。またチームメイトが発言する度に温かい無言の励ましのエールを送っていてシェリーのEQが相当高いことは会話して二、三分ですぐに分かった。シェリーは話し相手としても素晴らしい上、研究のフォーカスグループのミーティングの間もただ質問に答えるだけでなく、会話にあまり参加していない学生から意見を引き出すことさえもできていた。しかしシェリーにバンガロールにいた間に何が一番大変だったのか質問してみると、皮肉にも彼女は「周りの人が誰も話してくれなくて大変だったわ。ものすごく気まずかったの。ありとあらゆる方法を試したんだけど、全然会話が思うように進まないの。同じ言語で会話してるはずなのに少しも中身のある会話にならなくて。」と答えた。

共感力があり同じ文化出身の人とうまく関わる能力の高い人も文化背景の異なる相手にはその共感力や社交スキルが通用しないこともある。シェリーのように普段はたやすく周りの人とコミュニケーションの取れる人にはとりわけイライラする状況だろう。EQ関連の書籍や研修などは、リーダーが会話をしたりリーダーシップを執ったりする相手の文化にある程度の馴染みがある前提のものがほとんどだが、CQはこのEQや実践的知性に関する文献が割愛しがちなリーダーと異文化との接点に焦点を当てて見てゆく。CQが身につけば多様な文化が交錯する状況での対人折衝能力や問題解決能力を伸ばすことができるだろう。CQは学習により身に付くタイプの知性であるため、未経験の文化に接する度にその文化圏でのリーダーシップについて一から学びなおす必要がなく、他の異文化圏へも応用の効く知性なのだとも言える。

CQ研究のための一貫した理論的枠組

他の多くの異文化適応力の理論とCQが大きく異なるもう一点は、CQの理論モデルの基礎となる理論的な枠組が首尾一貫していることだ。この理論の一貫性はCQの四能力を測定し、高め、応用する上でも一貫した方法を提供するだろうし、性格面、態度、学習により身につけた能力などを一纏めに記載した冗長な異文化適応のリストよりもCQははるかに有用だろう。どんな知性でも知性に関連する四能力（モチベーション、認知、メタ認知、行動）は相関関係にあるものだ。対人能力（認知）を持っていても対人能力を使いたいと思っていなければ（モチベーション）、社会的に成熟した方法で振る舞えるようになる日は来ないだろう。周りの状況を深く分析できるいわゆるメタ認知力の高い人でも、分析した問題を実際に解決することができなければ実践的知性が高いとは言えないだろう。

加えてCQの理論的に首尾一貫したモデルは、グローバル・リーダーシップのさまざまな研究においてその重要性が認識されている「文化を問わず通用する異文化への適応方法」の提供にも役立つだろう。前述のように私を最初に研究やこの理論モデルへと導いたものは、既存の異文化適応方法とは異なる「文化問わず通用する異文化への適応方法」への関心だ。多くの私の仕事は定期的な短期間の遠方への出張を要する。文化が私の仕事の仕方に強く影響することを頭では理解していても、出会った異なる文化の全てについて全てを網羅するべく詳細を学び、百科事典のようなすべての文化のプロになることは途方も無いアイデアに思え体が麻痺するような感覚さえ覚えたものだ。

もちろん特定の文化圏での行動規範やタブーについて学ぶ必要はあるだろう。私がリベリアで大学関連のプロジェクトの統括担当になると分かった際に、リベリアの歴史や文化的背景についての理解を深めるべきだと考えていた。スムーズに異文化圏で仕事を進める上で文化の表層的な部分への理解だけに頼るのはあまりにも軽率だからだ。しかし同時に私はゼロからリベリアについての学びをスタートしたわけでもない。私はリベリアを実際に訪れたわけでも、リベリアの文化について学ぶことに時間を費やしたわけでもなかったが、現地でどのような情報を探したりどのような質問をしたりするべきか知る上で当時まだ発展途上だったCQの知識が役立った。別の異文化圏で得た経験や知識を、新たな異文化圏で失敗を避けるためにそのまま使うことができないことは前述の通りだが、ありがたいことにCQを向上させる最善の方法は失敗からの学びなのだ。実際のところCQを高めることは文化摩擦は避けられない現実を受け入れ、人間性や職務能力の向上の機会を得ることでもあるのだ。

異文化圏でスムーズにビジネスを進めるには特定の組織文化、世代間の文化差、民族文化に関する知識も必要になるが、CQを使ったアプローチの焦点は主に全種類の文化に応用できる一通りのスキルを身につけることなのだ。初めてCQの本を読んだり研修を受けたりすると一時的にCQが飛躍的に伸びるかもしれないが、CQを使ったリーダーシップの執り方のレパートリーの種類は、自らのキャリアの最後までずっと長期間にわたって増え続けてゆくものなのだ。CQの四能力モデルはリーダー自身とリーダーシップを執る相手の両方のCQを育てる首尾一貫した方法を提供することだろう。

CQを使って異文化圏でうまく対応できそうかどうかを予測する

知的資本（訳者注：財務資本とは異なる知識や適性などの目に見えない資質や能力）がどの程度あるのか、また異文化適応力の査定の際に指標としてよく計られるリーダーのエスノセントリズム（訳者注：他者の文化を自身の文化規範や文化的な好みを基準にしてマイナスに評価する傾向）の強さがどのくらいか理解するのは興味深い視点だが、知的資本やエスノセントリズムが単体でリーダーの異文化状況における仕事の質の予測の基準として使えるという論拠には十分な証拠がないのが実情だ。対するCQの四能力モデルは異文化適応能力の予測に直結することが数百に及ぶ査読付の学術論文により証明されている。異文化圏での交渉の成功に向け、CQは現時点でどのくらい上手く交渉をこなせる能力があるか予測し、また上手くこなすためにどのような能力を伸ばす必要があるのかを浮き彫りにするだろう。複数の文化圏出身者で構成されるチームをリードする予定があるなら、リーダーが何に一番苦戦しがちか目処をつける上でもCQは役立つはずだ。異文化圏での個々人の意思決定力に関する見通しが必要ならば、CQはその予測にも役立つだろう。CQは異文化圏での個人の仕事の質や適応力の予測を目的に作られているため、その予測に最も使い勝手のよさを発揮するのだ。CQの高さに関連した特定のリーダーの仕事の質についいては後に第8章で詳述しよう。

CQ伸長に向けての発達学的アプローチ

CQは生まれ持ったものなのか、それとも後天的に身につけるものなのかと多くの人に始終訊かれる。要するに先天的にCQが高い傾向のある人がいるかどうかを知りたいのだろう。答えはおそらくイエスだ。ランナー、エンジニア、ミュージシャンなどに元々向いている人がいるように、異文化圏で行動パターンを変えることに生まれつき思考や態度が柔軟な人もいるだろう。

CQの能力の中で、社交性に関連する項目と内向性に関連する項目は異なるという研究成果が出ている。これは社交的な人も内向的な人のいずれもCQが高くなる可能性があることを意味している。真面目で誠実であることと「CQに関連した戦略」の能力が比例するとの研究成果もある。その場の状況への好奇心全般を指す、いわゆる「オープンさ」に該当する性格の特徴がCQの四能力と比例することも判明している。つまりCQと性格との間にも興味深い相関関係があることは確かなのだが、これについてはのちに第8章で詳述することにしよう。CQのアプローチの強みは学習や介在を通じて誰にでもCQを高めることができる点だ。異文化圏で柔軟に態度を適応させる天賦の才があるからと言ってCQの高いリーダーになれる保証はどこにもない。先天的に長距離走が得意な人が一度も走る練習をしなければマラソンランナーにはなれないように。生まれつきオープンさを持っている人もCQを使ってリーダーシップを執るために必要な特性を育てなくてはならない。知性の一つであるCQは生まれ持ったものというより育むものだからだ。他のグローバル・リーダーシップのアプローチと比較すると、育てることができるという特性はCQのユニークで重要な特徴と言えるだろう。

CQはグローバル・リーダーに求められる資質と驚くべきレベルで合致している。CQは今日の全ての物事がかなりのハイペースで進みゆく世界において、リーダーシップに求められる現実的で実践的なスキルを一揃い提供するからだ。（CQの現在も行われている、研究や研修用教材などの最新情報に関しては、www.culturalQ.com を参照。）

四ステップのプロセス

CQの四能力をリーダーシップに応用する方法は複数存在する。異文化圏での仕事を誰に任せるか検討する際に、駐在員が現地で仕事をうまくこなす能力があるかどうかを評価する際にもCQを使うことができるだろう。D&I（多様性尊重推進）のプログラムや、グローバル・マネージメント研修、パーソナル・ディベロプメント（訳者注：メタ認知力を使って行動パターンを変えるための研修）などで扱う四つのカテゴリーとして使うこともできる。四能力はCQを育てるための四段階のプロセスとして長期間にわたるプロジェクトと、短期間のケースバイケースでの対応が必要なプロジェクトのいずれにも活用できるだろう。CQの四つのステップは、この本がCQについて言及する際の基本的な前提となるものだ。CQの四能力が常に記載されている段階の順番通りに育ってゆくわけではないが、CQの四能力をCQ向上のための四つのステップと考えると分かりやすいだろう。

ステップ1　CQへの動機（モチベーションの側面）は異文化圏でのプロジェクトに必要な、異文化理解や異文化適応のプランニングに向けてリーダーに必要な自信や行動力を与える。

ステップ2　CQに関する知識（認知的側面）は異文化圏でのプロジェクトと関連のある基本的な異文化に関する諸問題への理解を促す。

ステップ3　CQに関連した戦略（メタ認知的側面）は異文化に関する知識に基づき異文化適応のプランニングをしたり、異文化圏で今目の前で何が起きているのかを状況を的確に把握したりする上で役立つ。

ステップ4　CQを用いた行動（行動的側面）は異文化圏での業務を行う際にスムーズかつ柔軟にリーダーシップを執る上で必要な能力を与える。

この四つのステップが繰り返されることによりCQは成長する。CQは変化しない能力ではなく、日常生活を送る間にもCQは着々と変化し成長し続ける。しかもCQは一つのステップから次のステップへと順を追って段階的に成長する性質のものではないが、リーダーシップを執る状況へのCQ

の実践的な応用を検討しているのならば、四能力をCQを身につけるためのステップとして使うことは、現実的な最初の第一歩だと言えよう。

内部から大変革のアプローチ

世界中の人々に対する我々の見解を変えない限り、継続的に異文化圏で行動を適応させる能力を高めてゆける望みは薄い。相手に敬意を払っているふりをする上辺だけの異文化適応からは卒業し、本心からさまざまな文化背景を持つ人々に敬意を払い、多様性に価値を見出せるリーダーになる必要がある。そうなれるかどうかは、リーダーが本当の意味でCQを使った行動ができるようになるかどうかを決定づける重要な要因なのだ。実際にお互いに関する視点を変えない限り、ダイバーシティ研修やクリエイティブな異文化圏での文化適応のシミュレーションなどは全く意味をなさなくなってしまう。

ダイバーシティ研修で学んだ内容が実際には職場に何の変化ももたらさなかったという不平不満をよく耳にする。確かに研修は男性社員に女性社員との適切なコミュニケーションを考えさせる上では有益だろうし、直接的なコミュニケーションと婉曲的なコミュニケーションについて文化的価値観が異なることを教える利点はある。しかしもし男性社員が女性同僚に本心では敬意を持っていなかったり、オーストラリア人のリーダーが中国人のチームメンバーを「話の通じない相手」と心の中で見下していたりしていたのでは、多様な社員がいる環境で思うように業績を上げることができるのだろうか。

ある研究報告では相当酷いレベルにまで低下しきった社内モラルの改善に取り組むために大掛かりなダイバーシティ研修を行った会社の事例を取り上げている。数十万円の予算を組み多数のダイバーシティ研修を行っても社内には何の変化も見られなかった。研修後に綿密な調査を行うまで元海兵隊員のCEOが肥満の社員に酷い偏見を持っていることまでは浮き彫りにならなかったからだ。CEOの見解では肥満の社員は「自制心の足りない怠け者」とのことだ。CEOも同僚も女性や有色人種に対して敬意を高めるために数え切れない研修や講師の介在を受けたが、一番この組織に重要な「体型に基づく偏見」の問題には一言も触れられていなかった。体型に基づく偏見は会社の労働環境全体を悪化させうるほど影響の強い無意識の差別だったのだ。CQを活用したリーダーシップは、偏見や決めつけなど組織や個人に内在するものにしっかり目を向け、向き合い、対処することから始まる。

CQを向上させるには、ただ単に文化背景の異なる同僚に話し方を変えるだけではなく互いに関する視点を変えることも求められる。CQを用いたリーダーシップについての後章でこの視点を変えるための学習についても詳述する。

結論

CQの高い人とそうでない人がいるがCQを高めることは誰にでもできることだ。CQは今日のリーダーが否応なく向き合わざるを得ない、異文化の集中砲火のような現在の状況には必要不可欠だ。CQ

はどの分野のリーダーにも必要な能力を一揃い含んでいる。ＣＱなくしてはリーダーは自身のキャリアや組織の末路を沈みゆく泥舟にしてしまいかねない。しかし異文化経験を通じて自身の考え方、計画や行動の仕方などを日々成長させているリーダーは、現在我々が暮らしている多面的で曲がり角の多いグローバルな世界でもスムーズに歩みを進めてゆける稀有な強みを持っているのだ。

ＣＱは今日のリーダーに求められる他の知性の上に積み上げてゆくことのできる後天的に身につけられる能力だ。社会的、感情的、技術的なリーダーとしての適性を育てることができるように、民族文化や組織文化を乗り越えてスムーズにリーダーシップを執る能力も育むことができるものなのだ。ＣＱの四能力（動機、知識、戦略、行動）を身につけるにつれて変化のペースの速いグローバル社会で役立つ視点、スキル、行動などのレパートリーを増やすことができるだろう。本当のＣＱは個人や組織の内部から湧き出るもので、本物のＣＱはリーダー自身の文化圏ではもちろん、世界中のどこででもリーダーシップの執り方を変えてゆくだろう。

パート2　ＣＱを伸ばすために

第3章　CQへの動機

――異文化に適応するための潜在能力を見つけ出すこと

私は異文化との遭遇に気分が高揚する方だ。米国出身の同胞と外国籍の人が入り交じっている部屋は、マグネットのように私を惹きつけてやまない。そこで何を食べたいかと聞かれたら間違いなくエキゾチックなテイストの食べ物を選ぶだろう。「国際線の飛行機の予約ができた。」と聞くが早いか体内をアドレナリンが迸《ほとばし》り始める。今まで行ったことのない場所で現地の食べ物を楽しんだり、散策したり、市場で買い物を楽しんだりするのも好きだ。私の研究や教育の業績が国際的なのは飽くなき旅への好奇心の賜物とも言えるが、時折私の異文化好きはトラブルの元にもなるようだ。研究者仲間や友人の全員が異文化に関心があるとは限らないためだ。西洋出身の研究者仲間のグループとバンコクで学会に出席

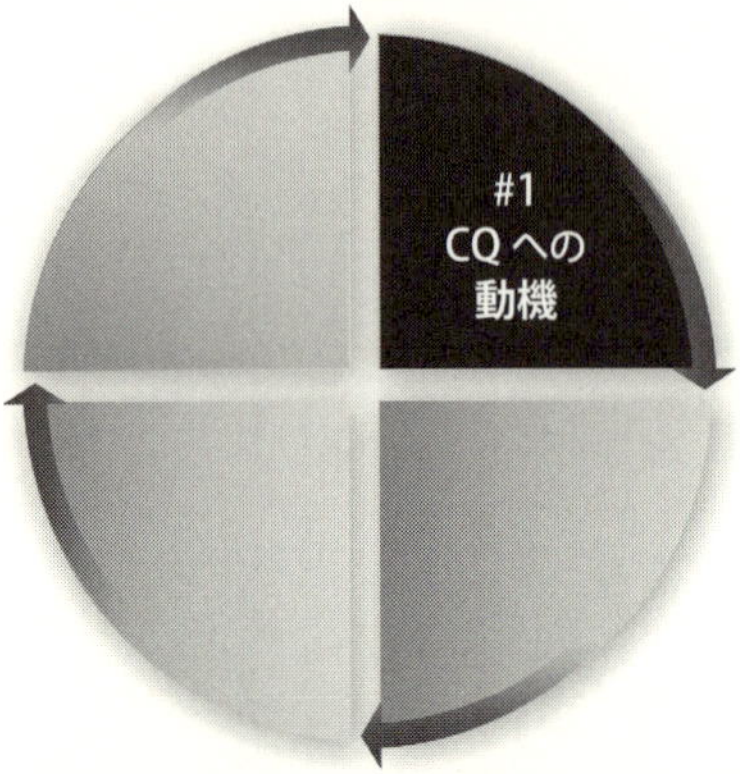

CQへの動機： CQ向上に対するモチベーションは何か。 異文化に適応することへの興味や、自信、欲求など	
CQの高いリーダーの特徴	CQへの動機の十分にあるリーダーは多様な新しい文化への適応や学習への意欲が高く、その適応能力に対する自信がリーダー自身の多文化が交錯する状況での仕事の質に影響する。

した際、現地の部族の食事が食べられる小綺麗な素敵なレストランでのディナーを提案したのだが、ほぼ全員にあっさり却下された挙句、あろうことかバンコクにいるにもかかわらずトニー・ローマ（訳者注：米国のポーク・リブの有名レストランチェーン）での夕飯に落ち着いてしまったこともある。「メキシコのビジネスパートナーが次の会議をメキシコ・シティから少し離れた郊外で行うことに決めたらしいよ！」と会議に同行予定の同僚に興奮気味に告げた時には、全員がその決定に不満げで「冗談でしょう？」という反応を示したり、「いつものホテルで会議すれば移動時間を無駄にせずに済むのに、一体何を思ってわざわざそんな遠くて不便な場所で？」と訝《いぶか》ったりした。

未経験の真新しい場所での異文化との遭遇

に、誰しも関心があるものだと決めてかかるべきでないと私も学びつつある。我々全員の異文化圏で働くことへのモチベーションの高さが全く違うことは自然なことだからだ。旅に出て今までとは全く異なる真新しい場所で遭ったこともない人々との異文化体験を好む人もいれば家から一歩も出たくない人もいるだろう。しかし今日のリーダーにとってグローバルな状況でのビジネスの忌避はもはや不可能になりつつある。

元来異文化との遭遇に関心がない人でも、異文化圏でリーダーシップを執ることへのモチベーションを高めることのできる簡単な方法をいくつかご紹介しよう。CQのモチベーション的側面「CQへの動機」は、CQの高いリーダーに関する我々の研究の最も有意義な発見の一つだ。異文化圏でも自分自身の文化圏とあたかも何も変わらないかのように、スムーズにビジネス業績を上げてゆけるリーダーは概して異文化に関する好奇心が強いものなのだ。

異文化理解へのモチベーションは異文化圏での業績向上に重要にもかかわらず、なぜかよく見落とされがちだ。組織の多くは駐在員一人一人の異文化体験や異文化学習へのモチベーションの有無、異文化理解が仕事の業績向上と密接に関連することを理解できているかどうかなど全く知ろうともせず、やみくもに異文化研修を始める。これこそ異文化研修が失敗に終わる最たる原因だろう。文化の異なる同僚とうまくコミュニケーションをとる上でコミュニケーションの方法を変えるメリットを認識していなければ、研修がただの時間の無駄に終わることは明白だろう。異文化適応へのモチベーションのレベルと異文化圏での仕事の効率は相関関係にあり、モチベーションはただのCQの構成要素ではなくCQ向上への必須項目だからだ。

異文化圏で働くことへのモチベーションの低さは過去のトラウマも原因になりうる。ニューヨーク州北部の比較的裕福な家庭で育った三十七歳の合理的で実利主義的なプロフェッショナル、ウェンディを例に取ってみよう。名門コーネル大学を卒業後にハーバードのMBAを修了、七年間ニューヨークの会社でバリバリ働いて昇進してキャリアを磨いてきた。彼女の姿勢のよさ、温かいが堂々とした笑顔、朗々としたスピーチには自信が漲《みなぎ》っている。こうした一面とは別に、学校に通っている間も就職してからもウェンディは貧困地区の恵まれない子供達の「世話焼きお姉ちゃん」として子供達を支え続けてきた。五年前ウェンディは思い切ったキャリアチェンジをして、貧困地区の不登校のリスクを抱えた子供を支えるNPOのCEOに就任した。

創立以降十五年間、ウェンディの勤めるNPOは北米の恵まれない子供達のための活動に主眼を置いてきた。昨年理事がウェンディを中央アメリカへの事業拡大のプロジェクトの担当に任命した。ウェンディはNPOが業務過多になり本来の活動に集中できなくなる懸念からあまり事業拡大には賛成ではなかったが、拡大プロジェクトの担当を引き受けることを上司に約束した。ウェンディを訪ねた際にはすでにテグシガルパ、マナグア、サンサルバドルなどで子供がどのような問題を抱えているのか知るために集めた情報に必死で半年かけて目を通し終えたところだった。ウェンディはこの三地域の現地文化の問題点に関しても知見を深め、スペイン語に磨きをかけることにも余念のない様子だった。NPOでのCQの高いリーダーシップに関する研究に協力してもらうためにウェンディに会うことになったのは、彼女がNPOの代表として中央アメリカに最初の視察に赴くちょうど二週間前だった。

ウェンディはこう切り出した。「シカゴの貧困地区のサウスサイドでコミュニティリーダーと一緒にいる時とか、カナダの西の開発の手の入っていないサスカチュワン州の片田舎で活動家と一緒にいる時なら我が身の処し方は心得ているわよ。子供達のニーズもどう満たせばよいかがはっきり分かるの。でも中央アメリカは散々勉強したのに、いまだに現地の子供たちのニーズを満たすためにどうプログラムを変えるべきか、いまいちはっきり分からないのよね。」

話してみてウェンディが中央アメリカでのNPOの事業拡大にあまりよい見通しを持っていないことも伝わってきたが、中央アメリカでの事業拡大の話をする時のウェンディの口調がいつもより相当控えめなことに私もうすうす気づいていた。

ウェンディに「この視察旅行を楽しみにしているのかい?」と尋ねた。ウェンディは「どんな視察旅行になるかは想像つくでしょう? 旅行はすぐ飽きてつまらなくなるものだし。でもまあどうにかなるわよ。今まで中央アメリカに行ったのは休暇でコスタリカのビーチに行った時くらいだけど。」と答えた。私は続けて訊ねた。「今度新しくNPOのプログラムが中央アメリカに事業拡大することについてはどう感じてるんだい? 新しい仕事も増えるし楽しみにしてたりするのかな?」すると彼女はこう言った。「やる気満々とは到底言えないわ。このNPOが中央アメリカでどんな活動ができるのかが分かったら、その時点で本当にこのプロジェクトをやりたい人に譲るつもり。私が気にかけているのは北米にいる子供たちのことなの。他所にいる子供のことを気にかけてないわけじゃないけどモチベーショ

いかにCQへの動機を強めるか

1　自分の感情に正直であること

2　自分の自信がどの程度あるのかをしっかり見極めること

3　食事の場で社交的に振る舞い人と仲よくなること

4　異文化理解に取り組むメリットをしっかり計算すること

5　業績向上だけではないCQ 向上のための高尚な動機をしっかり持つこと

主な質問事項：異文化圏で仕事をすることへの自信やモチベーションのレベルはどの程度か。もし不十分ならどのように向上させることができるのか。

ンに限界が来てる感じね。」

さらにしばらくやりとりするとウェンディはヒスパニック系男性と一緒に仕事をするのが重荷なのだと教えてくれた。前職でメキシコ系米国人の男性同僚から何度もハラスメントを受けたがウェンディは告発をしなかった。メキシコ系男性と嫌な経験があるからといってヒスパニック系男性全員を一括りにして考えるべきでないと頭では理解していても、そのトラウマを思い出させかねない駐在先に飛び込むことへの生々しい感情、とりわけ抵抗や違和感を変えることは難しい様子だった。

スペイン語の上達に向けての鍛錬はもちろんのこと、中央アメリカの文化を理解するための懸命な努力にもかかわらず、この異文化圏でのプロジェクトへのメンタルブロックはウェンディの仕事の質を下げる結果に終わった。グローバルなリーダーシップに関する多くの情報は個々の文化がどのように異なるかの説明に終始しているが、文化を越えてリーダーシップを執る際の一番のハードルと、リーダーの心の内に秘めたモチベーションとは大きく関係しているのだ。適度な衝動と自信なくしてはリーダーは異文化圏で苦戦し続けるだろう。適度な衝動や自信は異文化圏でのリーダーシップを執る役職に就く社員のCQ測定の最初の審査項目だ。候補者のCQへの動機が薄い場合、異文化圏でのリーダーシップを伴う職責を負うのに今が適切なのかどうかをしっかり考えるべきだと警鐘が鳴っていると考えてよい。

一方でどんなリーダーにとってもCQの向上は可能だということも肝に銘じておこう。ヴァン・ダイン教授とアン教授はCQの三つのサブカテゴリーとも言える「純粋な興味からの動機」、「二次的要因による動機」、「自己効力感」の三つのモチベーションについて言及している。これらのサブカテゴリーはCQへの動機を強めるステップとして使うことができ、次の五項目への回答から自身のCQへの動機がどの程度なのかを知ることができる。

自分の感情に正直であること

CQへの動機を向上させるための最初のステップは自分自身に正直でいることだ。ウェンディはラテンアメリカの文化にどっぷり浸かることに抵抗があると認めたが、それはとても意味のあるブレイクスルー（訳者注：大きな突破口）なのだ。

真新しい場所で異文化にどっぷり浸かってワクワクしている最中でも何か壁にぶつかったら必ず私は一人になって考えるようにしている。一人になって考えるからと言ってすべてを噴出させるようなメルトダウン（訳者注：大噴火）である必要もないし、そうではないことの方が多いだろう。たとえばマレーシアで重役のグループにリーダーシップ研修を行った際の私の日記を見てみよう。「時差ボケがひどい。しかもエミリー（私の上の娘）は家で病気で床に伏せっている上、昨日の研修はうまくいかなかった。ジョンと遅めの夕飯を取ってホテルに帰ったら急ぎのEメールがたくさん来ていた。セミナーの進め方を変えようとしばらく一人で考えたかったのに、そんな時間はとてもじゃないが取れなさそうだ。もうすぐ電話会議だし、会議の一時間後にはセミナーで教えているはずだ。やれやれ。」

私のモチベーション低下の原因は家で病気の娘と一緒にいたいこと、くたびれ果てていること、自分の仕事の能率に疑問を感じていることに端を発していた。ウェンディのモチベーション低下の原因は過去のトラウマから来る恐怖心だろう。

ケニアのナイロビに二年間赴任中のドイツ人駐在員のクラウスも、同じように自身の感情に正直に向き合う機会を必要としていた。ミュンヘンからナイロビへ転居して家族で経験した不安について「家族揃ってケニア人の誰のことも信じなくなっていたよ。多くの駐在員が強盗に遭ったり、都合よく利用されたりした話を聞いていたからね。妻は家にケニア人が入ることを不安がり、かなり長い間家政婦を雇うことを嫌がってね。最終的にはケニアでの暮らしに慣れて落ち着いたけれど、最初の半年は不安を乗り越えるのが本当に大変だったよ。」と話してくれた。

家族の身の安全を気にかけたり危険が迫っていないか気を配ることは至極妥当なことだが、だからといっていつまでも怯えているわけにもゆかないのだから、クラウスのように不安を乗り越える何らかの方法を見つけなくてはならないだろう。

感情に正直に向き合うためには自身が無意識に特定の人々に持ちがちな先入観や偏見と向き合うことも必要とするだろう。ポートランド州オレゴンのビジネスリーダーのシャリーズの正直な思いを読んでほしい。「私はレイシスト（訳者注：人種差別主義者）なのかしら？　昨日採血に行ったら部屋に黒人男性が入ってきたので、てっきり彼はそのラボの技術者だと思い込んでいたけれど後々彼が内科医だと分かったの。でももし彼が白人なら最初から医師だと思ったに違いないから。」

我々は特定の人々に無意識の偏見を持っているものだ。偏見は幼少期の環境に由来し、特定のグループの人々を敵だと思うように脳ができているからだ。脳の敵の認識スイッチは自動で入ってしまうものだが、その偏見を疑うことなく特定のグループに属する人が全員同じように敵だと考えるかどうかが決め手になる。自分に正直にその偏見の存在を認識して理解できれば、我々はその偏見がコミュニケーションに影響を与えないようコントロールする術を学ぶことができるようになるのだ。

自分自身の感情に正直に向き合うためには次のような方法が挙げられる。

＊自身が最も苦手だと感じる文化は何かを理解しよう。文化と一口に言っても国や民族ごとに異なる文化もあれば、年齢層や職種、イデオロギーなどのサブカルチャーなども含みうる。もし異なる文化圏出身の人々を統括する必要があるなら、どの文化背景を持つ人と向き合う時、目から鱗の思いもよらない慣習や価値観との遭遇が多かったのか、なぜその文化との遭遇が読者諸氏の思考を柔軟にしたのかなどをしっかり振り返って考えた上で、信用できる同僚や友達との読者諸氏の見解に

ついての議論が自身の感情に正直でいる上で重要だろう。

＊http:projectimplicit.org のウェブサイトにアクセスして、自身に内在化されているステレオタイプを理解するべくオンラインテストを受けてみよう。このオンラインテストは皮膚の色、体重、年齢や宗教などにどのような偏見を持っているのか浮き彫りにする優れたテストだ。このオンラインテストは無意識の偏見がどのように周りの人と関わる時に影響するのかも示すものだ。特定の文化を持つ人々に対して、無意識にどのような差別的な反応をしているのか理解する上で役立つことだろう。

＊リーダーシップ・インベントリー（訳者注：リーダーとしての資質や能力の測定ツール）、性格診断、EQ測定など他のアンケート調査に回答した経験があるなら、その結果を再び見直してみよう。診断結果に共通項目があるかどうか確認して異文化コミュニケーションに自分自身の行動傾向がどのように影響するか考えてみるとよいだろう。たとえば人間関係よりもやるべき仕事をこなすことを優先する傾向があるなら、自身にとってイライラが募りやすい（訳者注：効率よりも人間関係を優先する）文化圏や、自身が最も楽しいと感じる文化圏で人と関わる時、仕事優先の傾向が人間関係にどのように影響しうるのかも考えてみよう。

異文化圏でのコミュニケーションや経験を楽しめていないのなら、それ自体が自分自身をよく知る出発点と考えてよいだろう。また異文化圏で仕事をする際にすでに自分自身が興味を持っている分野など自身のやる気を引き出してくれるものと異文化理解との接点を見つけるとよいだろう。たとえばグラフィック・デザイン業界のリーダーは、異文化圏ではどのようなロゴが好ましいと評価されるのか気になるだろうし、そのテイストの違いは文化差による好みの違いをどのように指し示しているのか理解しようとするだろう。製薬業界のリーダーは調査の結果に基づく治療やケアの改良に向けて、さまざまな国で患者の行動やライフスタイルを学ぼうとするだろう。長距離走の選手は旅に出る度に将来走ることのできる新しいエリアを探索するだろうし、写真家は同じコミュニティ内でも違うエリアに行けばさまざまな風景を切り取ることができるだろうし、動物愛好家は訪れた場所で異なる野生の生物が生存することに心躍るだろうから。

自信がどの程度あるのかをしっかり見極めること

自身の感情に正直でいることはCQへの動機を強める上で重要な「異文化圏で仕事をすることへの自信のレベルの精査」とも深く関わる。自己効力感とは我々が職務上の目標達成に向けて自分自身がどの程度の能力を持っているかの認識を指すものだ。言い換えれば特定の業務をスムーズに遂行できるかどうかの自信の度合いとも言える。多くのCQ研究がリーダーの自信のレベルは職務の成功や失敗に大きく影響することを示唆している。

可能な限り子供を救いたいというNPOの目標を説明してくれた時のウェンディは自己効力感に満ち溢れていた。予算は五年前にCEOに就任したときの三倍増、今までの五倍の人数の子供のためにNPOが活動しようとしていた。CEOに就任したウェンディはこの先五年間でNPOが目覚ましい成長を遂げると確信していたが、中央アメリカでの事業拡大に出鼻を挫かれて過去の経験から無意識に持っていた偏見が中央アメリカでの業務へのウェンディの自信を見事に削いでいった。

自己効力感は異文化適応の重要なバロメーターなのだ。暫定的なプロジェクトだからと本腰を入れずに異文化圏でのビジネスに向き合えば、契約の交渉、揉め事の解決、新しいチャンスの獲得などの業務効率は下がるだろう。ウェンディは中央アメリカ全域の不登校リスクのある子供が置かれている状況や彼らを取り巻く文化について可能な限り学ぶことで自信をつけようとしていた。自己効力感の低さへの対応としてはよいスタートを切っている。加えてその文化圏でうまく仕事をこなしている知人に話してみる、実際の業務にあたる際に通訳やコーチになってくれそうなチームメイトを探す、小さな成功体験を積み上げてゆくなどは異文化圏での仕事への自信を育む上で役立つことは言うまでもない。ウェンディも現地でヒスパニック男性が悪い人ばかりではないと理解できる経験をしてその経験を振り返って内省する機会を持つことで、内在化している無意識の偏見、中央アメリカ文化に適応する自信や適応したいというモチベーションなどを変化させることができるだろう。

自己効力感の向上はデリケートなバランスの上に成り立つものだが、多くのリーダーには自信過剰な傾向が見受けられ「自分は有能でどこでも通用する」と根拠なく思い込んでいる。それはそれで自己効力感の低さと同レベルに致命的なのだが、異文化研修やビジネス・マネージメント研修は失敗への恐れから怯えきって何の行動も起こせなくなるという世界中のリーダーがおかしがちなミスにばかり焦点を置きがちで、肝心の「リーダーの自信過剰」の問題については触れないことがほとんどだ。

私自身の失敗談を挙げるならばマレーシアの研修でモチベーションの低さと自信のなさから、研修で当日扱うはずだったトピックをその場の思いつきで急遽変更したことがある。本来は前日のトピック「引退するリーダーとの引き継ぎプランの立て方」の続きを扱うはずだった。内容をしっかり扱える自信はあったが、参加者を同じトピックで前日よりも深い議論に巻き込む自信がなかった。ちょうどその頃、組織文化が社内の改革に与える影響について考える機会が多く、セミナーの参加者との小話の中でもこのトピックがよく話題に上がった。そこでこのグループとなら組織文化が社内の改革に与える影響に関しての方が本来のトピックより議論が白熱すると確信した私は、衝動的に組織文化と改革について話すことに決めてしまった。各グループに組織文化を割り当ててグループエクササイズを取り入れ、理想の現場での実践についての意見を実際の改革につなげる具体的な方法についてもいくつか提案をした。ところが予告なく予定を変更するべきでないという価値観の強い文化である上に、本来予定されていたリーダーの引き継ぎプランについて学びを進めたかった参加者が多く、少なからぬ数のクレーム対応に当たる羽目になった。

その一方でトピックの変更は参加者全員を生き生きとさせた。内容やトピックがよかったのかもしれないが、このトピックの方が参加者にとって関わりが深く価値があると分かった私の個人的な自信の変化による結果である可能性も否定できない。リーダーの仕事に関する自信は状況によってかなり変わるものだが、リーダーの仕事への自信を育むことはCQへの動機を強めることに他ならない。

食事の場で社交的に振る舞い仲よくなることの重要性

食事は国境を越えて出張するビジネス・パーソンの間でよく話題に上るトピックの一つだ。多くの国際出張の経験者から、普段食べつけない食事を口にするのがいかに大変だったか、地元特有の食事を好まない国外からの訪問者に全く配慮のないホストにもてなされた「悍《おぞ》ましい」体験談などもよく耳にする。インドネシアの重役であるアイニも最初の米国出張でどんな困難を経験したか教えてくれた。

「北米人が好んで食べる生野菜の味がいまだに好きになれないの。米国のサラダは大きいだけであまり好んで食べる気にならないのよ。しかもチキンを凍らせてパッケージしてるプロセスなんか見ちゃったら、その冷たいチキンをわざわざサラダに入れて食べる気にはとてもなれなくて。ジャカルタで買える鶏一羽丸ごとは米国のチキンほど新鮮ではないかもしれないけど、細切れにされちゃう前に鶏がどんなだったか知ってるから安心して食べられるの。でもチキンは食べたいから結局出張中にスーパーの肉売り場に行くことになっちゃって。米国出張中は食事に冷凍チキンを買うべきかどうか迷いが尽きないの。」と自身の経験について話した。

アイニが米国での冷凍鶏肉のパッケージング方法について相当引き気味で、多くの北米人が外国の市場にぶら下がる生肉を見た悍ましい体験談と似た受け止め方をしているのはなんとも皮肉なことだ。アイニの北米の食べ物への嫌悪感は接待の場などでない限りはそこまで重視されないだろう。北米では食事は仕事をこなす体力を得るためにとるもので便利さは何物にもまさる重要なことだからだ。もしアイニが我が家を訪れることがあれば「嫌なものを無理に食べなくてよいよ。」と伝えるだろう。準備したものを何一つ口にしてもらえなければ気分は確かによくないが、好きなものだけしっかり選んで食べて欲しいというのが正直なところだ。

しかし世界の多くの場所では食事は人々の生活に深々と根付いている。時々数百年にわたり自宅の農園で栽培されたスパイスを使って、私に食事を準備してくれるインドのクライアントがいる。おいしいインド料理は準備に数日を要するため、その状況で準備された食事を食べないことは、ただ好きではない食べ物を食べないことより遥かに重い意味を持つ。ともすれば相手の好意の全否定とも受け止められかねない。食事をスプーンで食べることも「準備された食事を手で食べないことは、契りを交わすのに通訳を介するのと大差ないレベルの不適切な行動」とマイナスに受け止められかねない。事程左様にインド人は食事を愛している。インド人クライアントにとって出された食事の拒否ほど不遜な行為はなく、ビジネス・パートナーシップ締結のチャンスを粉微塵に砕きかねない。グローバル・ビジネスの成功にここまで食事が強い重要な役割を果たすなどと一体誰が考えるだろうか。

東南アジアへの出張が多い『フォーチュン』誌が選ぶ五百社」の一社の英国人重役のエドウィンに

よると、「今まで食べたことのない食事にトライしたい」という彼の好奇心がビジネス交渉にかなり役立ったそうだ。エドウィンは東南アジアへの出張を振り返り「クライアントはみんな何かというと現地の西洋料理屋へ連れて行きたがるのだけど、現地料理が食べたいというと本当に嬉しそうにするんだ。西洋からのゲストで異文化圏の食事を試してみたがる人は珍しいって何度も言われたよ。そうしたら激辛の麺類、エキゾチックな味付けの海鮮類、魚の目、蛙、蛇、昆虫なんかの面白い食べ物を口にすることになってね。本当のビジネス交渉が始まるのはオフィスで長い一日を終えた後のディナーの場だから、国際ビジネスで相手の食文化を尊重することは重要な戦略だと身をもって知ったよ。」と述懐している。

エドウィンは続けて東南アジアで交渉に成功した契約のほとんどは日中の公式の会議の場でのものではなく、共にした食事の場での交渉の結果だと繰り返した。新しい食べ物を口にする勇気をビジネス・チャンスに結びつけるためにエドウィンほど冒険を厭わない必要はないかもしれないし、本当に心から何か新しいものを試してみたいと思えるようになるまでにはかなり時間を要するかもしれない。エドウィンの事例も英国のリーダーが中国を訪れている場合の特定のケースにしか当てはまらないのかもしれない。それでも地元民が日頃食べるような食事を試したいと思えたなら、ただ冒険を楽しむ以上に遥かに価値があることを覚えておくべきだ。その挑戦はその料理の元になる文化を理解して価値を認める意思がこちら側にあるという言外のメッセージも同時に伝えることを覚えておこう。どうしても現地の食事を試すことに気が進まないなら次の方法を試してみるとよい。

・必ず一口二口食べてみる。決して食わず嫌いでノーを言わないようにしよう。

・何で作られているのか質問しないようにしよう。実際の味よりも、その情報が食べ物をまずく感じさせることもあり得るからだ。食物アレルギーや宗教上の理由で食べられないものがある場合を除き、とりあえず出されたものは食べてみるとよい。

・細かく切って素早く飲み込もう。

・柔らかい食べ物の食感が嫌なときはご飯や麺類、パンなどで食感を分からなくして食べるとよい。

・パイナップルは辛い食べ物を余計に辛く感じさせ、コーラは香辛料の辛さに追い討ちをかけるのでご用心を。

・手で食べるのか皮を剥いた方がよいのかなど、食べ方について分からないことは躊躇《ためら》わずに質問しよう。ほとんどのクライアントは喜んで教えてくれるだろうから。

・食べ物について何か褒められるところを見つけておき、顔にまずいと思っていることが出ないようベストを尽くそう。クライアントに見られていることをお忘れなく。

・ご馳走してくれているクライアントに、個人的にまたはその文化圏でその食事がどんな重要性を持つものなのか質問してみるとよいだろう。

ほとんどの文化圏で食事を共にすることは、ただ単に食べ物を口にする以上の象徴的な意味合いを持つものだ。一緒に食事を取ることが信頼関係を築く上で重要だと考えられることが非常に多いためだ。観光に連れ出されたなら食事とほぼ同じ意味だと思ってよい。タイ支社を訪れたシンガポール人重役は、支社職員とのチャオプラヤ川のリバータクシーへの乗船は時間の無駄と考えるかもしれない。オランダ人重役はケニア人官僚と現地で一緒に食事を取ることと、工場の建設は一切無関係だと考えるかもしれない。しかし研究成果が示唆することは全く逆で、リーダーの地元の文化や人と繋がりたいという意思は、現地での仕事の成功に微妙かつ奥深いところで少なからず影響するのだ。また現地スタッフとの観光は先進国出身のビジネス・パーソンにとっては時間の無駄かもしれないが、異文化圏である発展途上国では歴史や文化的伝統への敬意と受け止められたり、異文化圏出身の同僚との人間関係づくりに一役買ったりもするのだ。歴史の浅い国から来た人々は、往々にしてこの種の柔軟な異文化適応の重要性も忘れがちなため、気をつけたいところだ。

仕事の現場より社交の場の方が文化差が大きく影響することもある。ソフトウェアエンジニア同士なら文化圏が違おうともＩＴの専門家同士で専門用語を使って会話して共通項を見つけることはたやすいし、ブラジルとドイツの大学関係者同士、中国とカナダのシニアマネージャー同士にも同じことが当てはまる。職場環境でも文化差は明らかに存在するが、社交の場に比べれば同業者同士で文化を越えて仕事の話をするのはそこまで難しくない。というのも一旦社交の場に足を踏み入れたら最後、そこは同業者間の常識が一切通用しない世界だからだ。異文化理解の難題は会社を出た後のディナーの場でふりかかってくるものだ。何が適切な会話内容か、家族の有無について訊いても平気か、食事しながら仕事の話はしてもよいか、どこで何を一緒に食べるべきか、分からないことだらけでさぞ困惑するに違いない。

そうなると文化の異なる人々との社交に途方もないエネルギーを使って疲弊して、馴染みのある快適な環境を求めがちだ。短期出張者は同じ国から出張に来た同僚と普段食べつけている物を食べたがる。国外駐在中の重役は地元の文化に溶け込もうとせず、現地の駐在員コミュニティから出ようとしないものだ。しかし異文化接触から我が身を引き離して同じ国出身の同僚とばかり関わっていては異文化圏での仕事は全くもって成功しにくい。海外駐在員のようなアウトサイダー集団として新天地へ移る際には現地にすでに駐在員同士のサポートシステムができていて、現地でうまくやっていくための注意点も分かっている場合がほとんどなので、現地社会に溶け込むモチベーションはますます上がらなくなるケースが多い。

異文化に溶け込みたいというモチベーションが下がっているなら、自分の感情に正直であるべきだという先述の点に立ち返る必要が出てくる。異文化体験が大変だと感じる時に決して逃げてはならないという意味ではない。とりわけ内向的な人にとっては異文化圏での社交が重荷でめげそうになることもあるだろう。異文化圏で現在進行中の大変な仕事を抱えている時は、しばらく異文化から距離を置いて同じ文化出身の人々と時間を過ごしたり、自身の文化の快適さに浸りたくて一人になりたい時もあるだろう。マクドナルドやスターバックス、お米や紅茶などの馴染みある食事なしでは過ごせてもせいぜい二、三日が限界だろう。自身の出身文化の快適さに触れることが異文化適応に必要なCQへの動機の維持に役立つこともあるだろう。エネルギーをチャージをするために異文化から距離を置くこと自体は何も間違っていないが、気をつけないと自身が現地の文化から完全に孤立することになりかねない。つまりエネルギー・チャージの期間は現地文化との関わりあいを断つという大きな犠牲の上に成り立つことを忘れてはならない。また契約交渉の会議中に食べ慣れた食べ物を食べたがったり、読み慣れたお気に入りの新聞を読みたがったりすれば、大きなビジネス・チャンスを逃すことになりかねない。異文化圏滞在中に夕飯の招待を断ってルームサービスを取る前にも十二分に熟考した方がよいだろう。

異文化理解や適応に取り組むメリットをしっかり考えること

異文化圏での業務に伴う疲労、恐怖、不安などは途方もなく大きいが、だからと言ってやる気をくじかれる必要はない。異文化理解や異文化適応に取り組むことには、飛行機のマイルが貯まることや家族や友達に珍しいお土産が買える以上にやりがいのある見返りが期待できるからだ。研究によって証明されたCQの高いリーダーが得るメリットは読者諸氏や部下のCQへの動機を強める上でも役立つだろう。

昇進

多様な文化が混在するチームを統括してスムーズに仕事ができる能力を、管理職への昇進の審査項目に入れる組織の数は確実に増えている。数社では本社のある国と文化が大きく異なっていて仕事を進めるのが難しい文化圏での駐在を、最低二回は経験していないと重役レベルへの昇進を考慮しないケースもすでに存在する。

INSEAD（訳者注：英語で授業を行うフランスのMBA大学院）のウィリアム・W・マドゥー教授の研究では、変数が人種や性別、年齢層、ジェンダー、性格のいずれであれ、異文化経験の有無は受ける仕事のオファーの数の指標になると証明されたそうだ。新しい文化に適応したり異文化について学んだりした人ほど面接にクリエイティブな方法で臨み、性格のオープンさや企業運営へのイニシアティブなどを面接で示して見せる傾向が高いことも分かっている。異文化経験を持つ候補者は一見全く無関係なアイデアや事柄を、意味を成す一つのアイデアにまとめ上げる能力に長けていると評価される傾向も強い。つまり異文化経験を持つ面接候補者は、面接をユニークにやり遂げて多くの内定通知を受け取る傾向にあるのだ。

創造性と改革

契約交渉や国際事業展開に関する知識は、他では学び得ないようなクリエイティビティを育むことにも繋がる。契約交渉は同じ文化圏でも十分に難しいが、文化的多様性に配慮しながらWin-Win（訳者注：契約を結ぶ双方にメリットのある内容）になるように契約をどのように修正するか学ぶことは、人生においても仕事においても、さまざまな面で役立つ革新的なアイデアやクリエイティビティのセンスを育むことに繋がる。契約をWin-Winにもってゆく方法はドイツと中国の文化差に関する一つの事柄に関する理解であるかもしれないし、お互いの威厳と名誉を守りつつ個々の業績目標を到達させられるよう相手と人間関係をしっかり築くことかもしれない。CQの高さと革新的なアイデアの相関関係は否めない。

グローバルな人脈

CQの高いリーダーだと評判になれば世界中の人々とビジネス・ネットワークを築くことになるだろう。多様な社会を理解して世界中の人々や組織とネットワークを持つリーダーや会社は常に必要とされている。CQの高いリーダーでいることは世界規模のビジネス・ネットワークを育むことに繋がるだろう。

給与、売上、コストパフォーマンス

七割の海外事業展開が失敗に終わっていることから、異文化圏でスムーズに仕事が進められないリーダーを雇い続けて無駄な経費を支払うより、多くの組織は国際展開事業の利益率の向上が確実な異文化圏でスムーズに仕事を進める能力のある人材に高給を支払う傾向にシフトしつつある。国際展開事業の利益率向上に取り組むのならば以下の点に気を付けるとよいだろう。

＊異文化圏での事業展開の失敗の後処理をどのレベルの重役が担ったのかを明確化しよう。またその重役の給与はどのくらいで時給計算するとどのくらいなのかも計算するとよい。異文化圏での業務失敗の後処理にどの重役が何時間を費やしたのかしっかり計算しよう。週に二、三回会議を行っただけでも会議時間ののべ数は数百時間に及びうることもお忘れなく。重役の時給と会議時間数の掛け算で処理コストがいくらだったのかが算出できる。

＊異文化圏での事業拡大の後処理に関わった他のスタッフのコストも同様の方法で計算しよう。

＊異文化圏での事業失敗の後処理をせずに済んでいれば取れていたであろう契約など、後処理のために逃した事業コストもあわせて計算しよう。

＊異文化圏での事業失敗の後処理の不必要な経費が、組織全体の士気や将来の成長にどの程度影響しているのかもあわせて考えてみよう。

ＣＱを高尚な理想像だと決めつけて見切りをつけたり、ＣＱが利益率や経費削減に役立つことが理解できなかったりする人もいるかもしれないが、組織全体でＣＱ向上を優先すると利益率や経費削減に繋がることはすでに証明されていて、ＣＱの高いリーダーは低いリーダーよりも高い給与を得る可能性が高いと言える。ＣＱの高いリーダーには投資の価値があると気づき始めた組織が増えているからだ。異文化圏での業務をうまくこなせる人に高給を支払うことは、ＣＱへの動機を強める上で有益なだけでなく企業の業績目標への到達への近道でもあるからだ。

異文化圏での仕事には絶対的なメリットがある。ＣＱの高いリーダーや組織への投資にどのような見返りがあるのか、パートⅢで詳しく見てゆくことにしよう。

ＣＱ向上のための高尚な動機をしっかりと持つこと

給与や昇進などの二次的なＣＱ向上へのモチベーションはそれなりに効果的だが、真のＣＱの高いリーダーにはＣＱの高い行動への継続的なモチベーションになるような高尚な動機も必要になるだろう。つまり給与や昇進などの世俗的な理由ではない高尚な動機なくしてはCQへのモチベーションの維持は難しいということだ。

企業の社会的責任（訳者注：いわゆるCSR）の名付け親と言われるジョン・エルキントン氏はビジネスは人、地球、利益に等しく責任を持つべきという意味のトリプル・ボトムライン（訳者注：三つの最低限守るべき事柄）の概念を考案した。利益を生むために誰かに犠牲を強いたり、失望させたり、不正なことをしたりしていないか、ビジネスが地球環境にどのように影響しているか、ビジネスの利益はどのように上げられているのかの三点を測る指標を指し、今日の成功している組織のCSRの指標として最適と言われる概念だ。

先行投資に見合うだけの利潤が出ていなければ組織が役割を十分に果たすことが難しい以上、NPOも含めた全組織が財政的に黒字である必要がある。皮肉にも利益率以外の「地球環境への責任」と「誰かに犠牲を強いたり、失望させたり、不正なことをしない」の二つのボトムラインは利益率の向上とは拮抗せず、三つのボトムラインはむしろ相互扶助の関係にあるとも言えるのだ。場合によっては二つのボトムラインのいずれかに反するが故に一時的に収益のチャンスを逃したとしても、どのように業務を行い収益からのお金をどのように使うのかはかなり重要だ。お金は仕事のオファー、生活の安定、啓発などにも使える一方、人々の生活や生命の致命的な破壊に使えるリスクも孕んでいるからだ。

グローバル化した市場や労働力を強みとして活用するためには、三つのボトムラインそれぞれにとって他の二つは必須だと言えるだろう。世界中の多くの会社が顧客の尊敬や信頼はビジネスの成功に必須だと心得ているからだ。もはや法律や規制をただ守ればよいというのではなく、安全基準であれ、児童労働であれ、採用差別であれ、顧客の意向がリーダーの仕事にダイレクトに反映される時代なのだ。

エルキントンの三つのボトムラインはCQへの高尚な動機を意識して働くことのよい例だ。物欲などの利己的な欲求からグローバル市場のニーズを追い求めるのではなく、意義深い利他主義に基づく動機の方がCQへのモチベーションとしては遥かに長続きするだろう。実際のところCQは世界や世界中の人々のことを本気で気にかける高尚な意識なくしては成り立たないものなのだ。CQの核になるものは他者について共に学びたいという衝動だ。だからこそ他者の文化に土足で踏み込んでいないか、自身の生活観を押し付けていないか、しっかり気を配る必要があるのだ。そうして得る見返りは、グローバル・ビジネスの操業を通じて世界中に築いた人間関係を通じて、お互いに有益な視点や信条について学ぶチャンスだ。

米国のリーダーにとって高尚なCQへのモチベーションとはどのようなものなのだろうか。言葉尻に気をつけるべき話題だろうが、七、八年前までは米国のリーダーは自国のサービスや商品、アイデアは世界中どこでも歓迎されるという共通認識を持っていた。しかし近年では米国や米国人に対するビジネスの態度に世界中で大きな変化が見られる。ビジネス、省庁、NPOの国際的なリーダーは米国人が駐在員バブルの守られた世界に暮らし、現地のビジネス・パートナーや地元住民と全く関わりを持たないことに陰で批判の声を上げ始めている。外交政策のシニア・アドバイザーがニューズ・ウィーク誌のファリード・ザカリア氏にこう語った。「これまで米国人高官は専ら喋り役で我々はひたすら聞き役に徹してきたんだ。反対の声は米国側に受け入れられないとよく分かっているから、我々は滅多に反対の声をあげたり正直に話したりはしないのだよ。」またシンガポールの外交政策秘書官や国連大使も務めたキショール・マブバニ氏は次のように語った。「常々二種類の会話が存在してきたんだよ。米国人がその場にいるときの建前の会話と、米国人抜きの時の本音と。」しかし米国のリーダーは近年国外でもオープンさを見せ、協力や妥協も厭わないかのように振る舞い始めていて、米国人との一対一でのビジネスシーンの対話、ひいては米国全体に対する世界中の見方も変化するかもしれない。

他国のリーダーも同じように高尚なモチベーションについて検討する必要が出てくるだろう。経済的に大規模な成長を遂げつつあるBRIC（ブラジル、ロシア、インド、中国）や、MINT（メキシコ、インドネシア、ナイジェリア、トルコ）の国々が影響力を持つにつれ、公私両方のセクターのリーダーは八カ国の強まりつつある影響力にどう対応するべきか一考の必要が出てくるだろう。中国やサウジアラビアのリーダーは自国の経済にはあまり成長の望みがないと考え、そのある種の諦め故に利他的に他国に救いの手を差し伸べていたりするのだ。中国やサウジアラビアのリーダーは日本やドイツ、米国がグローバル化の新時代に起こす改革を後押しするという誰も思いも寄らない行動に出ることすら検討するかもしれない。またその頭角を現すにつれ、中国のような新興国はグローバル社会でどのように影響を及ぼすべきなのか考える必要も出てくる。これは自己本位な興味の追求からというよりも、異文化圏でスムーズに仕事をするにあたってのやむを得ない理由からだが。

高尚な理想への衝動がCQへの動機を強める上で果たす役割は非常に大きい。中央アメリカ出張へのウェンディの自己効力感やCQへの動機を強める一番強力な方法は、ウェンディの人道主義に触れることだった。恵まれない子供達に全力で奉仕する組織のCEOとして、全ての子供にとっての公平と公正の追求はウェンディの大きな関心事だったからだ。子供達を支えたいというウェンディの利他的な高尚な動機が、受け入れがたい文化的側面があると分かっていても困難を乗り越えて仕事をやり抜くために最も必要なものだった。ナイロビ駐在中のドイツ人重役クラウスにも同じことが言える。ケニア人をただ「事業を進めるために必要な人々」として見るのをやめた時、ケニアでの生活に対して彼や家族が抱いていた恐怖心を和らげた。ケニアで働くチャンスやその不可思議を楽しみ始めるとクラウスのケニアでの生活は生き生きした多くの発見で溢れ始めたことだろう。

CQへの動機は利己的な関心を超越した高尚なものの中にある。リーダーへの挑戦は自身の存在をただの利己的な興味ではなく、もっと高尚な叡智との関わりの中に見出すことだ。権力、富、成功を得ることだけが我々を突き動かす全てであるなら燃え尽き症候群にかかるのは時間の問題だが、エルキントンのトリプル・ボトムラインを使って高尚な何かに寄り添ったり、加わったり、そのサポートをしたりするなら、物事の全体像の中での自身の役割を的確に果たしたり、異文化圏でのリーダーシップという大変な仕事を粘り強くやり抜いたりするために必要な、高次のエネルギーを得られることに気づくはずだ。人生の目的は我々を超越した高尚な何かを成し遂げることなのだから。

結論

ＣＱへの動機は、目新しい場所への旅や現地食への関心などを遥かに超えた高尚な事柄で、新天地の真新しさから来る幻想が覚め、文化差が挑戦として迫り来る時に必要な持久力のことだ。リーダーは恐怖を乗り越えてリスクを取り、馴染みのない場所であまり関わったことのない人々とスムーズにビジネスを進められる能力を育む必要がある。新しい食べ物を試し、地元の文化を吸収し、異文化と関わる疲弊に耐えうる持久力を育むことは、最終的に大きな利益をもたらすと言えるだろう。

ＣＱへの動機を育む旅路に終わりはないが、数をこなしてあるレベルまで到達すると慣れてきてスムーズに行えるようになる。簡単にこなせるようになる日が来るとは言わないが、仕事関連のゴールの達成を可能にして異なる視点で世界を見る力を身につけられる点から、この挑戦に耐え抜くメリットは莫大であると言えるだろう。

ＣＱへの動機を強めるための実践項目

1　ＣＱを優先しない場合のコスト（個人、組織、グローバルの三種）がそれぞれどのくらい嵩むのかをきちんと計算しよう。正確なコストの査定はリーダーとチームがＣＱを向上させるモチベーションを上げるだろうから。もし異文化でうまくリーダーシップを執れなかった場合に起こりうる結果もリストアップしてみよう。そしてその場合、何をリスクに晒すことになるのかも明確にしよう。

2　異文化圏でのプロジェクトを他の関心事と接点を持たせるとよい。異文化体験にあまり関心がないのなら、関心のあることと異文化圏でのプロジェクトを結びつける方法を見つけよう。美術に興味があるなら、それぞれの文化圏にどのような芸術表現を見つけることができるか調べてみよう。スポーツが好きなら、その文化圏ではどんなスポーツが流行っているのか探してみよう。グルメ好きなら、異文化圏でも選択肢は無数にあるだろう。自身が食べたり、飲んだり、寝たりする間についでに新しいビジネスについての知識やアイデアを学んでみるとよいだろう。

3　駐在業務のような異文化圏での仕事は何であれ引き受けた方がよい。現地ではどのように仕事を行っているかを目の当たりにし、実際に仕事をしながらその文化圏での仕事の仕方が学べる就労経験は、仕事を続けてゆく上で必要な自信や自己効力感を身につけるための重要な方法だからだ。就労と非就労の両方の異文化経験はＣＱへの動機を強める上でベストな方法でもあるだろう。

4　現地の名物料理は食べてみよう。世界中の多くの場所で食べることのできる民族料理はどんどん多様化の一途をたどっている。いつもの異文化圏でのルーティンを抜け出して新しい食べ物を試してみよう。馴染みのない場所を訪ねている時は少なくとも現地の料理を二口三口は箸をつけてみよう。薄く切って必要ならさっと飲み込めば大丈夫。とにかくひたすら現地食を食べてみよう。

利己的な関心ではなく高尚な目的のために頑張ってみよう。死ぬまでお金を稼ぐためだけに働き続けるようには人は作られていないのだから。今後高尚な目的を持つ活動を行うことになる人もいるだろうし、ビジネス・リーダーの指導者になって人助けをする人も出てくるだろう。かくもＣＱは世の中をよくするものなのだ。

第4章　CQに関する知識（パート1）
——どのような文化の違いが問題になるのか知ること

外国へ旅すると、同行者から数え切れないくらい何度も「お願い！　今晩、何か普通のものが食べたいんだけどどいいでしょう？」と頼まれるが、こともあろうに今回の依頼主は齢四歳の我が娘だ。我々は当時シンガポールで暮らしていて、西洋食を出すお店も多かったが妻も私も現地の人が食べる食事の方が好きだった。娘の青くキラキラ輝く瞳を見つめてこう言った。「エミリー、普通なものが食べたいってどういう意味だい？　お米以上に『普通』なものはないよ。世界中でどれだけ多くの人がお米を食べているか考えてごらん。お米を食べる以上に普通なことなんてありえないだろう？」話を続けようとすると妻が意味ありげな目でこちらを見た。今は子供にCQのレクチャーをするタイミングではないと

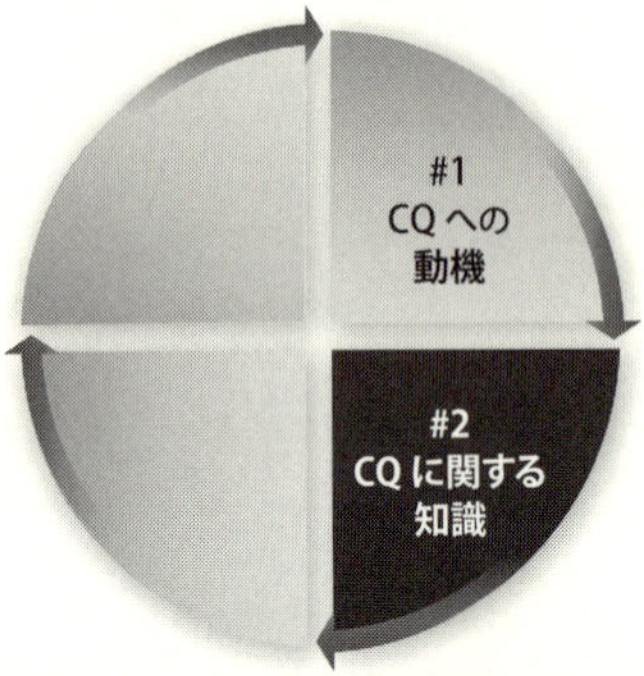

CQに関する知識： CQについて何を知るべきなのか 文化の類似点と相違点を知ること	
CQの高いリーダーの特徴	CQの高いリーダーは、文化が人の思考や行動にどのように影響するのか、十二分に理解できているものだ。文化がどのように似通っていたり、異なっていたりするかに関しても豊かな知識を持っていて、文化がどのように行動に影響するのかよく分かっている。

言いたげに。ただ私はどうしても娘に「普通」の基準は自分自身の経験によって作られることを理解して欲しかった。

エスノセントリズム（訳者注：自身の文化規範を普遍的な基準と見做し、文化の異なる人や異文化をマイナスに評価する傾向）は、至る所で見受けられる。誰であれ世界の事象を自分の文化を物差しにして解釈する傾向は避けがたいが、エスノセントリズムのリーダーシップへのネガティブな影響を見過ごすと、CQに関する知識を育む上で、この上ない障壁になりかねないため非常に危険なのだ。

誰しも自分自身が文化の影響を受けている事実を何かにつけ忘れがちだ。むしろ文化の影響を他人の中に見出すことの方が遥かにたやすい。エミリーの質問は「私の経験だけが唯一世の中の絶対的な普通の基準でベスト」

という思い込みを浮き彫りにしたと言える。今やエミリーも下の娘のグレースもスパイスの宝庫のような中東系の食事を楽しみ、章の冒頭で私がエミリーのエスノセントリズムを指摘したように私の無意識のエスノセントリズムもズバリと指摘する鋭さだ。グレースは最近「パパのCQが高いんなら、私のカントリー・ミュージック好きもバカにしないはずじゃないの?」と質問したばかりだ。ごもっとも。

特定の食事や音楽が「普通」で、それ以外のものは「ヘン」だと決めてかかるのは、さほど大きな問題なのだろうか。おそらくその答えはイエスでもノーでもあり得るが、文化がどのように人の思考や行動に影響するか気づかずにいると、ビジネス・チャンスをふいにするだけでなく余計なコストも嵩むのだ。『フォーチュン』誌が選ぶ五百社に入る誰もが知る大企業から中小・零細企業に至るまで、世界中の組織の国際進出の失敗の大多数は、異文化圏で暮らす人々がどのように考えたり行動したりするのかを気にかけなかったことに起因すると研究によって浮き彫りにされているからだ。

ドイツでの八年間の苦戦の末、ウォルマート(訳者注:米国大手スーパーマーケットチェーン)はとうとう八十五店舗を売り払うに至った。米国市場でのウォルマートの圧倒的な成功からは到底想像もつかないドイツでの失態を、ジャーナリストはこぞって米国とドイツの文化差を無視したのが敗因と決めてかかった。米国で成功した事業展開の方法に何の異文化適応もせずドイツ市場に当てはめたのが失敗の大元だと。敗因が売られた商品の種類であれ、商品の陳列方法であれ、入口で挨拶をする担当者の態度であれ、社員用ハンドブックに記載された会社のポリシーであれお構いなく、ウォルマートのドイツ撤退はビジネスの文化差に注意を払わなかった悪しき前例のように思われている。最終的にウォルマートはドイツの事業失敗で米ドル換算で十億ドル（注：一ドル140円換算で約千四百億円）相当の損失を計上したが、他の国では現地の文化に適応して成功を収めている。

所属組織に将来的に国際展開の可能性がなくとも、リーダーシップを執る相手の行動や思考への文化の影響の根強さを理解することなく、目覚ましい功績を持つリーダーになるなど望むべくもないだろう。「組織文化とリーダーシップ」というベストセラーの著者エドガー・シャイン氏が言うように、文化とリーダーシップは切っても切れない関係にあるからだ。誰が昇進すべきか、成功とは何を意味するのか、社員にどのようにやる気を出させるかなどのリーダーシップ・スタイルは文化規範によって決まるものなのだ。新たな文化を生み出し組織内に定着させることは何をさておいてもリーダーには重要なことだとシャイン氏は力説している。また「リーダーに必要な才能は、組織文化であれ民族文化であれ、目の前の文化を的確に理解し、その文化とうまく折り合いをつけて仕事をこなす能力」だとも述べている。文化に関する理解とはフワフワしていて捉えどころのないポリティカル・コレクトネス（訳者注：社会通念上、特定のマイノリティに対して失礼な行動をとるべきではないというリベラル寄りの考え）のような曖昧模糊としたものでは決してなく、リーダーシップ・スタイルの決定に大きく影響する重要な事柄なのだ。

直感だけに頼っていては、文化を理解して文化差を乗り越えて仕事をこなすことはできない。文化差の理解はルールに沿った努力を必要とするからだ。二つ目のCQの能力「CQに関する知識」は、異文化や文化差に関する理解のレベルを指すが、CQに関する知識の豊富なリーダーが世界中の文化について百科事典のように物識りというわけではない。異文化の知識の宝庫になるのは到底不可能なので、代わりにCQの高いリーダーは文化間のマクロレベルでの違いのパターンについて学び、異文化圏での現場の経験が増えるにつれて内蔵する情報量が増えゆくデータベースを脳内に持っている。この類のリーダーは文化に起因する出来事、性格の違いによる衝突や権力争い、その他の要因に起因する出来事の見分けが瞬時につくものだ。

本章と次章ではCQを使ったリーダーシップを執る上で必須かつ最重要項目の「文化に関する知識」について紐解く。我々の研究はCQに関する知識の以下の二つのサブカテゴリーの存在を浮き彫りにした。文化のシステム、価値観、言語の違いなどの理解を含む文化全般に関する一般的理解と、状況別の文化についてのケースバイケースの知識の二種類だ。本書はリーダーシップに関する書籍なので、リーダーシップに関するケースバイケースの状況別の文化に関する知識に主に焦点を当てて見てゆくが、この二つのサブカテゴリーは本書の中で触れるCQに関する知識を育むための戦略の基礎となるものだ。文化の影響をどのように理解するのか、我々が考えたり、行動したり、リーダーシップを執ったりする際に文化がどのように影響するのか学び、文化を越えて何かを理解したりリーダーシップを執ったりする際に言語が果たす役割についても掘り下げて見てゆく。そしてリーダーシップに最も関わりの強い文化のシステムや価値観に着目し、最後に十種類の文化的価値観のカテゴリーについても詳述する。

CQに関する知識や関連情報の多さに鑑み、本書ではCQに関する知識について二章に分割して取り上げる。本章では文化がどのように人に影響しているか理解する、母語とは異なる言語を理解する、基本的な文化の構造について理解する、というCQに関する知識を育むための三つの方法について詳し

CQに関する知識をいかに育むか
1　我々に大きく影響を与える文化の役割について理解しよう
2　母語とは異なる複数の言語でコミュニケーションが取れるようになろう
3　文化の基本的な構造について見直そう
4　文化規範や価値観の違いについて学ぼう（第5章も参照）
重要確認項目：今回の異文化圏での駐在や交渉を成功させるために、何を前もってプランニングする必要があるのか。

く紐解いて見てゆこう。

読者諸氏と周りの人に影響を与えている文化の役割を理解しよう

CQに関する知識を育むプロセスは、文化が考え方や発言、ふるまいなどにどのように影響しているのか理解することから始まる。文化は特定のグループを他のグループと差別化する信念、価値観、行動、習慣、態度と定義することができよう。もっとありていに言えば文化とは「どのように物事を進めるのが当たり前で普通だと思われているのか」を指し示す指標のようなものだとも言えるかもしれない。

いつだったか友人のビジェイがインドのデリーでクリケットの試合に連れて行ってくれたことがある。クリケットを以前にも見たことはあったが、ルールが分かりにくくすっかり混乱していたのだが、ビジェイの説明はとても明瞭で分かりやすかった。溶けそうなデリーの暑さの中で試合を見つつ、基本的なルール、ウィケットの使い方、スコアカウントの仕方、相手方のバッツマン（訳者注：打者）をアウトにするゴールの決め方などを説明してくれた。試合がよく分かるようになっただけでなく、その場の興奮の渦にどんどん飲み込まれてゆくのを感じた。もしフィールドに出て競技に参加していたら見るも無惨な姿を晒したであろうことは想像にかたくないが、少なくともクリケットの試合中に何が起きているのかよく分かるようになった。

多くのリーダーシップに関する研修や書籍は戦略的なプランニングと合理的な意思決定のみに焦点を絞りがちだが、経験豊富な重役ほど物事の本質をサッと直感で見抜いてリーダーシップを執るものだ。前述したように馴染みのある文化圏でのリーダーシップなら直感に頼ると驚くほどうまくゆく。直感に頼っての意思決定が戦略的思考に基づいていないという意味ではなく、経験に裏付けられた豊富な知識がすでに思考回路にプログラミングされていて無意識に素早く妥当な結論に到達できるからだ。ところが異文化圏で同じように直感に頼ると何かにつけ問題が起きる。まるでサッカー選手がクリケットのゴールに必死でサッカーボールをシュートしようと頑張るのと同じくらい、直感に頼ると「あり得ない」的外れた働き方や対応になりかねない。

CQに関する知識を育むことができれば、馴染みのない文化圏で仕事をする際に普通なら見逃してしまいそうな小さなことまで的確に把握できるようになるだろう。その見逃しがちなことの中には暗黙の了解事項など、民族文化、組織文化、政党や宗派のサブカルチャー、人々の行動や思い込みに影響を与える文化的なルールなどの理解も含まれる。特定の文化を理解する目的は、その文化にルーツを持つ人々のようになることでも、ましてその行動パターンに合わせて行動できるようになることでもなく、相手の生活や社会の根底をなすルールを正しく理解し敬意を表することで、スムーズにリーダーシップを執れるようになることなのだ。

リーダーが経験しがちな我々に影響を与える文化の層について考えてみよう。フランス文化や中国文化などの国レベルで存在する文化は人々の行動に最も色濃く影響を与える。外国を旅するまで自身が色濃く自国の文化に影響されていることに気づかないことも多いと思うが、国内にいる時よりも外国にいる時の方が同じ国の出身者をある種の連帯感をもって同胞と見做しがちだろう。他の多くのサブカルチャーも大半の国に存在するが、国レベルの文化差は一番色濃く人々の思考や行動に影響を与える文化指向だ。

次に影響が強いのは民族文化だ。特定の国出身の人を一纏めにして理解しようとするリスクについては本書の中でもすでに注意を促しているが、南アフリカのズールー族とアフリカーンス族、マレーシアに共存する華僑とインド人やマレー人、米国本土のアフリカ系米国人やラティーノのような国内の民族的多様性の無視に繋がりやすいのも、国ごとに一纏めにした文化理解のリスクが高いと言える理由だ。多くのリーダーは自身の出身国の民族的多様性についてはある程度認識しているだろうが、他国の国内の多様性についての気づきを深める必要があるだろう。米国出身ではないリーダーは米国で目にするアフリカ系米国人のサブカルチャーへの人種差別や偏見を避けるための一見過度にも見える気遣いに困惑するかもしれないし、そのサブカルチャーを「黒人」文化ではなく「アフリカ系米国人」の文化と呼ぶべきことに狼狽するかもしれない。しかし米国で働くのなら、米国で主流だと考えられている白人文化の対極をなすアフリカ系米国人の価値観、行動、習慣などについての理解を促す上で、長いアフリカ系米国人の被差別の歴史について学ぶことは必須だろう。

他にリーダーが必ず経験するのが組織文化の違いだ。私が自分の仕事の一番の利点だと思うことは、異なる組織や業種の多様な文化を経験する機会が多いことだ。コーラを作る会社の重役と一日過ごした翌日にFacebook社（訳者注：現Meta社）の重役と仕事をする時など、国境を越えていなくても場所を移動するのにパスポートが要るのではないかと思うほどの異文化を経験する。ヒュンダイ社とサムスン社の重役にプレゼンをする時にも、研究者のグループにプレゼンをする時にも、聖職者と相対する時にも似た異文化を感じるために思考のシフトを必要とする。CQに関する知識は、組織が成功を祝ったり、チーム全員をやる気にさせたり、チームメイトと体験談を共有したりする、それぞれの異なる方法についての理解を育むことを指すのだ。

我々は世代、性的指向、地域差、宗教などのサブカルチャーの一部でもある。読者諸氏が属する文化や、リーダーシップを執る際に最も影響しそうな文化は何か考えてみよう。我々は受動的な文化の影響の受け手では決してない。文化は一方的に我々の行動や思考に影響を与えるのではなく、我々は文化の影響の受け手であると同時にその作り手でもあるのだ。多くのリーダーは機能不全をきたしかねない社内の不健全な慣習を含む組織文化全般を受け継いでしまっている。そのような組織文化の変革は決して簡単ではないが不可能でもない。つまり我々は属する文化を少しずつよい方に変容させゆく役割も担っていることになる。

リーダーの重要な役割は、文化が自身や周りの人の行動に影響することにもっと意識を向けることだろう。たとえば直近十年間でCEOと長官を務めあげた、九十％以上の世界中の商業航空が加盟する業界団体の国際航空運送協会（IATA）を退いたばかりのジョバンニ・ビジニャーニ氏を例にとってみよう。目のキラキラしたビジニャーニ氏の人好きのする面だけを見たら、彼は国際経験豊かな「いい奴」に思えるかもしれない。実際のところ彼は温かい人だ。話し始めるや否や相手を落ち着かせ、絆を感じさせ、マハトマ・ガンディー夫人とお茶を飲んだ時の話や好きな旅行の行き先について話し始めるだろう。しかしビジニャーニ氏はもてなし上手で社交的な性格を持つ一方で、挑戦好きで弛みなく変革をもたらし、ビジネスで成果を上げることに集中する猛烈に意思の固いリーダーでもある。彼のIATAでの十年間のリーダーシップの実績は次の通りで印象的などという生半可なレベルの代物では決してない。

＊二〇〇四年以降、米ドルで五百四十億ドル（一ドル140円換算で約七兆五千六百億円）分、業界にお金を節約させた。

＊埃をかぶったような時代遅れな組織を世界で最大規模のシティバンクの顧客へと変貌させた。

＊Eチケット、バーコード式搭乗券、セルフサービスのチェックイン・キオスクの普及を通じて、飛行機旅行の利便性を向上させた。さらに航空機での移動が輸送方法の中で一番安全性が高いという認識を世界中に広めた。

＊競合他社同士の航空会社、民主党の大統領と独裁政治家、ルフトハンザドイツ航空などの航空大手とエアージンバブエのような小規模の航空会社、などの誰も想像さえしなかったようなパートナー同士の協力体制を作り上げた。このリストはあくまで彼の結んだパートナーシップ協定の実績の氷山の一角の二、三例に過ぎない。

＊IATAを欧米主導型の組織から、六十％のメンバーが途上国、六十五％以上の収入が中東とアジアから計上される組織へと成長させた。

ビジニャーニ氏はコミュニケーションや交渉の際の文化の普遍的な役割を理解していたからこそ、二十一世紀に一番打撃を受けている業界である航空産業で歴史に残る変革を遂げることができたのだ。さらにビジニャーニ氏はそれまで不可能だった異業種協働を取り計らう触媒の役目も果たしている。ある夜は米国の国土安全保障長官ジャネット・ナポリターノ氏と夕食を共にし、翌日イラク航空が乗客の安全な輸送に必要な航空部品の調達の手伝いにイラクへ飛ぶといった具合に。ビジニャーニ氏の異文化についての知識はあらゆる会議に参加する際に進むべき方向を指し示す指針なのだ。

全てのリーダーがビジニャーニ氏のように異文化をよく理解していて文化とビジネスの関連について把握できているわけではない。十億ドル（注：一ドル140円換算で千四百億円）規模の製造業の会社の営業課長のジェフと話したのは、広州市の二、三の工場を訪ねる彼の二度目の中国出張の一週間前のことだった。

ジェフは私と話している間とても生き生きとしていた。足を常に上下に動かしたり指でテーブルをトントン叩きながらこう言った。「気を悪くしないで欲しいんだけどさ、異文化異文化ってちょっと騒ぎすぎてる気がしないか？ 人は人だしビジネスはビジネスだろ。来週多分ヘンな食事を食べなきゃいけなくなるけど、それ以外はとりわけ中国と米国に大きな違いがあるようには見えないんだよな。」と。

私は言い返したいのを我慢してしばらくジェフがそう思った理由の説明に耳を傾けることにした。かなり神経質になっているようにも見えたがジェフは続けてこう言った。「どこの国へ行ってもみんなそれなりに豊かな生活ができるように出世したり、ビジネスを成功させたりしようとして頑張ってるんだよ。中国人だろうと、メキシコ人だろうと、米国人だろうと。どこへ行っても人間は似たようなもんだろ？ 俺やお前さんのようにみんな子供が可愛いし、グローバル市場を生き抜くために場合によっちゃ多少攻撃的に対応しなきゃいけない時だってあるってことも分かってるさ。誰だって昇進したいさ。マーケティングの戦略を多少調整しなきゃいけなくなっても、どこに行こうと製造業は製造業だし営業は営業だろ。その仕事が自分に向いてるか向いていないか、それだけだって！」

もし出張先が外国の大都市だけで、グローバルなホテルチェーンに宿泊し、外国からの旅行者にどう対応すべきか心得た地元の人々とだけコミュニケーションをとるのなら、世界中どこでも世界は一緒だと思い込むことはたやすいだろう。世界中の人たちは基本的に普遍的な特徴を共有しているというジェフの見解には一理あるが、その普遍的な特徴にどのような向き合い方をするのかは文化や個人差によって大きく異なってくる。何が普遍的な特徴で、何が文化差によるもので、何が個人的な差によるものなのかを見抜くことができるリーダーの能力はCQの最も貴重なバロメーターだ。この判断能力はリーダー自身のCQが育つにつれて精度が上がってゆくだろう。文化規範について理解が深まると、目の前の出来事が個人的な事柄か、特定の文化圏の人々によく見受けられる事柄なのか、区別がつきやすくなるからだ。

氷山は文化の影響を表す例えによく用いられる（図4－1参照）。この図の私バージョンでは氷山の一角に全人類に普遍的に見受けられる事柄を置く。ジェフが言うように文化圏を問わずほぼ全員に当てはまる目に付きやすい二、三の事柄は確かに存在するからだ。しかしその普遍的な事柄をもう少し深いところまで掘り下げて見てゆくと、さまざまな文化差や個人差の影響による多くの違いを見出すことになるだろう。これこそ文化差をうまく理解するためのポイントだ。普遍的な行動、文化によって規定される行動、性格による行動の三つの行動のカテゴリーについて後々詳しく紐解くが、本章では以下にごく簡単な説明を付け加えておく。

普遍的な行動

混んだ駅やショッピングセンターでベンチに腰掛けて道ゆく人を眺めるのが好きだ。知っている人が誰もいない全く馴染みのない自宅から遠い場所でも、父親と子供の織りなす光景、荷物だらけの私のような旅行者や笑い合っているカップルを見ているだけで、ある程度人とのつながりを感じることができる。というのも目の前の光景は全て私自身と関わりのある事柄を含んでいるからだ。我々は人として普遍的なニーズを共有していて、恐れ、喜び、期待外れなどの感情は共通するものだ。共通点を見つけることは馴染みのない光景を馴染みのある光景に変えるための第一歩となるが、その共通項は氷山のたった一角に過ぎない。

文化による行動

駅のベンチで見知らぬ人が子供と一緒にいるのを見たら父親の一人としてつながりを感じるが、彼らが本当に親子なのかどうかあれこれと勘ぐり始めると真偽の程は疑わしくなってくる。前章での例えを用いるならクリケットの試合をサッカーのルールで解釈したのでは誤解と混乱しか生まないだろう。同様に異文化から来た私が自身の文化の尺度で現地の光景を解釈して全てを理解したつもりでいても、その解釈が完全に的外れで誤解しきっている状況は多分に起こり得る。

図4－1にあるように文化の特定の側面は目に見える。車の運転、地域通貨、宗教的なアイコン、ビジネスに対するイメージなどは認識しやすい普遍的な目に見える文化差だが、本当に理解すべき重要なポイントは、目に見える「行動」へと人々を駆り立てている文化の氷山の根底にある信念、価値観、憶測や思い込みなどだ。

ジェフが中国と米国のビジネス・パートナーがどのくらい異なる考え方で行動するのか理解できてい

1　普遍的な行動

2　文化によって規定される行動

＊文化が創造した文化遺物やシステム：美術、服飾、食べ物、お金、週間、ジェスチャー、など

＊文化に基づく価値観や思い込み、前提：無意識の言動、当たり前だと思い込んでいる信念、知覚や認識、感情など

3　個人の性格による行動

図4－1　行動の3つのカテゴリー

なければ、今後異文化圏で仕事を進めてゆく上でことごとくつまずくだろうし、異文化圏での仕事で成功し続けてゆける能力や資質があるとは考えにくい。複数の文化圏から人が集まっているチームで、かなりの頻度で見受けられる文化差や文化摩擦に完全に我関せずで居続ければ、チームの構成員の文化と全く接点のない無駄だらけの的外れたリーダーシップに行きつくことになるからだ。

ジェフの「人は根底の部分では同じだから文化差は関係ない」の考えが、中国で現地人とのコミュニケーションをリードする黄金律としては不十分だとなぜ認識する必要があるのか、中国の概念の「関係」を例にとって見てみよう。「関係」は個人間の繋がりとそれに伴って生じる義務を意味する。中国では最初の重要な「関係」は家族間に存在し、「関係」は人生の長い期間を共にすることで生じるため同級生や同僚との間にも存在する。「関係」の調整に際して過去にどれほど親切にしてもらったか、お互いどれだけ相手に貸しがあるかを遡って思い出す。中国の人間関係に

「関係」の概念が根底に存在する以上、広州市にいる同僚が人間関係を築いてゆくために差し出したギフトの意味の重さをジェフが知っている方が事はスムーズに運ぶだろう。米国で同じことをすれば賄賂かお決まりの形式的な礼儀の表現と受け取られるが、中国でのギフトの意味の誤解は、ジェフが中国に派遣された「現地でのビジネスの成功」という目的の達成を致命的に難しくしかねないのだ。

中国でビジネス契約を結ぶべく奮闘した経験のある人に訊いてみるとよい。きっと「散々お酒を飲まされた。」と答えるだろうから。「関係」がビジネスの成功の鍵を握る文化圏では、ビジネス・パートナーになる相手と酩酊するまで酒を酌み交わすことは、人間関係の地盤を固め友達同士だと互いに認め合うための重要な方法だ。ビジネスディナーは招待状の到着とともに始まる。一般的には招待者はゲストと同レベルの管理職や役員が多い。さらにディナーの費用は招待者持ちであることが非常に多い。中国の伝統的な文化慣習に従うタイプの人は、顔を合わせてまたは電話でディナーの招待をすることが多く、間違ってもメールやショートメールでの招待ではない。メールはあまりにも機械的な上に誰とビジネスをしているのか明白な記録を残すことにもなるためにあまり好まれない。

中国では西洋のビジネスディナーとは違い、ビジネスの話はほぼ出ない。何かビジネスに関する重要な話題がディナーの最後のとっておきの話題に残されていても、その時点では大半の関係者はすでに酩酊しているので重要な意思決定はまずなされないが、これを時間の浪費だと言うなかれ。ディナーの目的は人間関係の地盤を固め相手が信用に足るかどうか判断し、口に出す言葉を選ぶ余裕がない酩酊状態の時に相手がどう振る舞うのか見ることなのだから。私生活に踏み込む質問が来ることを想定しておいた方がよいし、プライベートについて怯まずに正直に話すとよい。そして大量のお酒を怯まずに飲み続けたらそれは友情の証と受け止められる。お酒を多く飲めば飲むほどビジネス・パートナーは喜ぶだろう。それは友達と飲むときのようにビジネス・パートナーと一緒に酔っ払いたいという意思の現れだからだ。中国人は一緒に酒を酌み交わすと友情が深まると信じている。緊張感の漂う張り詰めた状況でも一緒に飲めば緊張が緩み誤解を解くからだ。飲みすぎて草臥《くたび》れ果てるまで取引相手と大量のお酒を飲む本来の意図は、相手を深く理解することにある。

中国のビジネス・パートナーとのディナーやお酒の付き合いが、他の文化圏と同様にあまり重要でないとジェフが考えていたなら盲点を突かれることになりかねない。ジェフが飲み会に参加できない理由には健康上や宗教上の理由もあるかもしれないが、少なくとも飲み会の文化的な意味を十分に理解した上で参加の可否を決める必要がある。この類の異文化理解をどのようにリーダーシップに使うかについては、CQに関連した戦略とCQを用いた行動の説明の際に後章で詳述しよう。

今のところ抑えるべきポイントは文化差のリーダーシップやビジネス・マナーへの影響だ。イエメンとUAEの米国大使を務めていた知人が、在任中に多くの米国の営業担当者がペルシア湾岸国に商品やサービスの売り込みに次々と訪れるのを見た時のことを教えてくれた。北米の営業担当者は米国と同じセールストークを中東でも使おうとし、英国、フランス、日本などの営業担当者にことごとく商談を持っていかれた。一方、他国の営業担当は現地文化ひいては言語まで学ぼうとし、北米の営業担当者が取り損ねた契約を結ぶことができたのだ。もはやこの事例は現在の北米の営業担当者には当てはまらないのかもしれないが、この事例から学ぶべき重要なポイントは、ターゲットとする市場の文化的な特徴について深く学ぶことが売上に直結する点だ。

文化はどこにでも存在し、リーダーシップの執り方にもリーダーシップの評価にも影響するものだ。ビジネスやリーダーシップへの文化の影響を理解することは、プロジェクトなどに関わる組織や個々人にとって状況を正確に把握して適切な判断をする上で、必要な能力がきちんと備わっていることと同義だと言える。

個人の性格による行動

文化の氷山の一番の深層部は個人差による行動の差だ。最高レベルのCQを使ったリーダーシップを執る重役は、他者の行動が文化差による時と個人に固有である時とを見分けることができる。たとえば私の振る舞いにも多くの北米人男性に共通して見られる特徴がある。一例を挙げるなら、人と関わり合いながら働くよりも一人で黙々と仕事をこなすことを得意とするタスク指向で独立性の強い傾向にあり、明瞭に物事が説明されるコミュニケーションを好むことなどだ。一方で私には多くの北米人男性にはあまり見受けられない飽くなき異文化への探究心、何かに取り組む時に見受けられる凄まじい集中力などの特徴もある。CQの高いリーダーは個人の性格的な癖や特徴と文化規範に当てはまる癖や特徴を見抜く必要がある。そのために本章の最後と次章でも説明する文化に基づく社会のシステムや価値観を理解する必要がある。この二つに代表される文化規範を理解すれば、各々の行動が文化的傾向によるのか、個人のユニークさによるのかが理解できるようになるだろう。

最近の研究では七十二カ国で「米国」と聞いて思いつくイメージを訊いたところ、戦争と『ベイウォッチ』（訳者注：米国の有名ドラマシリーズ）の回答が一番多かった。911のテロの後でもあるし、米国と戦争を結びつけて考える人が多いのも無理もないだろう。『ベイウォッチ』に関しては世界中のさまざまな場所で放映されている有名ドラマの『フレンズ』（訳者注：一九九〇年代から二〇〇〇年代初頭にかけて放送されたドラマシリーズ）に抜かれるまで、一番多く米国外で放送されたドラマだからだ。

私の多くの米国人の友人は米国の軍事介入に反対な上、『ベイウォッチ』をわざわざ放送時刻に自宅でテレビをつけてまで見てはいない。だからと言って友人のようないわゆる「米国人像」からかけ離れた米国人の存在が、『ベイウォッチ』を見ていて戦争好き」という一般的な米国人像を変えることにはならない。同じような文化的他者に関するイメージの一般化やステレオタイプ化は世界中で起きている。全ての中国人のリーダーが人々を飲みに連れて行きたいわけでも、全てのミレニアル世代がフレックス出社などの柔軟な就労制度を求めているわけでもないはずだが、文化の異なる人々を一纏めにして理解しようとする人はおそろしく多いものなのだ。

反対に個人の行動を見て、あたかもその文化圏の全員に当てはまると考えてしまうこともまた問題だ。シク教徒のインド人の社員を部下に持ったカナダ人リーダーが、「シク教徒について学んだことは彼らは旅行を好まないということです。シンーさんに本社から離れた場所での会議の出席を依頼すると毎回理由をつけて断るんですよ。」と教えてくれた。私が他のシク教徒の社員に同じ傾向が見受けられるのかどうかを尋ねると、シンーさんはそのカナダ人リーダーが初めて雇ったシク教徒なのだという。にもかかわらずシンーさんがオンタリオ州のロンドン（訳者注：カナダの都市名）から離れた場所での会議に出席したがらないのは、文化的な理由に違いないと決めてかかっているようだった。リーダーである彼女が目にした馴染みのない上に説明もつかない不可思議な社員の言動を、文化的背景によるものだと思い込んだらしい。

後章で詳述するが、文化規範や価値観を元に文化的他者を理解する際には注意が必要だ。文化的理由に起因する行動と性格によるものを区別するためにCQが必要になる。一旦文化の個人の行動に対する影響を理解できれば、氷山の中層をなす言語、文化システム、文化的価値観の指向について、さらなる理解を深める準備ができていると言えよう。

異なる言語を理解すること

二、三年前に、「もうミルク買いましたか？」のスローガンを掲げた酪農協会の全米で幅広い成功をおさめたマーケティングキャンペーンがあった。残念なことにそのキャンペーンがメキシコに渡った際「授乳していますか？」と誤訳されていた。この類の失敗事例は数え切れない。米国のPCソフトウェア会社が国際事業展開の際に業界名が「肌着」と誤訳された事例もある。ヨーロッパの会社がチョコレートとフルーツのデザートをZit（訳者注：英語で「ニキビ」）の名前で売ろうとしたが売れず、フィンランドの製品で極寒の中でも凍ることのない車の鍵をSuper Piss（訳者注：英語で「超おしっこ」）の名前で売ろうとした会社も見事に売り損ねている。この類の失敗は笑いを誘うが、笑える誤訳である以上に言語の壁を越えてビジネスを行う難しさを物語ってもいる。マイクロソフト社は全員が一人一台パソコンを所有している前提で制作したマイコンピューターのアイコンに、国ごとの経済水準の差異を考慮していないと世界中から難色を示された経緯がある。マイクロソフト社の発明で世界中で普遍的に理解され受け入れられているのは、世界中で普遍的に使われていて誰でも理解できる郵便ポストやゴミ箱の形の受信トレイやゴミ箱のアイコンだ。

リーダーシップに関する本を読めば、頻度の高い明瞭なコミュニケーションが文化を問わず求められる必要不可欠なリーダーシップ・スキルだと分かるはずだ。マーケティング・キャンペーンの立案、ビジネス・メモの作成、プロジェクトの今後のビジョンの説明、いずれも文化と密接に繋がっている。言語と文化は全く同じものだという意見もあるが、北国に暮らすエスキモーの言語には雪を表す複数の単語が存在するが南国のフルーツを表す語句は存在しないし、南国の言語にはおそらく逆の状況が生じるに違いない。特定の環境で人々が暮らす中で言語と文化は互いに影響し合いながら形ができてゆくものなのだ。CQに関する知識のデータベースを育むには、コミュニケーションや言語がどのように文化と関係しているのか基本的な事柄を理解しておく必要があるだろう。

「英語は国際ビジネスのリンガ・フランカ（訳者注：共通語）だから、どこでも通じるんだろ？」と皮肉を言う人もいるだろうが、英語は国際貿易のメジャーな言語の一つにすぎず英語母語話者の世界人口に占める割合はたったの五％なのだ。複数の言語を話せるリーダーは一言語しか話せないリーダーより遥かに有利だ。母語ではない言語を話す際にその言語の背景にある文化規範に則って考えて話すことが、無意識の習慣として身につきやすいからだ。母語以外の言語が話せると外国語でのコミュニケーションがたやすいだけでなく、言語背景にある世界観を理解する能力も一緒に身につくということだ。また通訳を介していては培うことのできない、その場で何が起きているのか文化規範に則って理解する能力も育むことができるだろう。英国の自動車メーカーのジャガー社は、ドイツでメルセデス社とＢＭＷ社にマーケット・シェアで引けを取らないよう、社内でドイツ語学習を始めた際に言語学習の重要性に気づき、一年後ジャガー社のドイツ市場での売上は六十％も伸びたのだ。

母語しか話せないなら外国語の初級コースに申し込んだり、家庭教師をつけたりすることを検討するとよい。そうすればその外国語の基本すら飲み込めないまま、焦ってさらに別の家庭教師を追加で探すことにはならずに済むだろうから。定期的に外国語でコミュニケーションをとるスカイプ友達を探すのも一手だ。最終的にその言語を流暢に話せるようになることが理想だが、言語を学ぶプロセスそのものもＣＱに関する知識を育むことに相当貢献するはずだ。ともすればただ言語を学んだだけなのに気がつくと仕事の改革を考えていたり、リーダーシップの方法を変えようとしたりしているかもしれない。またビジネス・パートナーの母語で二、三単語でも話すことができれば、ビジネスを進める上で大きな意味を持つだろう。

言語に対する理解が不十分だと、米語圏ではない英語圏で仕事をする時にも問題が起きる。同じ事柄について言及する際に異なる表現や単語を使うために、北米人、英国人、インド人、オーストラリア人の間でかなりの頻度で混乱が起きるからだ。

似たようなコミュニケーションの難しさは、転職も含めて組織や職場を移動する際にも経験することだろう。ビジネス業界の重役と話す際には、研究者は学術的な専門用語を分かりやすい語句に言い換える必要があるだろう。私は医療従事者、生物化学者、自動車製造業界関係者など馴染みのない業界で働く人々とよく話をするが、CQが高い人なのかどうかは私のような門外漢に分かる言葉で職務内容を説明できる人なのか、私には全く馴染みのない貿易専門用語をズラリと並べて会話する人なのかで即座に見分けがつく。同様にCQに関する知識のある医師や看護師は内輪で会話をする際、医療従事者である同僚に話す際、家族に話をする際、同じ診断に関する説明でも言葉の表現も言葉以外の表現も適宜変えることだろう。CQに関する知識があれば、コミュニケーションをとる際に使う表現はアイデンティティを形作るさまざまな文化に由来することが理解できているからだ。

私が理事長を務めるNPOは最初の七年間は経営が順調だったが、過去三年間でNPOの活動も最低限この活動はこなすというボーダーラインも低下の一途をたどり始めた。スタッフにヒアリングを行った結果、NPOがビジネスらしさや組織らしさを伴う事柄や名称をことごとく避けてきたことが分かった。見学にきたビジネスリーダーは「まるでこのNPOにはビジネスらしさを感じさせるものすべてにアレルギーがあるみたいだ。」と感想を漏らした。理事会はNPOの新しいリーダーの採用活動の最中だったが、CQをリーダーシップに応用して主任指導者の肩書きを「CEO」から「チームリーダー」

へと変更した。求人広告に出ている肩書きを変えただけなら、ビジネス文化の忌避への対応はその場限りで終わっていただろう。しかしこのNPOに関しては、他の組織を真似てつけたありきたりな肩書きでなく、スタッフの共感を得られる言葉で肩書きをつけることが組織文化にピッタリそぐうリーダーシップのプランニングの第一歩になったのだ。

フォーマルであれカジュアルであれ、コミュニケーションはおそらくリーダーが行う最も重要なことの一つだ。組織で起きる問題のほとんどはお互いが十二分に理解できるようにコミュニケーションが取れていないことに起因するからだ。個々の状況と文化にそぐう適切な表現を学ぶことはコミュニケーションの取り方を使い分ける上で大きく役立つだろう。CQの四つ目の能力であるCQを用いた行動について触れる際に、この点についてより詳しく紐解くことにする。

文化の基本的なシステムを紐解いてみよう

異文化を理解する上で、もう一つ重要な事柄は異なる文化システムについての理解だ。文化システムは社会が構成員の必要なニーズを満たし、秩序を保つ上で必要な社会構造などを指す。注意深く観察しない限り文化システムの重要性はあっさり見落としがちなので気をつけよう。とりわけリーダーに最も関係があるのは経済、結婚、教育、法政治、宗教、美的センスの六つだ。

表4－1

経済システム 社会の構成員の普遍的なニーズである水や衣食住の確保のための基本的な手段	
資本主義 社会は支払い能力に応じてリソースやサービスが得られるように作られている。意思決定は市場の動向によって決まりがち。	社会主義 国家が中心となり、中央集権型のコントロールやプランニングにより、基本的なリソースの製造や分配の調整が行われる。
リーダーシップに関する示唆 *その文化圏の優勢な経済システムの中で、個人のモチベーションを上げるベストな手段が何かを十二分に考えること。資本主義社会では競争が、社会主義国家では協力が、個人のモチベーションにつながりやすい。 *特定の社会でどの業界が官営でどの業界が私営なのかを理解し、どの私企業が国家レベルの莫大な投資をしているのかを理解しておくと役立つだろう。 *経済システムの異なる国へ会社を拡大する際、ヘルスケアや定年退職、業績評価や給与制度を現地の基準に照らし合わせ人事制度の改善を行うようにしよう。	

経済システム　資本主義なのか社会主義なのか

すべての社会は水分や衣食住の確保などの構成員の基本的なニーズを満たす方法を確立する必要がある。このニーズを満たす上で必要な、基本的なリソースを生み出したり分配したりするために、文化がどのように影響するのか理解することは、CQの高いリーダーシップに非常に重要だ。我々の多くは資本主義と社会主義の二種類の主流な経済システム（表4－1参照）に馴染みがあるだろうが、ほとんどの国の経済システムはこの二種類の組み合わせから成っている。

米国やシンガポールに見られる資本主義は、構成員がリソースやサービスに対する支払い能力に応じて必要なものを得る原則の元に成り立つ。資本主義の基本は経済的な面倒は自分で見るべきで、経済市場はそのニーズを満たすために存在するという前提だ。したがって競争は消費者にも社会全体にもよいものと見なされる。

資本主義の対極が社会主義でデンマークやニュージーランドなどに見られる。社会主義は基本的なリソースに対する全員への平等な分配を保障していて、リソースの生産や分配に国家が大きな役割を果たす。我々の多くが資本主義と社会主義のどちらが優れているかについて極端な意見を持ちがちなのは、商品やサービスの分配にはこのいずれか唯一の方法しか存在しないという思い込みが強いからだろう。経済的なニーズに文化がどのように影響するかについては、とりわけあまり文明化の進んでいない国ではさまざまな可能性がある。すべての文化圏において経済システム全体がどう動いているか微に入り細に入り知り尽くした専門家になる必要はなくとも、国によってどのような異なった経済システムが存在するのか知っておくことは、異文化圏で交渉を行ったり人間関係を築いたりする能力を高めてくれるに違いない。表4－1は、経済システムの差とリーダーシップについて考える上で役立つだろう。

結婚システムと家族制度　血族家族制なのか核家族制なのか

また社会はどのような状況でどのような手続きを経て、誰と誰が結婚できるかの制度に則って動いてもいる。大半の文化圏で似たような標準とされるシステムが子育てに関してもあるだろう。家族制度で最もよく言及されるのは血縁家族制と核家族制だ（表4－2参照）。世界を見渡すと家族や一族の血の繋がりや絆による血縁関係に基づく社会構成の国がほとんどだ。たとえば中国の慈善家は、ビル・ゲイツやウォーレン・バフェットが呼びかける社会に平等に利益還元するための大口寄付よりも、自身の家族

表4－2

家族制度 誰が誰と結婚できるのか、子育て、高齢の家族のケアに関する社会の既存のシステム	
血縁家族制 血筋などの家系の歴史の中に個人のアイデンティティを見出し、各家庭が3世代以上にまたがる世代を含む。	核家族制 家庭が婚姻によって結ばれた2世代の構成員でできていて、基本的には両親と子供のみ。
リーダーシップに関する示唆 ＊血縁家族文化圏でビジネスの場の自己紹介は、兄弟、伯父、両親、祖父母など家族への言及無くしてはあり得ないことを心しておく。同様に両親の仕事を知っておくことも非常に重要だ。対照的に核家族制でのビジネスの場の自己紹介は、当人の仕事や所属組織で何をしているかに終始することが多い。家族に関する会話は、プライベートに踏み込みすぎていると考えられがちなので、ある程度仲よくなるまでは話さないほうがよい。 ＊核家族制文化圏のリーダーが血縁家族文化圏の社員や同僚と一緒に働く際、血縁家族制社会の優秀な人々を採用し働き続けてもらうことを願うなら、社員や同僚が家族に果たすべき義務を十分遂行できるよう取り計らうこともお忘れなく。 ＊血縁家族制文化圏のリーダーが核家族制文化圏の社員や同僚と仕事をする際は、相手が最初の自己紹介でリーダーや遠戚についての情報を聞いたり共有したりする重要性に気づかない可能性があることを理解しておく必要もあるだろう。	

や遺産相続人が利益を受けられる方法での寄付に関心を示しがちだ。中東の重役は優秀な業績や経歴を持つ全く見知らぬ相手より、家族を知っていたり家族と以前からつながりのある相手とのビジネスを好む傾向にある。脈々と受け継がれてきた一族の血統やそこから派生する人間関係に自己のアイデンティティを見出す「血縁」と呼ばれるもので、血縁社会は三世代以上の家族を含む親類縁者の集団で構成され、南アフリカやオマーンのような血縁関係に基づく文化圏では、会社の経営者さえも最初のビジネス・ミーティングでは交渉相手との血縁の有無を探ることに骨を折る傾向にあるくらいだ。

対照的に婚姻関係とも呼ばれる核家族に基づく社会は西洋と中産階級に多く見られ

る。婚姻関係は二世代にわたる結婚によって結ばれた構成員に基づく。核家族制では家族という単語は両親と子供を意味し、夫婦の死により必然的に家族の関係は解消される。核家族社会では社員はより働きがいのある仕事や厚遇で働ける話が回ってきたら、チャンスを逸さず転職する傾向が強い。核家族社会では個人のアイデンティティは直系の家族や職業に由来し、一族の先祖伝来の伝統からではない。核家族制では親子、夫婦、兄弟の関係にかなり重きを置きがちだ。このような家族制度は社員の人生の選択肢や今後の市場の動向に大きく影響するものなのだ。

うまくリーダーシップを執るために、どのようなリーダーの言動が現地文化の家族制度と真っ向から拮抗するのか理解する必要性は、今後ますます高まるだろう。年配の両親が長生きしていたり、子育てに積極的に関わる男性が増えたりしつつある今、文化の家族への影響を十分に理解することは極めて重要だ。家族制度はリーダーが理解すべき最も重要な文化システムにもかかわらず、家族制度は自分と全く無関係と考えるリーダーもいるようだ。なぜ家族制度の基礎知識が西洋人リーダーが中国人家族所有の会社とビジネス契約を結ぶ際に役立つのか考えてみよう。北京、ジャカルタ、クアラルンプール、シンガポールなどアジアの大都市の繁盛している会社の経営者の大半は血縁関係ベースでビジネスを切り盛りする中国人リーダーだ。もっと言えば決して権威の揺らぐことのない一家の家父長と、少人数の家族や身近な側近で運営される会社がほとんどだということになる。ビジネス・オーナーが引退する際には会社は大抵家族の次世代に譲られ、経営を赤の他人に明け渡すことなど到底考えられず、理事会には家族の面々が名を連ねている。中東でビジネスを展開予定の多国籍企業のリーダーがシャイフ（訳者注：

表4－3

教育システム 年長者が価値観、信念、行動を若い世代に伝えるパターンや方法	
制度化された教育 学校、本、プロの教員を使って若年層を教育する。	非制度的な教育 一族の年長者、両親、兄弟などから、口頭伝承で受け継ぐ伝統的な叡智に重きを置く。
リーダーシップへの示唆 *異文化圏での教育制度や好みの違いを念頭に置いて、社員の研修プログラムを企画したり修正したりするとよいだろう。 *仕事のモチベーションを上げたり、交渉を行ったり、自身の仕事を売り込んだりする上で、制度化された教育や学術研究が伝統的に受け継がれてきた叡智と比較して、どのくらい価値があるとみなされるのか探りを入れて理解しておこう。 *頑なに信じられている神話や迷信を打ち破ったり、新しいアイデアを勧めたりしようとする際、学術的研究や賢者の知恵などのその文化圏で主な情報源として信用されがちなものを理解しておこう。	

一族の長）の協力や承認を得やすいよう、シャイフ一家と血縁のある請負業者や、シャイフ一家の暮らす村へ大口寄付をしていたりする業者との仕事の重要性を考慮して動くことはビジネスに非常に有益だ。国境を越えたリーダーシップの執り方を考える上で家族制度は非常に関わりの深いトピックだと言えよう。表4－2は家族制度とリーダーシップについてさらに考える上で役立つだろう。

教育システム　制度化された教育システムなのか非制度的な教育システムなのか

年長者から若い世代に価値観、信念、行動規範を伝えゆくパターンを、社会が作るべきという考えが教育システムの発展の中核を成すものだ（表4－3参照）。今日の社会では学校で教科書を使い、プロの先生から教育を受ける制度化された教育スタイルが多く見受けられるが、南アフリカ、イスラエル、日本など多くの先進国でも学校での制度化された教育が優先される一方、年長の家族から受け継ぐ学校では習わない類の教えも重要視されている。ただ単に教えられた情報の暗唱を求められる機械的に情報を教え込むだけの指導と、分析力が身に付けられる類の指導は数ある教育方法の中で重要な違いの一つだ。研修を企画する立場にあるのなら多様な教育の視点や経験をどのように参加者が受け止め、彼らの学びを助けるのかよく考えるとよいだろう。指導者が学習者より年長であることを期待される文化圏では、誰が研修に行くべきか講師の年齢も含めて注意深く検討する必要がある事柄だ。

アジア人リーダーは西洋人の記憶力の限界にしばしばイライラし、最終的に西洋人は部分ごとの情報を統合させて全体像のイメージを作るのが苦手なのだと解釈しがちだ。西洋人リーダーも自身の分析が東洋人リーダーから同意されない場合に似たようなフラストレーションを経験する。文化による教育システムや教育方法の差を理解していれば、文化圏を越えて仕事をする際の会議方法、パートナーシップの築き方、マーケットシェアの伸ばし方、社員や部下の能力の伸ばし方を改良する上で有用だろう。

法律と政治のシステム　制度化された統治なのか非制度化された統治なのか

多くの文化圏では市民が社会の他の構成員の権利を侵害しないよう、規律維持のためのシステムを確立している。そのシステムに則って法制度が構築されて特定の場所の統治と密接に関わる。たとえば米国では書面化された合衆国憲法、地方自治体レベル、州レベル、連邦（訳者注：国家）レベルの全ての法

表4－4

法制度 市民の権利を保護するために社会によって作られたシステム	
制度化された公式のもの 法条文や法律などに記載されている、正当な手順を踏んで制度化されたシステム。	**非制度的なもの** あまり制度化されていないが、シンプルな法制度は今も法的拘束力を持っており、伝統的な叡智の伝承を通じて受け継がれている。市民も訪問者もそのルールを理解し、従うことが当たり前とされる。
リーダーシップに関する示唆 *法律関係または政府関係の役人との交渉の際は、現地のルールに精通した専門家を雇い、助けてもらうとよい。 *どの法律が自分の分野と関係が深いのか、十分に時間をかけて学ぼう。 *法律関係の役人に、どのような暗黙の了解やタブーがあるのか理解しておこう。たとえば政府関係の役人に贈り物を持っていくことが必要不可欠な文化もあれば、同じ行為が違法行為だとみなされる文化もあるので要注意だ。	

律によって統治される制度化された法制度が整っている。制度化されていない上に複雑さを欠いていたとしても、テクノロジーのあまり進歩していない規模の小さい社会の多くにも、その社会で影響力を持つ別の行動規範があるものだ（表4－4参照）。

多くのビジネス・リーダーは、文化の異なる新天地でどのように統治システムが機能するのか理解できていない状態で、現地の社員や役人とよい関係を構築、維持する必要があるために現地の勝手が分からずに極端にストレスを溜めこむことになるのだ。さまざまな国境を商用で出入りする際にリーダーが一番犯しがちなミスは、自国の統治システムが新天地でも通用すると思い込むことだ。またよくあるリーダーのいただけない対応は自国と異なっているがゆえに、現地の法制度システムを崩壊している、劣っているなどと決めてかかることだ。現地の法制度の理解と尊重はその文化でスムーズに仕事をするキャパシティを大幅に広げることだろう。

国家レベルの法制度のバリエーションの理解も重要だ。たとえば中国では国レベルで普遍的に通用する法律があるが各省や各市に統治を委ねられている事柄も多々ある。他の多くの国でも異なる管区、地方、地域によって似たバリエーションがあることも多い。また別の文化圏では社会でどの民族に属しているかで法律の適用方法が異なるところさえある。イスラム圏であるマレーシアでは外国からの移民である華僑や印僑を先祖に持つ市民と、代々現地土着のマレー人市民には全く異なる法的な基準を適用する。クアラルンプールで事業展開しているある米国の会社はランチタイムにヨガのクラスを提供し始めた。ヨガは北米出身のインストラクターが教え、社員の心身両面の健康促進目的で始まった。するとインド系、中国系の社員の熱心な参加が見られたが人口の一番多いはずのマレー人が参加することはなかった。ヨガはヒンドゥー教の要素を含みイスラムの信仰と相反するので、マレー人がヨガを行うことは違法行為なのだと会社は学ぶに至った。すべての文化の法律に関する詳細の徹底把握は必要ないだろうが、異文化で働く際の法制度の影響の十二分な掌握は必要不可欠だろう。表4－4ご参照を。

宗教のシステム　合理主義（訳者注：神や真理を論理や理性によって知ろうとする）**なのか神秘主義**（訳者注：神や真理を霊的直覚や瞑想によって知ろうとする）**なのか**

善良な人々の人生になぜ悪いことが起きるのか。なぜ飲酒運転をする人は命を落とさずに済み、何も

表4－5

宗教システム 理屈で説明のつかない超常的な事柄に文化が説明をつける手段	
合理主義 個人的な責任と職業倫理に基づき、超常的事象に理性に基づく科学的な説明をする。	神秘主義 人生で起きることにはよいことにも悪いことにも、人知を超えた力が作用するという考え。
リーダーシップに関する示唆 *宗教的信念に関する議論の際は相手に十分に敬意を払い、彼らの宗教観に照らした場合にどのような事柄や行動が失礼にあたるのか理解しておき、そのような事柄や行動を避けるためにどうすればよいかを考えておこう。 *相手の文化圏の宗教的価値観や超常的事象への見解がどのように組織の財政、運営、マーケティングの決定に影響を及ぼすか十分に学んでおこう。 *宗教上の重要な日を覚えておこう。日本のお盆休みに似た死者の霊を弔う中国の清明節、国民的休日のインドのディーワーリーにビジネスをスタートするのはやめた方がよい。クリスマス、旧正月など祝日に会議を入れるのもご法度だ。	

悪いことをしなかった人が殺されることになるのか。なぜ助かった人もいるのに何の悪いこともしなかった人が津波で命を落とすのか。

すべての文化は説明のつかないことに説明をつけるための独自の術を見出しているものだ。右記の三つの疑問への回答で文化を越えて共有される普遍的なものはないとはいえ、すべての社会は人知を超える理解しづらい出来事に関するさまざまな迷信や宗教的信念がある。無論多くの文化で三つの疑問に個人や宗教がどのように回答するのかはさまざまだが、文化が超常的な信念や信条を形成する上での顕著な違いが一つあるとすれば、説明のつかない事柄を科学的に説明するのか、より霊的で神秘主義的な説明の仕方をするのかの違いだろう。理性で説明する場合は個人の責任や職業倫理に重きを置くのに対し、神秘主義的な説明の仕方をする場合にはよいものであれ悪いものであれ、何らかの人知を超えた力が働いたというのが説明の根幹の大部分を成すだろう（表4－5参照）。

宗教的または超常的な信念は心理面の深層で仕事に関する態度を形作るものだ。社会学の父マックス・ウェーバーはキリスト教のプロテスタントと資本主義の関係について次のように分析している。資本主義は西洋に普及している頑張り、勤勉、倹約などの資本の蓄積を目的としたプロテスタントの職業倫理によって回っていて、この倫理が社会にとって一番よいと市民は思い込んでいる。もっと言えば根底にある考え方は「社会は人々の頑張り無くしては回らない」という見解だ。

一方で相反するイスラム教は持たざる者への慈善に重きを置き、持たざる者からの搾取で儲けを得ることを徹底的に禁じる。そのため多くのイスラム圏の銀行では持たざる者からの搾取と解釈されかねないローンの利子を課すことを禁じられている。金融業でイスラム圏への進出を検討しているならローンは借り手に利子を課すのではなく、利子分も含めた支払い必要額の全額を最初に提示するべきことを計算に入れておくとよいだろう。イスラム圏でビジネスを行う非イスラムの会社はこのようなイスラムの風習への根本的な理解が必要になるだろう。

フランスの会社がタイに支社を出す際に、入居したオフィスが仏像の安置されるフロアの真上だったために、オープン後の数ヶ月間全く商取引がない事態に陥った。「仏よりも高い位置に身を置いてはならぬ」という仏教の教えに背くと、誰もオフィスを訪ねて来ないと仏系企業は身をもって知ることになった。新天地でビジネスを開始すれば、現地のルールを知っていようがいまいがお構いなしに全ては動き始めてしまうのだ。他に事例を挙げるなら現地の宗教的信念により国際展開に思いもかけない横槍を入れられる事態を日系多国籍企業が経験している。マレーシアの田舎に工場を建てた際、よりによって建設地がその地域にかつて暮らした部族の墓場の跡地だったために、工場建設後にマレー人工場労働者から凄まじい批判の砲撃を浴びる羽目になった。マレーシアでは墓場の跡地に建物を建てては安らかに眠る霊の邪魔をすることになり、建物に悪霊が大挙をなして押し寄せてくると考えられているからだ。

異文化圏で仕事をする際に宗教的信念や社会慣習の影響の強さを甘く見てはならない。宗教的な背景がどうあれクリスチャンだと見做されがちな西洋出身のリーダーと非西洋圏出身のリーダーとの会話の際には、世界の他の宗教について会話をすると西洋以外の文化圏にも敬意を払う意思があると受け止められやすい。敬虔な宗教文化圏の出身者が無宗教の文化圏へ商用で移動するなら、宗教的な敬虔さの物事の認識への影響を理解する必要があるだろう。しかし文化の異なる人々の宗教観や信仰への敬意のために、自身の宗教的な信念を捨てたり無宗教なのに信仰心があるかのように装ったりする必要はない。ここがCQについて理解するべき重要なポイントだ。CQを高めることは自身の信仰、価値観、思いなどを捨て去る行為ではないのだ。CQを高めることは他者の信念や優先順位を理解・尊重し、適切かつ敬意を払っていると分かる方法で自身の価値観や信念を伝えられるようになることを意味するからだ。

美的センスの基準　基準がはっきり決まりきっている文化なのか、時と場合に応じて基準が変化する文化なのか

装飾芸術、音楽、ダンス、建築、建物、コミュニティの設計に至るまで全てにおいて現れずにはおか

表4－6

<table>
<tr><td colspan="2">美的センスの基準
装飾芸術、音楽、建築物、ウェブサイトのデザイン、都市計画などの社会の美的基準</td></tr>
<tr><td>境界がはっきりしている文化
正確ではっきりした直線の明瞭な境界や分類上の特徴を好む。</td><td>境界が流動的な文化
消えて無くなること、流れによって変わることや流動性などに重きを置く、流動的ではっきりしない境界や分類上の特徴を好む。</td></tr>
<tr><td colspan="2">リーダーシップに関する示唆
＊ウェブサイトを作成する際には現地文化に合わせて配色、ネットサーフィンの順序、論理、ロゴやアイコンを変えるかどうかを決める必要がある。自身の文化圏で分かりやすいとされるネットサーフィンの順序も、ところ変われば「複雑で分かりにくい」と受け止められかねないことを覚えておこう。
＊全ての文化で普遍的に受け入れられるアイコンやロゴがあると思い込むのは危険だ。これから仕事をする文化圏で使用予定のアイコンやロゴが、どのように受け止められることになりそうか十分に調査・吟味しよう。
＊現地で重要視される文化的なシンボルを理解しよう。たとえば中国市場に進出するのにライオンや万里の長城などの不適切なロゴを使用していた場合、組織の現地市場での信用の失墜に繋がりかねない。</td></tr>
</table>

ない美的基準を社会は持っているものだ。芸術のシステムをよく知るための方法の一つは、美的センスの特徴の現れ方が目立っていて、その文化圏のものかどうか一目ですぐ分かるくらいに分類上の特徴がはっきりしているのかどうか見極めることだ。多くの西洋文化ははっきりとした境界線の明確な美的基準や特徴を好むのに対し、多くの東洋文化は美的基準の特徴が曖昧でぼやけていることをよしとする傾向にある（表4－6参照）。

　西洋の家のキッチンの引き出しの中はフォークはフォークごと、ナイフはナイフごとに区分けして、同じ物を揃えて整理整頓されていることが多い。部屋の壁は単一の色に統一されていて壁の色使いに何かクリエイティブな一面を取り入れるならせいぜいコーナーか壁の下半分くらいだろう。絵は大抵四つ角の額縁で額装され、壁の継ぎ目にはモールディングの装飾が施され、歩道と庭の芝生の境界がはっきり分かるような芝の植え方がされている。その理由は西洋人は人生を分類やカテゴリーで見る傾向にあるからだ。しかもその明瞭性が秩序のレベルを示しているとさえ思われがちだ。実際のところ清潔さや物が適切な場所に収まっていることと秩序とは何の関係もないのだが。

明瞭な境界線や分類上の特徴と西洋文化は切っても切り離せない関係にある。もし切り離してしまったなら分類上の特徴が消え去り混沌に取って代わられてしまうだろうから。西洋人の多くはイエス・キリストの受難の象徴とされる、勝手に隣家や車道との敷地の境界を越えて綿毛を飛ばすたんぽぽを庭に植えることを好まず、車路と歩道の境界がはっきり分かるように舗装された道を好む傾向にある。男性はオーケストラを聴きに行くためにカッターシャツを着るならシャツの合わせ目が隠れるようにネクタイを締め、コンサートでは音階が七つの音符と五つの半音でできたクラシック音楽を聴く。各音符の音程も決まっていて音程は音符が生み出す音波の長さで決まる。素晴らしい演奏は音楽家が正確に音符を刻んだ瞬間に存在するものと考えられている。

対照的に多くの東洋文化は境界や特徴が明瞭かどうかや分類が統一されているかどうかを全く気にしない傾向にあり、一つの壁が複数の色で塗り分けられていたりする。ペンキが窓ガラスや天井にこぼれているかもしれない。食事はずらりと並んだ食材の配列に過ぎず、全員が共有する大皿の上で混ぜ合わせられる時に一番美味しく食べられると考えられていたりする。道路の境界線や運転に関しても柔軟で車線が交通量や必要に応じて消えてなくなったり、一つの車線から別の車線へ勝手に車が流れ出て行ったりする。カンボジアやナイジェリアでは全く同じ車線でも、その時にどちら行きの車が多いかなどの状況や時間帯で車線の使われ方が異なることもある。だからまるで小道を歩くかのように車を蛇行させて状況や変化に柔軟に対応するのだ。

他にも文化ごとに異なる美的センスの差の目立つ事例はあるだろうが、CQに関しては現地文化の美的センスへの影響を十二分に理解できているかどうかが重要なポイントだ。現地文化の美的センスにそぐうビジネス戦略を思いつくくらいに美的基準を理解できるまで現地で芸術を堪能しよう。ウェブサイトをデザインするなら色、ネットサーフィンの際のサイトを見る順序、ロゴやアイコンなどは全て文化の影響を受けることを理解しておこう。つまりパンフレットや取扱説明書などの英語の文章を現地の言語で表記するべく翻訳サイトにかけただけではかなり不十分だということだ。レイアウトやデザインをどのように変える必要があるのかも検討を要する。グローバル化の進んだ組織では各文化圏ごとに逐一書類を作り替えるのは現実的な対応ではないだろうが、デザインや美的センスへの物事の理解や受け止め方への影響を入念に吟味することは必須だろう。文化と美的センスがどのようにチームに影響を与えるのかについては表4－6の内容をご参考に。

本章で紹介した六つの基本的な文化システムと、さまざまな文化圏でこの六つの文化システムが互いにどう影響するかの理解はCQに関する知識を育む上で重要だ。十分に時間をかけて意識的に着目しない限り、この六つの文化システムの重要性やリーダーシップとの関連は簡単に見落とされてしまいがちだ。また図4－1の文化の氷山の比喩からも分かるように、美的基準を含めた六つの文化システムの規範に当てはまらない個人が必ず存在することも覚えておきたい。

結論

ＣＱに関する知識は思考、態度、行動などへの文化の役割を理解することから始まる。ＣＱに関する知識は全ての人に当てはまる事柄、特定の文化に起因する事柄、個人の個性による事柄の三つを識別することをも意味する。言語が文化において果たす役割についても理解し、経済、家族、教育、法政治、宗教、美的センスなどの文化システムについて基本を理解しておく必要がある。次章ではＣＱに関する知識のもう一つの重要な側面である「文化を比較する際に使われがちな十側面に関する理解」に焦点を当てて見てゆこう。

第5章　CQに関する知識（パート2）
——文化的価値観の10側面を理解すること

CQを使ったリーダーシップへの旅路を続けよう。第4章で詳述したようにCQに関する知識は文化システムそのものや、各々の文化がどのように異なるかの理解のレベルを指す。第4章ではCQに関する知識を育む三つの方法（人間関係において文化の果たす役割の理解、母語以外の言語の運用力、基本的な文化システムの理解）について紐解いたが、本章ではCQに関する知識を育んで応用する上で重要な側面「文化的価値観の理解」について詳しく見てゆこう。

各文化の価値観と経済、美、法律などの第4章で着目した文化システムの密接な関連は疑いようもないだろう。文化的価値観は異文化圏でのリーダーシップに関する研修で一番強調されがちなことだ。例

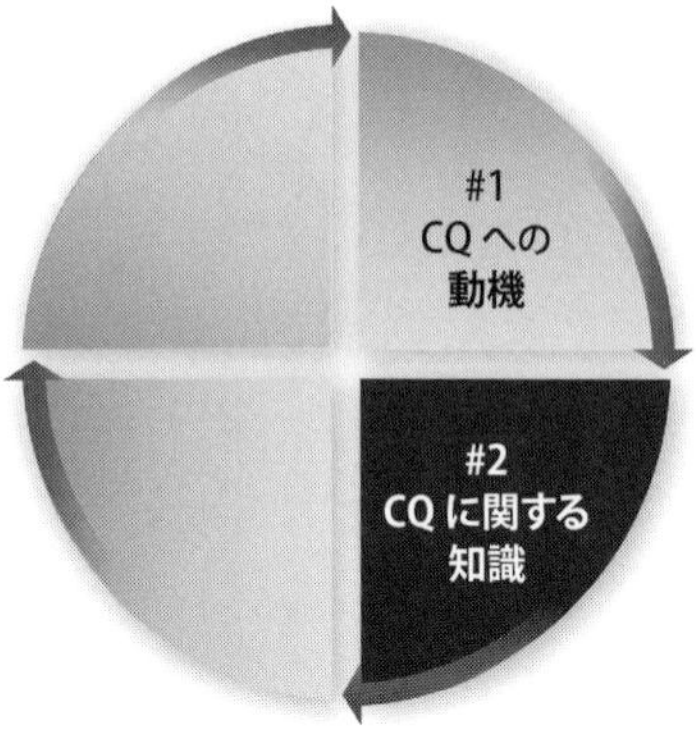

を挙げるならメキシコとドイツではどのように時間や権威の概念が異なるかなどの情報が含まれる。文化的価値観はCQを使って効率的にリーダーシップを執る際に必ず知っておくべき側面であり、同時に文化理解の幅を広げる上でも重要な役割を果たすものでもある。

文化的価値観やさまざまな文化の異なる「普通」の基準の説明に終始してリーダーシップとの関連について記載のない書籍が多いため、本章では文化的価値観の十側面の概要を紐解いた上で十側面がどのように我々のCQの研究と関係があるのか見てゆく。本章は特定のステレオタイプがあたかもその文化圏出身者全員に当てはまる前提での大雑把な「異文化理解」への警告も含む。ノルウェー人全員が直球でハッキリ物を言うと思い込むことも、全ての韓国人が権威主義的なカリスマ性のあるリーダーを好むと決めてかかることも危険だからだ。また「○○人は全員怠け者でどうしようもない」などと批判的な悪口で特定の文化に属する全員を決めつけることも極めて不適切であろう。

時間をきちんと守るラティーノの存在など特定の文化的他者の

多様性に柔軟な姿勢でいる限り、最初のコミュニケーションの取り方や振る舞い方を決めるために文化規範を知識として利用することは価値を持つと言える。またこのような相手の文化の十二分な理解は何が文化的な事柄で、何が個人の性格による事柄か見抜く上でも役立つだろう。

個人主義なのか集団主義なのか

上の娘がどの大学を受験すべきか考えあぐねている最中だ。妻と私は大学を選ぶ上で気をつけて欲しいことを伝えてはいるが、最終的にどの大学に行くのかは娘次第だ。子供の頃から自身で選択をし、行動に責任を持ち、夢を追求するよう教えるのは個人主義的価値観に基づく子供との関わり方だからだ。集団主義文化出身の友人数名は、上の娘に我々が親としてどの大学に行くべきか口を挟まないのが理解できないようだ。集団主義文化圏では子供がどの大学に行くべきか、家族全体にとって最良の選択肢を選べるよう親が何かと口も手も出すことが多いからだろう。

個人主義と集団主義の最大の文化差はアイデンティティの差異だ。米国、ドイツ、オーストラリアなどの国は意思決定が人生に大きく影響を与える以上、自身で意思決定を行うべきという個人主義的な文化規範に則っている。対するアジア、アフリカ、ラテンアメリカなど世界の多くの国は集団主義的な文化規範に則っている。集団主義文化圏では目立ちたがり屋は見捨てられる傾向が強いため、幼い頃から目立たぬように教えられて育つ。家に名誉をもたらし、社会にうまく溶け込み、周りから浮いた存在にならないことが最も価値のあることとされる。

マクドナルドは集団主義文化色の強いインドへチェーン展開した際に「今月の最優秀社員賞」の報奨の仕方に修正が必要だとすぐに悟った。優秀な仕事に対して賞を受けて特定の個人が目立つことは、個人主義文化圏では仕事を頑張るモチベーションになっても、周りから浮かないことが期待される文化圏では一人だけ目立つリスクがあるためモチベーションを下げかねない。マクドナルドは社員のモチベーションを下げないよう今月の最優秀社員賞を、個人ではなくチームや店舗の表彰へと変更し異文化適応に成功した。異文化圏で人々のアイデンティティの核をなすものが個人なのかグループなのか理解することは、CQを使ったリーダーシップへの重要なヒントをもたらすのだ。

集団主義文化圏と比べると個人主義文化圏では基本的に生活のペースのスピードが速い。その場その場で状況に応じて効率よく妥当な意思決定をすることが求められ、ウチ(訳者注：身内)とソト(訳者注：部外者)の区別があまりない。対する集団主義文化圏では家族や友達、同僚などのウチに対して忠実であることが最も重要視され、和を保つことが最優先事項である。欲求五段階説の著者マズロー(訳者注：米国で有名な心理学者)がもし中国籍なら、個人の能力や才能を活かした「自己実現」ではなく、周りの人と和を保つことが欲求の段階の頂点に描かれていたことだろう。

世界中の大多数は集団主義文化圏であるにもかかわらず、大半のリーダーシップに関する書籍は個人主義文化圏出身のリーダーが読む前提で個人主義文化圏出身の著者が執筆したものだ。リーダーシップに関する書籍を出しているアジア、ラテンアメリカ、アフリカのリーダーが増えているので、将来的に

表5－1

<table>
<tr><th colspan="2">個人主義</th><th colspan="2">集団主義</th></tr>
<tr><td colspan="2">個人的なゴールや権利が重要。</td><td colspan="2">所属するグループのゴール、個人的な人間関係の維持が重要。</td></tr>
<tr><th>個人主義</th><th colspan="2">中庸</th><th>集団主義</th></tr>
<tr><td>アングロサクソン文化圏
ゲルマン文化圏（ヨーロッパ）
ノルディック圏</td><td colspan="2">東欧、ラテンヨーロッパ</td><td>アラブ圏
儒教文化圏（アジア）
ラテンアメリカ
南アジア
サハラ砂漠以南のアフリカ</td></tr>
<tr><td colspan="4">ここにリストした10個の文化クラスタの描写については巻末の付録に詳細を記す。
注：大半の国は複数の文化クラスタの人を含む。たとえば、北米の最もメジャーな文化クラスタはアングロ系で、中国では儒教文化だが、いずれもそれ以外の文化クラスタを含んでいる。文化クラスタは世界のメジャーな文化についての文化規範等に関する目安程度に。</td></tr>
<tr><th colspan="2">個人主義文化圏でのリーダーシップ</th><th colspan="2">集団主義文化圏でのリーダーシップ</th></tr>
<tr><td colspan="2">＊ 個人的なモチベーションアップへの誘因やゴールが有用。
＊ パートナーシップによる功労を称える場合にも、大きなグループではなく多くても2名程度の表彰に。</td><td colspan="2">＊ 集団にとってのゴールの達成でのモチベーション向上が有用。
＊ 長期間に及ぶビジネスパートナーとの協働などによるグループの功労を称えるとよい。</td></tr>
</table>

は集団主義文化圏でのリーダーシップについても文献を通じて理解できる日が来るだろうが、現時点では私の読んだリーダーシップに関する文献の大半は、集団主義文化圏にあてはめるなら必要になるであろう修正や調整について考えながら読む必要のあるものばかりだ。個人主義と集団主義の本質を理解することは、CQに関する知識を育む上で必要不可欠と言えるだろう。

権力格差

ある朝インドのデリーでリーダーシップ・セミナーの準備をしていた際に、私をゲスト講師として招待してくれたサガーと興味深い会話をした。

デイヴ（私）　サガー、セミナー用の印刷物はもう全部準備できてるかい？
サガー　もちろん！　隣のコピーショップにあるよ。あとは届けてもらうだけさ。
デイヴ（私）　ありがとう！　じゃあ今もらいに行ってくるよ。
サガー　ダメダメ、誰かに行かせるよ。
デイヴ（私）　サガー、親切にありがとう。でも大したことじゃないからさ。長距離フライトの後だし、いいエクササイズにもなるし。大丈夫。ちょっと取りに行ってきてすぐ戻るよ。
サガー　ちょっと待って。お茶でも飲もう。その間に人を遣るから。

サガーはただ単に恭しい招待者であろうとしただけなのか。私は印刷物を自分で取りに行くともっと主張し続けるべきだったのか。それとも印刷物を取りに行ってセミナーの準備を終わらせることに私が気を取られすぎていただけで、サガーは本当に一緒にお茶を飲みたかっただけなのか。それともサガーは面目を保とうとしただけで、実はまだ印刷が終わっていなかったことを知られまいとしたのか。どれもがサガーが私に印刷物を取りに行かせまいとした理由になりうる。この類のやり取りの裏にさまざまな可能性があることについては、CQに関連した戦略について学ぶ際に詳しく焦点を当てて見てゆくことにしよう。この不可思議な経験についてインド人の二、三人の研究者仲間に話したり、インドの文化規範についての書籍を読んだりする中で、サガーと私の印刷物を自分で取りに行くべきかどうかについての意見の食い違いは権力格差に関する見方の違いだと分かってきた。

どうやら私はインド社会でのステータスや立場の重要性を正確に把握できていなかったようだ。権力格差の大きい文化圏では、物や書籍を運ぶ役割の人が暮らす社会の階層と、教職や会社重役の階層は異なるとの見方をしがちだからだ。私が印刷物を自分で受け取りに行ったりしたのでは、サガーがゲスト講師の世話もまともにできない不敬なホストだと誹りを受けかねない。またともすればその類の誹りは、教育そのものへの冒瀆だとも受け止められかねないのだ。兎にも角にも印刷物はきちんと約束の時間通りに届けられたのだが。

権力格差とはリーダーと部下が保つべきとされる距離の度合いだ。メキシコ、インド、ガーナなどの権力格差の大きい国ほどリーダーに格式ばった敬意を示す傾向にある。肩書きやステータスに敬意が払われ、リーダーと部下は滅多に社外で関わることはなく、部下は上司の言動に疑問を持たないものとされる。権力格差は権力や地位の差があるのが当たり前で、その差が社会で受け入れられていることを意味し、どのステータスに権力があって、社会がどのような権力構造をしているのかを浮き彫りにする。

国による文化差はもちろんのこと、世代間、職業間、組織間などの文化差による影響も受けるため、権力格差に関する価値観は多岐に渡る。新しい組織を訪ねることがあれば、報告をするべき上司にどのように話しかけているか、どのような肩書きで人が呼ばれているか、その敬意の表し方はコミュニケーションにどのように表れているかなどに着目するとよいだろう。お客としてよその会社を訪れる機会があるなら、上層部のリーダーにどのように紹介されるか、オフィスの家具の配置やレイアウトがどのような権力構造を示唆しているかなども注目のしどころだ。今まで接点のなかった会社に面接を受けに行く際や慣れない文化圏でクライアントを接待する際などにも、権力格差の影響に目を向けておくと何かと役立つことが多いはずだ。

権力格差の大きい文化圏から米国に働きに来て、母国との権威ある人に対する接し方とのあまりの差に戸惑うケースが多く見られる。インド出身のエンジニアは「仕事の質問をした時に北米人の上司が『よく分からないな。』と答えた時は衝撃だったね。『なぜ彼がこの仕事の担当なんだろう。』と不思議に思ったよ。インドでは無知を認めるくらいなら間違った情報でも上司は何か言おうとするものだからさ。」と述懐している。

権力格差の大きい文化圏であるインドネシア出身の留学生が米国の大学に留学した際の経験について教えてくれた。「ウィティアホール（訳者注：大学の建物）を出ようとしたら、学長がドアを押さえていてくれて本当にびっくりしたの……何てお礼を言っていいのか分からないし、ドギマギしすぎてもう少しでインドネシアでするみたいに彼に跪《ひざまず》くところだったわ。私より遥かに地位の高い殿上人みたいな学長がちっぽけなたった一人の学生のためにドアを押さえていてくれたんだから。」

逆にカナダ、ドイツ、フィンランド、オーストラリア、イスラエルなどは世界でも権力格差の最も小さい文化圏として知られている。権力格差の小さい文化圏では部下はリーダーと社外で関わりあいを持ち、上司を同僚として扱うことに抵抗がない。部下は上司に気兼ねなく質問し、部下は意思決定の際に意見を言うので、上司の鶴の一声によるトップダウンの意思決定はあまり行われない。

CQを使ったリーダーシップには多様な価値観の傾向に合わせたスタイルの修正が求められる。私自身は地位や肩書きのステータスが影響することのない、誰の声も同等に価値あるものと評価される全員参加型の権力格差の小さいマネージメントを好む。格式ばった肩書きは好まないしフラットな風通しのよい組織の方が好きだからだ。しかし権力格差の低い文化が私自身のリーダーシップの傾向や好みに影響していることを理解できたことで、権力格差の大きい文化圏ではどのようなリーダーシップが好まれるかを理解する上で大きな手助けになっている。少なくともインドのような国で学習者啓蒙型や全員参加型のリーダーシップを行うなら、マネージメントをうまく機能させるためにクリエイティブに修正方法を考え出す必要があるだろうし、複数のリーダーシップ・スタイルの併用が役立つことも認めざるを得ないだろう。

中東と西洋を行き来していると文化による権力格差の大きな違いを目の当たりにするが、トップダウン型で権力主義的な米国の政府機関や軍隊と、アンチ・ヒエラルキーで肩書きに重きを置かないFacebook社などのリーダーと話している時とを比較すると、異なる組織文化間にも権力格差の大きな差があることが見てとれる。最近Facebook社のリーダーシップのノウハウ育成部門の長を務めるビル・マクローハン氏にインタビューをした際に、Facebook社の権力格差の小さい企業文化がどのようにグローバル戦略に影響しているか訊いてみた。私はビルに「先ほどアンチ・ヒエラルキーで、ビジネスのペースが速く、自由裁量で仕事ができて、被害者も言い訳も作らないし認めない、リスクテイキングを奨励するというFacebook社の企業文化について説明されましたが、このような価値観は多くの発展途上国の文化的価値観と正反対だと思うのですが、グローバルな企業運営を行う上で文化的な価値観の違いは御社にどのように影響していますか?」と訊ねてみた。

ビルはこう答えた。「その通りだね。Facebook社の中核をなす価値観が発展途上国の文化的価値観と真っ向から対立しかねないことは問題になると思うよ。社内のチームですでに問題になったケースも見たしね。だからこそ我々は現地文化にもFacebook社の文化にもうまく適応できる社員を探すんだよ。社員がその両方の文化の架け橋になれない限り現地でビジネスはうまくいかないからね。我々のビジネスからFacebook独自の価値観を取り払ったらFacebookでいるのをやめるようなものだろう? この類の文化的価値観の衝突という挑戦があることは理解しているし、現地で大きな足跡を残すためにどのように世界中で社内のダイバーシティをうまく活用できる精鋭チームを作るのかが、我々の来年の最優先の検討課題でね。」

文化的価値観に焦点を当てることで得られる視点や志向性はビルのこの発言にはっきりと表れている。リーダーや組織はビジネス取引を行う異文化圏の文化規範のいくつかに対しては異文化適応を行わないと決めるかもしれないが、次章で詳しく紐解くがこの類のビジネス戦略の決定の前にリーダーシップや権力格差に関する異文化適応には常に妥当な代替案があることをまず理解する必要があると言えるだろう。どんなリーダーシップがその文化圏において最適なのかは組織、関わる人々、達成されるべきタスクの三つによって決まるからだ。

不確実性の回避

不確実性の回避とは予測のつかない未来の出来事にどの程度平静でいられるかの度合いを指し、不確実性の回避傾向の高さは曖昧さや不確実な事柄に対して不快感を感じる度合いの大きさを指す。不確実性の回避傾向の高い人々は曖昧さを避けることに重きを置き、物事がある程度予測可能になるよう予防線を張り、そのための作業システムを考えたりする。たとえばドイツ、日本、シンガポールなどの不確実性の回避傾向の高い文化圏では、リーダーはいつまでにどの業務をどのように完了させるべきか、明瞭な説明をした上にスケジュール表まで配りかねない用意周到さだ。どのような計画で問題を解決する心算なのかを各自に計画を書き出すように指示を出すだけでは、不確実性の回避傾向の高い文化圏出身の

表5−2

<table>
<tr><th colspan="3">権力格差の小さい文化圏</th><th colspan="3">権力格差の大きい文化圏</th></tr>
<tr><td colspan="3">平等性が重視される、意思決定のプロセスも共有。</td><td colspan="3">地位や立場の違いが重視される、上司による意思決定。</td></tr>
<tr><th colspan="2">権力格差が小さい</th><th colspan="2">中庸</th><th colspan="2">権力格差が大きい</th></tr>
<tr><td colspan="2">アングロサクソン文化圏
ゲルマン文化圏（ヨーロッパ）
ノルディック圏</td><td colspan="2">儒教文化圏（アジア）、東欧*、ラテンヨーロッパ*、サハラ砂漠以南のアフリカ</td><td colspan="2">アラブ圏
ラテンアメリカ
南アジア</td></tr>
<tr><td colspan="6">ここにリストした10個の文化クラスタの描写については巻末の付録に詳細を記す。
注：*マークの文化圏は文化クラスタ内にもかなり多様性が見られる。</td></tr>
<tr><td colspan="3">権力格差の小さい文化圏でのリーダーシップ

*各式ばったスタイルは使わない。
*権威ある立場の人物、疑義を呈したり、反対意見を述べたりできる方法を作る。</td><td colspan="3">権力格差の大きい文化圏でのリーダーシップ

*一連の指示には注意深く従うこと。
*権威ある立場の人物に、疑義を呈したり、反対意見を述べたりすることはしない。</td></tr>
</table>

チームメンバーからは反発を生みかねない。

一方で英国やサウジアラビアなどの不確実性の回避傾向の低い文化圏では、未知の状況やその結果何が起こるかについてあまり心配しない傾向にある。いかようにも解釈できる指示、多岐にわたる物事の進め方、はっきりしない締め切りはこの文化の特徴の最たるものだ。言い換えれば曖昧さや予測不可能な状況は歓迎され、厳密な法律やルールはかえって嫌厭され、人々は自身の意見とは異なる意見や見解も寛大に受け入れる傾向にある。

不確実性の回避傾向は一見同じように見える文化圏にもれっきと存在する文化の違いの一つの側面だ。たとえばドイツと英国には文化的な特徴に似通ったところが相当ある。両国とも西洋に位置しゲルマン系の言語が話され、東西ドイツ統一までは両国に比較的似たような人々が暮らし、英国皇族は元を正せばドイツ人の子孫だ。しかし不確実性の回避という文化的側面を理解していれば、フランクフルトとロンドンの生活には大きな隔たりがあることに気づくだろう。時間に対する正確さ、社会や組織の構造、秩序はドイツ文化と切っても切り離せない反面、英国人は時間や締め切りにはかなり寛容で、ドイツ人の時間や締切への対応とはかなり異なる傾向にある。この傾向は不確実な事柄への見解の差異によって説明のつく部分もあるだろう。しかし何度も本書の中で注意を喚起してきたことだが、特定の文化圏出身だからといって全員が全く同じ傾向にあるという思い込みが危険であることを忘れてはならない。英国人やドイツ人の全員が全員、不確実な事柄やリスクについて同じ見解を持っているわけではないからだ。文化的価値観に基づく推測はＣＱを応用する方法だが、一旦文化の違いによる不確実性や未知の

表5−3

<table>
<tr><th colspan="3">不確実性回避傾向の低い文化</th><th colspan="3">不確実性回避傾向の高い文化</th></tr>
<tr><td colspan="3">柔軟さと適応力に重きを置く。</td><td colspan="3">計画性と先々の見通しに重きを置く。</td></tr>
<tr><th colspan="2">不確実性回避傾向が低い</th><th colspan="2">中庸</th><th colspan="2">不確実性回避傾向が高い</th></tr>
<tr><td colspan="2">アングロサクソン文化
東欧
ノルディック（北欧）</td><td colspan="2">アラブ、儒教文化（アジア）*、ゲルマン文化（ヨーロッパ）、南アジア*、サハラ砂漠以南のアフリカ</td><td colspan="2">ラテンアメリカ
ラテンヨーロッパ</td></tr>
<tr><td colspan="6">ここにリストした10個の文化クラスタの描写については巻末の付録に詳細を記す。
注：*マークの文化圏は文化クラスタ内にもかなり多様性が見られる。</td></tr>
<tr><td colspan="3">不確実性回避傾向の低い文化圏でのリーダーシップ

*断定的な物言いを避ける。
*未知の事柄を知る努力をするよう促す。
*部下が好きなように動き、その報告をきちんとするように持っていく。</td><td colspan="3">不確実性回避傾向の高い文化圏でのリーダーシップ

*明瞭な指示を出す。
*形式化または明文化された過程や政策に則る。
*どのような行動がリーダーとしてその文化で望ましいか部下に尋ね、フィードバックやサポートを十分に行う。</td></tr>
</table>

事柄に対する寛容さの度合いの差を経験すれば、不確実性に関する価値観の違いの認識がその文化圏でどのようにリーダーシップを取るべきか推測する上で役立つだろう。

私はシンガポールに長く暮らした経験があるが、あたかもシンガポールが不確実性の回避傾向が低い文化圏であるかのように明記している文献が数点あった。これが本当ならシンガポール人も英国人のように物事が曖昧かつ結論が定かでなくても抵抗がないことになる。シンガポールは大都会でさまざまな異なる価値観を持つ人が暮らしているが、一番多くみられた傾向は万一の事態に備えて万全に準備を整えておくというものだった。シンガポールのイベントでスピーチをする際は前もって十二～十五回、何について話すのか入念な説明を求められることは全く珍しくない。シンガポールで暮らしていた頃よく娘の友達のシンガポール人の親御さんに、子供を公園の遊具に自由に登り降りさせない方がよいと忠告されたものだった。リスクを忌避する文化が根付き過ぎているあまり、子供が自由に公園で遊び回ることもままならないほど神経質で注意深い国という印象を受けるほどだ。投資であれ、宗派の異なる宗教的伝統行事へのお試し参加であれ、授業の指導法であれ、シンガポールの文化は一線を越えることをよしとせず、確実に先が見通せることをよしとする。シンガポール人は政府が多数の法律を振りかざし、国民の生活に執拗に介入する事態になっても、安全や確実性の保証のためなら致し方ないと考える。だからと言って不確実性の回避傾向の高い文化がリスク・テイキングを完全に避けるわけではなく、シンガポールやドイツは、革命的な技術や研究においてかなり先をゆく国々だ。しかし不確実性の回避傾向の低い文化圏ではリスクは避けることのできない人生の一部だと受け止められがちだが、不確実性の回避傾向の高い文化圏では避けられないリスクは注意深く計算され対策が十二分に練られるものなのだ。

協力的なのか競争的なのか

次に協力的文化と競争的文化に着目してみよう。協力的傾向の強い文化圏では相手を導き育てサポートする関係が仕事をスムーズに進める上でベターな方法と考えがちだ。一方競争傾向の強い文化圏では優れた結果を出すための目標達成やそのための競争を重要視しがちだ。両方の傾向において人々がよい結果を求めることに変わりはないのだが、よい結果を出すに至るまでの望ましいと思われる過程がかなり異なると言えよう。

この協力的文化と競争的文化について考えるなら、政治家のディベートのスタイルの好みの違いがよい例だろう。応援する政治家が相手と真っ向から対峙して攻撃的に相手を言いくるめるのを見る方がよいだろうか。それとも相手に譲歩する協力的で従順な候補者の方に好感を持つだろうか。きっと応援する候補者には筋の通った政治に関する主義主張や信念を持っていて欲しいと思うはずだが、どのような全体的な話し方のトーンやアプローチが自信や尊敬を得られやすいのかは文化によってかなり異なる。

タイ、スウェーデン、デンマークは世界で最も協力的傾向の強い文化圏だ。三国の協力的な文化の傾向はビジネスや国際関係にも見受けられる。国の関心事やビジネスの成果である利益は無論評価されるが、協力を通じて手に入れるべきだと考えられている。多くのスカンジナビア（訳者注：北欧）の企業が協力的な方法でチームを率いてビジネス契約を取ることのできる課長クラスの社員を求めている。協力的傾向の強い文化圏では他者との協力が何よりも重要なゴールとされているので、何かよい結果を出しても個人が単独で表彰されることはまずない。協力的社会では注目に値する業績や成功は全員が一丸となって成し遂げた結果であり、一個人のリーダーシップがよかったり一個人が何かに秀でていたりしたからではないと考えられるからだ。

他方で競争的文化圏では周りより抜きん出ることに重きを置きがちだ。競争的文化圏では子供の通信簿のコメント欄で周りの子供との人間関係について多少言及したとしても、内容の多くは生徒が各教科でどのくらい何を達成したかについてだ。競争的文化の傾向が強い個人の基本理念は「適者生存の原理」だ。タフなものほど一番勝利する可能性が高いので、自分がその適者になるべきだと考える。競争は革新を生み、適応し、生き残ることを社員に強いる。油断してぼんやりしていると、ともすれば役立たずのラベルを貼られかねない。西洋のビジネス社会の多くには競争的な傾向が見られ、会社は社員の人生にはほとんど関心がないものだ。社員の人生で起きた問題は職務に影響が出ないよう社員自身が処理すべきことだからだ。もちろんさまざまな上司がいるので社員の人生に関心を払う人もいるだろうが、最終的に競争的な文化圏での会社にとっての最終目標は「勝つ」ことだ。GEのCEOのジャック・ウェルチ氏は競争的文化の一番分かりやすい例と言える。ウェルチ氏は社員に冷酷なまでにノルマを課して結果を出すことを求め、人件費の一番安い国へいつでも移動して製造賃金を節約できるよう、製造工場の全ては貨物船の上に作られているのが理想だとよく口にしているくらいだ。

また香港出身の中国籍の友人は出張で訪ねてきた北米人の同僚の行動が不可解なために相当困惑したと教えてくれた。友人と北米人の同僚はすでに二、三年一緒に仕事をしていたが、それまではインターネットを介してしかコミュニケーションをとったことがなかったらしい。ついに香港で対面が叶った日の午前中はお互いにがむしゃらに仕事をし、ひと段落したところでランチに出かけることになった。食事の間中ずっと北米人の同僚は友人にかなり馴れ馴れしく、あたかもその友人と近しい友人であるかのように接した。挙句に北米人の同僚は不倫の果ての元妻との泥沼の離婚劇まで、詳細を友人に赤裸々に語ったため相当気まずい思いをしたらしい。「付き合いの長い近しい友人の中にも離婚経験者がいるんだけど最近まで離婚のこと知らなかったくらいなんだよ。なのに今朝会ったばかりのよく知りもしない人の離婚について聞くことになるなんて全く思ってもみなくてさ。」と友人は驚いた様子を見せた。

ランチの後、二人して連れ立ってオフィスへ帰りついた後にさらなる衝撃が待っていたそうだ。オフィスに戻るや否や北米人の同僚は即刻仕事モードに戻り、その朝二人で話し合った企画書を書き始めたのだ。それぞれの貢献がよく分かるよう、またその評価が個々にきちんと届くよう、二人の名前を各々担当した箇所に掲載すべきだとその北米人の同僚は主張したらしい。

協力的文化思考の強い友人にはこの北米人の同僚の一連の行動に見受けられる親密さ、競争意識、個々の業績評価などの概念が完全に矛盾しているように見えた。友人は北米人の同僚は競争意識が高く業務をきちんと完了させることを優先するだろうと予想していたが、最初の食事から打ち解けて個人的な恋愛事情まで赤裸々に告白されて不意を突かれて油断していたのだ。その後、友人は個人的でフレンドリーな振る舞いとタスク思考やビジネスマインドが同居する北米人の振る舞いについて、よく理解できるようになったらしい。結果的に友人は北米人への行動の期待値を修正することで、この北米人の同僚とも他の北米の取引相手ともスムーズにコミュニケーションが取れるようになったそうだ。

短期間志向なのか長期間志向なのか

時間をどのように捉えるのかも文化によって異なるために短期間志向と長期間志向があることや、現在と未来のいずれに重きが置かれる文化なのかなどを理解しておくこともリーダーにとって有益な情報となるだろう。このような事柄について理解しておくと、結果の評価や表彰などをどのくらいの期間待ってから行えばよいのか、ある程度の予測をつけることができるからだ。

言うまでもなく直近で結果を出すことを期待する文化が短期間志向で、長期間かけて結果を待つ文化が長期間志向文化である。ある朝のことだが最近承認された新医療法についてのシンガポールの新聞記事が法律の施行が十年後だと伝えていた。短期間志向の米国で十年後に施行される法律について承認されたと知ったら、大半の人々はその決定を馬鹿げていると思うだろう。しかし長期間志向のシンガポールでは、このような長い時間軸で動くことは普通に受け入れられるのだ。

政治のサイクルは米国がいかに短期間志向なのかがよく分かる例ではないだろうか。米国では与党となる政党の政治家にホワイトハウスのオフィスで働かせて最初の

表5−4

<table>
<tr><th colspan="3">協力思考文化</th><th colspan="3">競争思考文化</th></tr>
<tr><td colspan="3">平等性が重視される、意思決定のプロセスも共有。</td><td colspan="3">地位や立場の違いが重視される、上司による意思決定。</td></tr>
<tr><th colspan="2">協力思考が強い</th><th colspan="2">中庸</th><th colspan="2">競争思考が強い</th></tr>
<tr><td colspan="2">ノルディック圏
サハラ砂漠以南のアフリカ</td><td colspan="2">アラブ圏、儒教文化圏（アジア）、東欧、ラテンアメリカ、ラテンヨーロッパ、南アジア*</td><td colspan="2">アングロサクソン文化
ゲルマン文化（ヨーロッパ）</td></tr>
<tr><td colspan="6">ここにリストした10個の文化クラスタの描写については巻末の付録に詳細を記す。
注：*マークの文化圏は文化クラスタ内にもかなり多様性が見られる。</td></tr>
<tr><td colspan="3">協力思考文化圏のリーダーシップ

*タスクを完了させる前に、人間関係を十分構築しておく。
*個人的な事柄や家族のケアをしっかり行い、信頼を築く。</td><td colspan="3">競争思考文化圏のリーダーシップ

*人間関係を作る前にタスクをきちんと完了させる。
*仕事の結果を元にした信頼を築く。</td></tr>
</table>

表5−5

<table>
<tr><th colspan="3">短期間志向文化圏</th><th colspan="3">長期間志向文化圏</th></tr>
<tr><td colspan="3">今すぐの成功を求める即時の結果に重きを置く。</td><td colspan="3">後々の成功で構わないという長期間での結果に重きを置く。</td></tr>
<tr><th colspan="2">短期間志向</th><th colspan="2">中庸</th><th colspan="2">長期間志向</th></tr>
<tr><td colspan="2">アングロサクソン文化、アラブ圏、東欧、ノルディック圏（北欧）、サハラ砂漠以南のアフリカ</td><td colspan="2">ゲルマン文化（ヨーロッパ）、ラテンアメリカ、ラテンヨーロッパ、南アジア</td><td colspan="2">儒教文化（アジア）</td></tr>
<tr><td colspan="6">ここにリストした10個の文化クラスタの描写については巻末の付録に詳細を記す。</td></tr>
<tr><td colspan="3">短期間志向文化圏でのリーダーシップ
*部下がすぐ勝利できるよう導く。
*未来ではなく現時点での事柄に着目する。</td><td colspan="3">長期間志向文化圏でのリーダーシップ
*未来のために貯蓄しておく。
*過去や未来を見据え、長期間での成功に重きを置く。</td></tr>
</table>

二、三ヶ月で結果を出すことを求める。もし十八ヶ月以内に有意義な変革が認められなければ、その政党は選挙で放り出されて次の政党が入る。このサイクルを繰り返す。即時の結果の出にくい長期間のプランを受け入れる寛容さはほぼない。

　短期間志向文化圏では直近の過去の事柄だけを見て、素早く成果につなげることを最優先に意思決定をしがちだ。北米、英国、オーストラリアに見られるアングロ系の文化は世界でも類を見ない短期間志向だがフィリピンやサハラ砂漠以南のアフリカの文化規範も短期間志向だ。これは航海ベースで動いていた歴史を持つ社会によく見られ、自身の生き残りや利益をかけてのリスク・テイキングにやぶさかではなかった海事文明の影響と考えられている。短期間志向文化でのビジネスは四半期末や年度末の決算報告書にすぐに現れる勝算を追い求めがちだ。もちろん業界によっても異なるが基本的に株主は短期リターンを期待する傾向にある。

一方長期間志向文化は日本、韓国、中国など儒教文化圏と繋げて考えられがちだ。困難を克服して何かを成し遂げることを高く評価する文化的傾向は、長期間志向文化の重要な側面でお金の倹約も非常に高く評価される。それゆえ長期間志向文化圏では人々の貯蓄高も国家準備金も高いことが多い。西洋の海事文明社会と違い、中国文化は元々周りから隔絶された土地での文明の発達に端を発する。先祖と伝統が高く評価され、秩序や和を保つことに価値を置き、短期間志向文化的な意見やアイデアは注意を持って接する必要のある危険なものと見なされがちだ。

国際開発に関わると、この長期間志向と短期間志向の狭間で苦悩することになりがちだ。ハイチのようなすぐに問題が解決しない文化圏で問題解決に当たるには長期間志向が必要だが、開発プロジェクトへの寄付者の大半は短期間志向文化圏の人々で、すぐによい成果が出なければ寄付を止めがちだからだ。双方いずれの文化圏も長期間志向と短期間志向の強みや限界についての理解から得るものが大きいと言えるだろう。

直言型なのか婉曲型なのか

次に扱う直言型と婉曲型は多文化が混在するチームで一番よく見る揉め事の種だ。直言型の人々は文化の異なる人々の不明瞭な回りくどいコミュニケーションにイライラし、婉曲型の人々は西洋人の無礼な物言いや無遠慮な発言に気分を害することが多い。

チームメンバー間のコミュニケーションに守るべきグラウンドルールを作っているチームさえ、直言型と婉曲型の文化差の壁によくぶつかる。あるチームリーダーは常々「どのチームもどのような状況でも相手に敬意を持ってコミュニケーションを！」と説き続けていると教えてくれた。しかし「敬意を持ったコミュニケーション」の定義は文化によって大きく変わりうるものだ。ニューヨーカーやドイツ人のリーダーはチームメンバーとの敬意を持ったコミュニケーションは、正直にありのままを話すことだと思うだろう。持ってまわった言い方や甘言で真実をくるむような真似はせずに直球であれ、と。さもなくば不誠実、遠回しな嫌味を言って攻撃している、手玉にとって騙そうとしているなどと思われかねない。一方、メキシコ人や中国人のリーダーは、相手に最も敬意を表したコミュニケーションは相手に恥をかかせないことだと揉め事の最中には特に考えがちだ。「なぜ日の目を見るより明らかなことを、わざわざ口に出すような失礼な真似をしなくてはならないのか？」と考えるだろう。和と人間関係を保つことが彼らには価値の高いことだからだ。

この文化的側面はよく「コンテクスト（訳者注：文脈、状況）」という言葉で表現される。言葉尻ではなく文脈全体から発言の意図を類推する、間接的なコミュニケーションが多いハイコンテクスト文化圏では、コンテクスト、ジェスチャーなどのボディランゲージ、何が言われているか、実際に言葉で言われていなくても何が言外に意図されているのかなどに関心を払う傾向にある。対照的に、文脈の理解よりも発言の意図が言葉で明示される頻度の高いローコンテクスト文化圏では、文脈にはあまり関心を払わず何が言われたか発言そのものだけに注意を払う傾向にある。ローコンテクスト文化圏の人々は「意図するところをはっきり口に出すべき」で、コミュニケーションを遠回しな言外に暗示された含意に頼るべきでないという考え方だ。

性格やジェンダーはコミュニケーションがローコンテクストかハイコンテクストかに強く影響するが文化もまた然りである。自身が「婉曲的なコミュニケーター」だと思っているイスラエル人女性（世界の文化の中でもイスラエルは一、二を争う直球コミュニケーション文化）の話し方は、日本のようなハイコンテクスト文化出身者には相当な直球の発言に映るだろう。一方で自身がはっきりものを言うと思っている日本人男性のコミュニケーションは、イスラエルのような直球文化圏出身者には「相当遠回しなコミュニケーション」に映るだろう。

多くのハイコンテクスト文化圏では長い歴史を人々が共にしてきたが故に物事の解釈の当たり前の前提がすでに共有されている。ハイコンテクスト文化圏ではそこにいる全員が「内輪」であり、お互いどう振る舞いどう考えるべきか分かっている前提で物事が進むため、明文化された指示書きは必要最低限しか存在しない。

家族はハイコンテクスト文化の分かりやすい一例と言える。何年も一緒に時間を過ごしているために、食事、祝い事、互いのコミュニケーションについてすでに暗黙の了解ができている。多くの職場もまたハイコンテクスト文化のよい例だ。取引先に請求書の発行依頼書をいつ送るべきか、行事の告知はいつごろすべきか、異なる専門用語や接頭辞が何を意味するかなどの暗黙の了解が共有されているからだ。適切なオリエンテーションでの情報説明なしに、この類の組織にいきなり飛び込んだ新入社員は何が何やら理解できずに相当困惑することだろう。教会の礼拝も度合いの強いハイコンテクスト文化の一例だ。一定のタイミングで立つ、お辞儀する、使徒信条の暗唱などの行動は初めて儀式に参加する人には馴染みがなく摩訶不思議な光景に映ることだろう。

対するローコンテクスト文化圏は基本的に人々が歴史を共有していなかった場所が多い。ヨーロッパや北米のほとんどの国はローコンテクストだ。人や人と場所の結びつきは短期間で考えられ、相手を慮ってコミュニケーションを取る度合いが低い。個人間のコミュニケーションだけでなく指示書きにもその傾向は見受けられる。どこに車を停めるべきか、どのようにトイレを流すべきか、どこで食事を注文すべきかに関する標識や告知は部外者が多数訪れる場所に掲示される。どのように振る舞うべきか十二分に指示があり、いかなる人にも文言が明瞭であるよう注意が払われる。ハイコンテクスト文化圏に比べ部外者に対して文化に関する情報の開示が明瞭なローコンテクスト文化圏は、部外者へのハードルは低いがハイコンテクスト文化圏出身者がローコンテクスト文化圏の一見無礼で攻撃的なコミュニケーションに、不快な思いをしかねないことを心に留めておく必要があるだろう。

複数の異なる文化圏出身者で構成されるチームが完全にハイコンテクストで機能することは相当難しい。たとえチームメイト全員がハイコンテクスト文化圏出身であっても、互いに異なる文脈から異なる意味を類推しかねないからだ。たとえば会議のテーブルの上座の座席一つとっても、同じ座席がある文化圏ではリーダーの席であるのに対し、別の文化圏では完全に部外者のお客さん用の席だったりするからだ。複数の異なる文化圏出身者で構成されるチームを率いるリーダーは、コミュニケーションが「敬意を持って行われる」よう指示を出すだけでなく、多様なチームメイトにとって敬意はどのように示されうるのか十二分に議論すべきだ。直球を投げる傾向のあるコミュニケーターはストレート過ぎないよう言葉尻を緩めるとうまくゆくだろうし、婉曲的なコミュニケーションの傾向があるならば、チーム全員が理解できるよう明瞭な発言を心がけるとよい。

Being志向なのかDoing志向なのか

よく例え話に引き合いに出されるバケーションでメキシコの海辺の村を訪れたニューヨーカーのビジネスマンの話をご存じだろうか。毎朝メキシコ人の漁師が船に乗り込み、一、二時間漁に出ては釣れた魚を持って帰るのを見た彼は、意を決してある朝漁師に話しかけてみることにした。

表5−6

ローコンテクスト（直言型）	ハイコンテクスト（婉曲型）
言葉での明瞭な表現を用いた直言型のコミュニケーションを重要視。	直言ではなくトーンや文脈重視の婉曲的なコミュニケーションを重要視。

ローコンテクスト	中庸	ハイコンテクスト
アングロサクソン文化 ゲルマン文化圏（ヨーロッパ） ノルディック圏（北欧）	東欧 ラテンアメリカ ラテンヨーロッパ	アラブ圏 儒教文化圏（アジア） 南アジア* サハラ砂漠以南のアフリカ

ここにリストした10個の文化クラスタの描写については巻末の付録に詳細を記す。
注：*マークの文化圏は文化クラスタ内にもかなり多様性が見られる。

ローコンテクスト文化圏でのリーダーシップ	ハイコンテクスト文化圏でのリーダーシップ
*仕事の指示や進捗状況をメールする。 *「リーダーとして私は○○を必要としています」のような直言型のコミュニケーションを取る。 *ミスをしたときに謝る。	*仕事の指示や進捗状況を議論する。 *「○○してもよいかと検討中で……」など間接的な要求の伝え方をする。 *和を乱したときに謝る。

ニューヨーカー　旦那は毎朝大漁だね。

漁師　ああ魚がいなかったことはないね。一日中大漁さ。

ニューヨーカー　なんでもっと長く漁に出ておかないんだい？　もっと漁れるのに。

漁師　今日はこれだけあれば、十分家族が暮らせるんだよ。

ニューヨーカー　じゃあ今日は何して過ごすんだい？

漁師　ちょっと釣りして子供と遊んだり、シエスタを楽しんだり、毎夕散歩にも行って、村の友達とビール飲んだりギター弾いたり。人生目一杯楽しんでるさ。

ニューヨーカー　力になるよ。もっと釣りに出なよ。儲けでもっと大きな漁船が買えるぜ。そしたらもっと取れて、収入で船も複数持てるようになる。最終的には漁船群だって持てる。仲買人に魚を売るより直接加工業者と取引をすればもっと儲かるぜ。自分で缶詰工場をやるのもありだ。製造も加工も世界中への配送も全部思うままさ。この海辺の小さな漁村を出てメキシコシティとかロサンジェルスとかニューヨークとか、どんどん果てしなく会社を大きくできる場所に引っ越してさ！

漁師　（興味ありげだが、当惑げに）それ全部でどのくらい時間かかんだい？

ニューヨーカー　きっと十五年とか二十年とかだろうな。まあその後タイミングを見計らって会社を売っちゃえばいいんだよ。そしたら大金持ちになれるぜ。何百万ドル（訳者注：何億円）もの大金が転がり込むんだからさ。

漁師　で、その後どうなるんだい？

ニューヨーカー　引退するんだよ。海辺の小さな村に戻ってちょっとだけ釣りをして孫と遊んで、昼寝して友達と村でビール飲んでギター弾く生活にさ。

なぜすでに手にしている生活を再度手にするために、わざわざそんな大変な努力をしなくてはならないのか理解できずに、訝しげな面持ちで漁師は歩み去った。

メキシコ人はBeing志向でニューヨーカーはDoing志向だと言われる。全ての文化圏で時間は価値のあるものと見なされがちだが、どのように時間を使うのかは文化によって大きく異なる。Being志向の人は暮らしてゆくために働くのに対して、Doing志向の人は働くために生きている。メキシコの漁師は友達や家族と人生を楽しむために必要な経済的なニーズを満たすために働いているために、アイデンティティの中で仕事が占める割合は小さく、初めて会った相手にすぐ自分が漁師だとは伝えないだろう。むしろ両親、妻、子供や友達の話をするだろう。Being志向の人は情熱を持って仕事をしたり、仕事に意義を見出したりしない傾向にあるからだ。

対照的にニューヨーカーのビジネスマンはDoing志向の典型例だ。常々効率のよいビジネスの生み出し方を考えていて初めて人に出会うが早いか「で、お仕事は何を？」と質問し、仕事やキャリアが人と関わる上で大きな役割を果たす。ビジネスマンが家庭や友達のことを考えないという意味ではなく、長期のバケーションをとって家族とメキシコにのんびりしに来たに違いないが、基本的に仕事の質をどの

表5−7

<table>
<tr><th colspan="3">Being志向</th><th colspan="3">Doing志向</th></tr>
<tr><td colspan="3">QOL（訳者注：人生の質＝人生をいかに楽しむか）を重要視。</td><td colspan="3">忙しく生き、目的の達成を重要視。</td></tr>
<tr><th colspan="2">Being志向</th><th colspan="2">中庸</th><th colspan="2">Doing志向</th></tr>
<tr><td colspan="2">アラブ圏、ラテンアメリカ、ノルディック圏（北欧）、サハラ砂漠以南のアフリカ</td><td colspan="2">*儒教文化圏（アジア）、東欧、ラテンヨーロッパ、南アジア*</td><td colspan="2">アングロサクソン文化
ゲルマン文化（ヨーロッパ）</td></tr>
<tr><td colspan="6">ここにリストした10個の文化クラスタの描写については巻末の付録に詳細を記す。
注：*マークの文化圏は文化クラスタ内にもかなり多様性が見られる。</td></tr>
<tr><td colspan="3">Being志向文化圏でのリーダーシップ

*個人的な成長の機会を作る。
*真っ先にまず個人の個性を認める。
*（同僚との）人間関係をしっかり維持する。</td><td colspan="3">Doing志向文化圏でのリーダーシップ

*研修や能力を伸ばす機会を与える。
*目標に達成した個人の業績をチームメイトの前でしっかり認める。
*（業務関連の）物事の進め方の過程に関する決め事をしっかり守る。</td></tr>
</table>

ように向上させるか、そのアイデアで頭の中がいっぱいなのだろう。

Doing志向のリーダーにはBeing志向の人は怠けているように見えるだろう。Being志向のリーダーはDoing志向の人をせかせかしていて息苦しいと思うだろう。しかしいずれも事実ではない。いうなればこの志向の違いはどのようにやる気を出すに至るかの違いに他ならない。To Doリストに載っている事柄をどんどん片付けていくことに達成感を覚えるか、QOLをしっかり守って人生を楽しむかの違いに過ぎない。スカンジナビア文化はBeing志向が強い。たとえばスウェーデンのCQの低いリーダーは一週間に六十時間働く人を見て「週三十五時間で仕事を終えることができないとはなんて能力が低くて気の毒な。」と考えかねない。しかしCQが高くなれば労働時間に違いが出るのはただ仕事を終わらせようとしているだけなのか、働くことに人生の意義を見出そうとしているかの違いだと気づくだろう。Doing志向のCQの低い米国人リーダーは、子供の迎えがあるからと仕事を早く切り上げる男性同僚を仕事へのコミットメントが不十分と見なすだろう。しかしCQが高くなれば、時間の使い方が異なっていても真面目に働く同僚が有能だと理解できるようになる。もちろん怠け者も仕事中毒の同僚も存在するのは確かだが、重要なポイントは周りの人の職業倫理やプライベートについて決めつけてしまう前に、Being志向とDoing志向が個人の職場での働き方に大きく影響することを考慮すべき点だ。リーダーが何か自身のアイデアを提案する際にも、相手がBeing志向なのかDoing志向なのか考えてから行う方が説得力のある提案ができるだろう。

普遍主義なのか個別主義なのか

次に取り上げる側面は人の行動の判断基準だ。普遍主義文化圏には絶対的に万人に通用するべきルールが存在し、何人たりともそのルールを破ることは許されない。この志向は社会によって普遍的に同意される基準を守る義務を重要視する。というのも普遍主義文化圏では人生はルールに基づいて生きるべきで、行動は特定個別の事例ではなく普遍的で一般的な事象と捉えがちだ。普遍主義者には当事者との人間関係は特定のルールの適用の際に一切影響しない。誰かがルールを破ったら、その相手が誰であろうとルール違反として対処されるべきだからだ。

一方の個別主義文化圏は知り合いに特別な義理があると考える文化だ。現状の特殊性に重きを置き、

表5−8

普遍主義	個別主義
ルールの遵守を重要視。 基準は全員に当てはまる前提。	個々の状況を重要視。 基準は人間関係によって変わる。

普遍主義	中庸	個別主義
アングロサクソン文化 ゲルマン文化（ヨーロッパ） ノルディック圏（北欧）	東欧 ラテンヨーロッパ	アラブ圏、儒教文化圏（アジア）*、ラテンアメリカ、南アジア、サハラ砂漠以南のアフリカ

ここにリストした10個の文化クラスタの描写については巻末の付録に詳細を記す。
注：*マークの文化圏は文化クラスタ内にもかなり多様性が見られる。

普遍主義文化圏でのリーダーシップ	個別主義文化圏でのリーダーシップ
*仕事へのコミットメントに必要な事柄は明文化して提供し、全力でそれらに従う。 *状況が変わりそうな場合、筋道の通った理由と共に可能な限り前もって告知する。	*可能な限り柔軟な対応を心がける。 *人間関係の構築や維持に骨折りを惜しまず、リーダーの意思決定を伝える際、個々の状況を加味していることを伝える。

全く同じルール違反をしても全ての人や状況を同様に扱うことはなく、そのような普遍的な対処は意味をなさない。個別主義者にとってはルールを破った人は「その他大勢」の一人ではなく友達や大切な人だからだ。それゆえ個別主義志向の人はルールがどう定められていようと、友好関係を維持して友を護り、庇おうとするのだ。

かつてヒューイット・アソシエイツ社のダイバーシティ推進担当だった、ペルー育ちのアンドレス・タピア氏は個別主義文化圏出身だ。米国のノースウェスタン大学に留学した当初かなり強いストレスを経験したそうだ。毎月の学費が払えないので大学から学資援助を受けたがそれでも足りず、ペルーから父親が月給のいくらかを送金しなくてはならなかった。ちょうどその当時テロやハイパーインフレで、ペルー社会は荒れに荒れていて、国外、殊に米国への送金はかなり制限されていた。想定されるあらゆる危機を回避してお金を無事にアンドレスの元へ届けるには、ペルーから米国に用事で出かける信用できる父親の知人に現金を託すよりほか方法がなかったので、アンドレスの元にお金が届くのは、二、三週間予定より遅れるのが常だった。

ノースウェスタンの学費納入期限は毎月十五日で、一日でも遅れると延滞料が発生する。毎月十五日になるとアンドレスは大学の会計担当へ出向き「すみません、親からのお金がまだ届いていなくて……届いたらすぐに払いにきますので。」と説明したが、返答は決まって「延滞料が五〇ドルかかります。」だった。アンドレスが「でももうペルーからは出金されているんです。インフレとテロの影響でドル輸出に制約があって……例外を認めてもらえませんか。」と頼むと大学側の普遍主義的見地からの回答はいつも判で押したように同じだった。「あなたに例外を認めたら、全員に同じように例外を認めなければならなくなりますから。」個別主義文化圏出身でこの対応に憤ったアンドレスはある日こう言った。「すみません！　この大学の何人の学生がここから六千キロ離れた、累積ハイパーインフレ率が一万五千％でテロが激化して首都で車の爆撃が起きていて、ドル輸出に制限のある国から来ているんですか？」と。しかしこの質問をしても何も変わらなかった。大学が決めたルールは守らなくてはならないのだ。何人たりとも、いかなるときにも。

公正とは何だろうか。万人にルールを平等に適用することなのか。それとも相手の火急の事態を慮るべきなのか。海外旅行先で買い物の値段の交渉をする状況を想定してほしい。初めて値切る時は楽しいけれど、旅行者の中には交渉によって値段が変わることにストレスを感じる人もいる。そういう人が値段を訊く時は、（訳者注：万人に対して値段は変わらない前提で）本当にただいくらなのかを知りたいだけなのだ。しかし多くの文化圏では誰が買うかによって全く同じ商品の値段がいかようにも変わるのが当たり前の前提で動いている。インドのタージ・マハルを訪れた旅行者は、全く同じものを買うのに現地のインド人よりも遥かに高い金額を支払っていることに気づくだろう。普遍主義的な見解では、人によっていかようにも値段が変わる、その値段の差は完全なる不公平だ。しかし個別主義的な目線では完全に公正だ。わざわざ愛すべきタージ・マハルを見るために国外からインドを訪ねる経済力のある人と、生涯賃金がその旅行客が乗ってきた飛行機の運賃程度の人の両方から、いかなる理由で同じ商品に同じ金額が受け取れよう。普遍主義者は組織の国際展開の際、世界中で守るべきグローバル・スタンダードを作るべきとの主張の提唱者でもある。個別主義者はビジネスのスタンダードや意思決定は、状況や人間関係も加味の上で地元密着型で現地の文化慣習に根ざして検討されるべきという考えだ。

ニュートラル文化なのか表情豊かな文化なのか

ニュートラル志向の文化圏では感情表現を控えめにするために相当な努力が求められる。本音で何を考えたり感じたりしているのかおくびにも出さないよう気を遣う。一方で表情豊かな文化圏では人々はいかにして感情を表現するか考え、突発的に感情表現が迸ることもある。それでも感情表現は歓迎され受け入れられる。

表5−9

<table>
<tr><th colspan="3">ニュートラル文化</th><th colspan="3">表現豊かな文化</th></tr>
<tr><td colspan="3">感情を押し殺したコミュニケーションを重要視、感情は隠すべきという前提。</td><td colspan="3">表現豊かなコミュニケーションを重要視、感情はオープンに共有する前提。</td></tr>
<tr><th colspan="2">ニュートラル</th><th colspan="2">中庸</th><th colspan="2">表現豊か</th></tr>
<tr><td colspan="2">儒教文化圏（アジア）、東欧、ゲルマン文化（ヨーロッパ）、ノルディック圏（北欧）</td><td colspan="2">アングロサクソン文化*
南アジア</td><td colspan="2">アラブ圏、ラテンアメリカ、ラテンヨーロッパ、サハラ砂漠以南のアフリカ</td></tr>
<tr><td colspan="6">ここにリストした10個の文化クラスタの描写については巻末の付録に詳細を記す。
注：*マークの文化圏は文化クラスタ内にもかなり多様性が見られる。</td></tr>
<tr><td colspan="3">ニュートラル文化圏でのリーダーシップ

*感情やジェスチャーなどのボディランゲージを抑える。
*会議や会話では要点に絞って話す。</td><td colspan="3">表現豊かな文化圏でのリーダーシップ

*心を開いて温かい友好な態度や信頼を示す。
*普段よりも表現豊かであるよう心がける。</td></tr>
</table>

あるとき日本人の若手重役と仕事をする機会に恵まれたが、彼らが私のプレゼンを理解できたのかどうか把握するのが非常に難しかった。ニュートラル文化圏出身の彼らはオンライン上のミーティングでは言葉以外のフィードバックをほとんどしなかったからだ。私と一緒に南アフリカ人の同僚がプレゼンを行ったが、彼女も同じようにフィードバックの極端な少なさにストレスを感じているのがひしひしと伝わってきた。そこで彼女は逆にさまざまな参加者に質問を始めた。「よしさん、この点についてどう思われますか？」と言った具合に。ほとんどの人を指名したが大半の人は何も答えず俯いて何人かはクスクス苦笑いしていた。クスクス笑いはニュートラル文化圏で人々が当惑を感じたり気まずい思いをしたりするとよく見られる。目立つことをさせられるのを嫌がるが、気まずい思いをしていることを伝えるのも嫌がるために彼らはクスクス苦笑いするのだ。彼女はプレゼンを進めながら口頭でフィードバックをもらうことを諦

め、代わりにプレゼンの最後に書面でフィードバックをもらうことにしたところ、かなり質の高いフィードバックがもらえたようだ。

ニュートラル文化圏と表情豊かな文化圏では、感情の感じ方の違いではなく感情を表す方法が異なる。英国、スウェーデン、オランダ、フィンランド、ドイツ、儒教文化圏のアジアの国々でよく見られる文化規範は感情や本音は顔や言動には出さないというものだ。痩せ我慢をして自分を抑えることが賞賛されるが、その感情の抑圧が時折予期せぬ感情の爆発を招くこともあり、そうなるとますます周りに気まずい思いをさせる。発話はかなり感情を抑えたトーンで淡々と行われ、会話を脱線することは好まれず、要点に集中して話すことがよしとされる。多くのニュートラル文化圏、特にアジアでは沈黙はよいどころか歓迎すらされる。沈黙は相手への敬意を表す上、両者が相手の発言内容を咀嚼するために必要な時間だからだ。

対するイタリア、ポーランド、フランス、アフリカ系米国人の表情豊かな文化圏では、コミュニケーションに関する文化規範は表情豊かにジェスチャーを多用して話すことだ。表情豊かでない人は冷たい、または自信がなくて自分を出せないと受け止められかねない。表情豊かな志向の人は興奮すると大声で話し、議論や論争など意見の交換を好む。情熱的で突発的で重要な意思決定にも直感や感情を大切にする。要点を明瞭に伝えるために感情的でドラマティックな発言をしたり話を誇張したりする。この文化圏の人々は、自分の意見を通すには会話を遮って声を上げることが唯一の方法だと思っているふしさえある。

この価値観の差は経済水準による文化の差にも現れる。国全体での米国はニュートラル文化志向と表情豊かな文化志向のちょうど中間くらいだ。典型的な米国人は、極度に気の短い瞬間湯沸かし器のように怒りを爆発させる人には目をまわして仰天するが、それでも人々と関わり合ったり新しい情報を学んだりする際に温かい対応や熱意、何らかの反応を示すことが期待される。しかし米国の労働者階級はもっと表情豊かで、家族や職場で誰かに怒鳴ったり弾けるような笑いが起きることもある。対照的に中産階級やさらに経済的に豊かな経済層の職場での文化規範は、感情表現は少し抑制のきいた微妙なニュアンスでの表現だ。誰かの行動の良し悪しを即座に決めつける前に、その人がニュートラル文化志向なのか表現豊かな文化志向なのかも、目の前で繰り広げられている光景に影響を与えることをお忘れなく。

MタイムなのかPタイムなのか

最後に取り扱う文化の側面は巡り巡ってまた時間に関することに戻る。本章ですでに短期間志向と長期間志向を取り扱ったが、「アポイントメントは午前九時」と言われたら文字通り午前九時を意味するのか、それとも他の時間帯を意味するのかの時間の感覚以上に目に留まりやすい文化差もあまりないだろう。リーダーが出会う時間の思考の違いへの対処法はいくつかあるが、個人の時間の志向を変えることはできないし、まして相手の文化圏の時間の志向を変えることなどできるはずもない。時間の志向は簡単には変えがたいくらいに相当根強く人々の行動や社会の回り方に影響しているが、なぜ相手の時間

表5−10

Mタイム	Pタイム
直線で捉えた時間軸を重要視。 仕事とプライベートは分けるべき。	同時に複数業務をこなすことを重要視。 仕事とプライベートは分けない。

Mタイム	中庸	Pタイム
アングロサクソン文化 ゲルマン文化（ヨーロッパ） ノルディック圏（北欧）	儒教文化圏（アジア）* 東欧 南アジア	アラブ圏、ラテンアメリカ、ラテンヨーロッパ、サハラ砂漠以南のアフリカ

ここにリストした10個の文化クラスタの描写については巻末の付録に詳細を記す。
注：*マークの文化圏は文化クラスタ内にもかなり多様性が見られる。

Mタイム文化圏でのリーダーシップ	Pタイム文化圏でのリーダーシップ
*可能な限り現実的な方法で最後まで仕事をやり切ることで信頼を得る。	*あまり重要ではない締切には柔軟な姿勢で対応する。

の志向が異なるのか理解すると、想定内のトラブルを回避できるだけでなく時間の志向の異なる人々と仕事をする際にどのようにCQを使ってリーダーシップを執るべきか考える上でも役立つだろう。

文化人類学者のエドワード・ホールは、Mタイム（モノクロニック）とPタイム（ポリクロニック）の言葉を用いてさまざまな文化圏の異なる時間の志向を説明した。Mタイム文化圏では時間は直線上を過ぎゆくものと捉えられる。予定は整然とこなされ、To Doリストに書かれた事柄が順番に消され、目標に向かって着々と歩みを進めることをよしとする。Mタイム文化圏では前もってきちんと計画を立てて効率よく時間を繰り回すことに重きが置かれる。つまりMタイム文化圏は基本的には約束の時間を守る文化圏とも言える。Mタイムの語源は決まった時間内に一つの業務だけに集中することも意味する。ラテンヨーロッパをのぞくほとんどの西洋社会はMタイム文化圏だ。多くの西洋人が同時に複数の業務をこなすべく奮闘している今のような時代には、ヨーロッパをMタイム文化圏と表現するのは語弊があるのかもしれない。我々のようなリーダーも皿回しの曲芸のようにいくつもの仕事を同時進行でこなす必要があるが、Mタイムの本当に意味するところは同時に複数のプロジェクトをこなすかどうかではなく、時間の連続性の中で順を追って業務を片付けることを意味する。Mタイム文化圏では時間内に一つのことに集中して最後までその業務をやり遂げることが重要視される。Mタイム文化圏のリーダーは直線上を流れるように順を追って業務を最後までこなすよう教えられているので、Pタイム文化圏出身者が几帳面ではない上に集中力もなく意思決定もまともにできないとの印象を持ちかねない。

スマートフォンの普及、メールの常時接続やSNSの発達などでプライベートと仕事の線引きはどの文化圏でも難しくなりつつあり、多くのリーダーの不安の元になっているが、Mタイム志向はプライベートと仕事を明確に分けようとする傾向にある。Mタイム文化圏ではいつ仕事の電話に出られる状態でいるべきかについての暗黙の了解がある。たとえば朝九時にミーティングの約束をしていたなら「子供を学校へ送り出すのに時間がかかってしまって……」というのは、よほど前もって避けることの難しい突発事態が起きていない限り遅刻の言い訳としてはかなり苦しい。

一方、エドワード・ホールはMタイム志向の対極としてPタイム志向を挙げている。Pタイム社会ではプライベートと仕事は色濃く交錯していて明確には分けがたい。Pタイム志向の人々にとって重要なことは同時に複数の任務をこなすことだ。Mタイム志向のリーダーにとって、Pタイム志向的な行動をする人は仕事の途中で話しかけたり呼び止めたりした相手の対応のために、まだ終わっていない仕事を平気で投げ出す集中力のすぐ途切れるフラフラした頼りない人に見えるだろう。Pタイム文化圏の人々はスマートフォンやテレワークの普及の遥か前から複数の業務を同時にこなしてきているが、効率のために複数の業務をこなしているのではなく、役割や人間関係に基づく優先順位をつけて日々起こりくる出来事に対応してきただけなのだ。

世界中で重役向けのセミナーを開催してきたが、Mタイム文化圏の参加者は遅刻もせず大抵セッションの間最初から最後までずっと教室にいる。たまによく遅刻する人やスマートフォンにかかりっきりの人もいるが、ほとんどのリーダーの暗黙の了解は「きちんと受講する気がないなら教室から出るべきで電話にかかりっきりなのは講師に対して失礼だ。」というマナーだ。Mタイム文化圏の参加者がどうしても電話に出ざるをえない時は迷惑をかけたことを詫びてから電話に出る。しかし中東などPタイム文化圏のリーダーは、セミナーへの到着時刻からして相当まちまちだ。セッションの途中で平気で出入りするし、かかってきた電話には平気で出るし、ショートメールを読んだり送信したりしていないフリをしようとする様子もほとんど見受けられない。ということはセミナーに集中するべく家庭や仕事から自身を切り離すこともPタイム文化圏出身者にはあまり意味をなさないのだろう。というのもPタイム文化圏では時間や物よりも人間関係に最も価値が置かれるからだ。つまり効率よく時間通りに仕事を片付けることに重きが置かれることは、Pタイム文化圏ではあまりないということだ。物事は時がくればいずれ何らかの体をなす。Pタイム文化圏では毎日が人間関係や会話で暮れてゆく。Pタイム文化の極端な例を挙げるならネイティブアメリカンやオーストラリアのアボリジニの文化が該当する。民族的な集まりや、トーキングスティックと呼ばれるネイティブ独自の民主的なコミュニティ運営のための会議が必要に応じて行われ、話したいことのある人がいる限りずっとお開きにならずに続けられる。結論を急ぐ必要は全くなく、結論を急ぐこと自体が失礼で悪運を招きかねない行為と見做される。

結論

「人は人、ビジネスはビジネス」と、あたかもビジネスの方法が世界中同じであるかのように考えるリーダーは、多様な文化圏出身の人々で構成されるチームでうまくリーダーシップを執ることはかなり難しいだろう。文化的価値観がどのようにモチベーションの上げ方や、意見の伝え方、仕事自体への関わり方に深い影響を与えるのか理解できないリーダーは、世界規模でビジネスの効率を下げて回る結果になりかねないからだ。一方、本章や第４章で取り上げた文化差への理解を深めたリーダーは効率のよい異文化に敬意を払った方法でリーダーシップが執れるだろう。本章では価値観の志向の差を一つの国ベースの文化を比較する形で取り上げたが、民族性、地域性、組織性などに基づく文化を比較することも同じくらい有用であることを付け加えておく。

文化の異なる人々をステレオタイプで見ることなく、どのようにＣＱに関する知識を当てはめて使うことができるのだろうか。誰しもすぐステレオタイプで文化の異なる人々を見る傾向があるのに、本章や第４章で取り上げたような文化の異なる人々についての押し並べた理解が元となっている知識を、わざわざ異文化理解に使う必要はあるのだろうか。異文化心理学者のジョイス・オスランド氏とアラン・バード氏のいう「洗練されたステレオタイプ」、つまり観察や経験に基づいた異文化理解研究を基にした比較調査の結果、見出された文化的差異に関する知見は有用だと言えるだろう。本章や前章で取り上げた六つの文化システムや十個の文化側面についての理解のような洗練されたステレオタイプは以下のシチュエーションに役立つだろう。

*単一の文化を理解するのではなく、さまざまな文化を比較する必要があるとき
*意識的に文化を理解するフィルターとして持ち続けるとき
*文化の良し悪しを決めつけるのではなく違いの描写に使われるとき
*直接コミュニケーションを取る前に文化の異なる人々の言動を推測するとき
*文化の異なる人々を観察したり相対したりする経験が増えるにつれ、異文化圏の人々についてのステレオタイプを随時修正してデータベースとして使われるとき

実際にリーダーシップを執るためには不十分なこともあるかもしれないが、CQに関する知識を身につけることはリーダーとして関わる人々や状況を理解するための重要なステップだ。というのはCQの四能力の中でも「CQに関する知識」は、特に文化差についての学びに時間をかけることを意味するからだ。文化について知れば知るほどリーダーは成長する。CQに関する知識を身につける最初の第一歩は文化がリーダー自身の行動や思考をどのように形作るのか理解することだ。その理解を土

台に他人への文化の影響の理解ができるようになるというわけだ。

CQに関する知識の実践

1　外国語を学ぼう。わざわざ先生を探しに出向く必要はないが、ネイティブスピーカーは大抵の場合において最高の先生だろう。二、三個の言い回しなどを習うだけでも旅行には役立つだろう。

2　外国の小説や回顧録に目を通そう。書籍は大抵の場合、文化について考える上で役立つが、『君のためなら千回でも』、『白人男性の墓（ホワイトマンズ・グレイブ）』などの小説や『グラン・トリノ』、『ロスト・イン・トランスレーション』の映画の鑑賞は、CQに関する知識を身につける上で、知性で学ぶのではなく感情の奥深くで感じ取れる何かがあるはずだ。異文化圏の小説、回顧録、映画を通じていつもと違う世界を旅してみるとよいだろう。

3　国際的な情報に精通しておこう。ハリウッド・セレブの最新ゴシップだけでなく、さまざまなニュースに目を通すとよいだろう。公共放送と並んでBBCは最高のニュース・ソースの一つだ。中東の衛星テレビ局アルジャズィーラのウェブサイトを見れば、全く同じニュースがかなり違う伝えられ方をしていることに驚くはずだ。旅行の際はいつものお気に入りの国際誌ではなく、違う情報ソースを読むと現地人の視点がよく分かるだろう。

4　出張先の基本情報を抑えておこう。ＢＢＣのウェブサイトのプロフィール欄を見ると世界中の国が掲載されていて、国の概要、歴史、直近の社会問題などの滞在中に現地の人と最初の会話の糸口によさそうな情報が網羅されている。http://globaledge.msu.edu のサイトで、さらなる各国の詳しい情報も閲覧できる。

5　現地でスーパーマーケットへ出かけてみよう。文化の異なるコミュニティのスーパーの商品のレイアウトや種類は、文化差について学ぶ素晴らしい方法になるだろう。そこで見た情報から安易な決めつけに走るのはご法度だが、いつものよく行く店とは何が同じで何が違うか注意を払って確認してみるとよいだろう。

第6章　CQに関連した戦略

――根拠なく「ガッツ」を信じすぎないこと

リベリアのジョーンズ博士が信用に足る人物かどうか知ろうとした際の、第1章に詳細を記した私の異文化コミュニケーションへの試みは直言型の北米型のコミュニケーションをベースにしてしまったのがまずかったのだろう。私は触れてはいけないトピックを避けておっかなびっくりの遠回しな会話にかなりイライラする方だし、交渉手腕を発揮して揉め事に関する気まずい話もどちらかといえば単刀直入に話して解決してしまいたい方だ。モンロビアの空港に着いた際に二週間現地に滞在予定のリベリア系米国人のティムとポーターの会話がうまく咬み合っていないと気づいたり、ホテルで朝食を共にした人々の売れなかった離乳食や手元に届かなかった薬の話を聞くことができたり、現地で異文化に関する

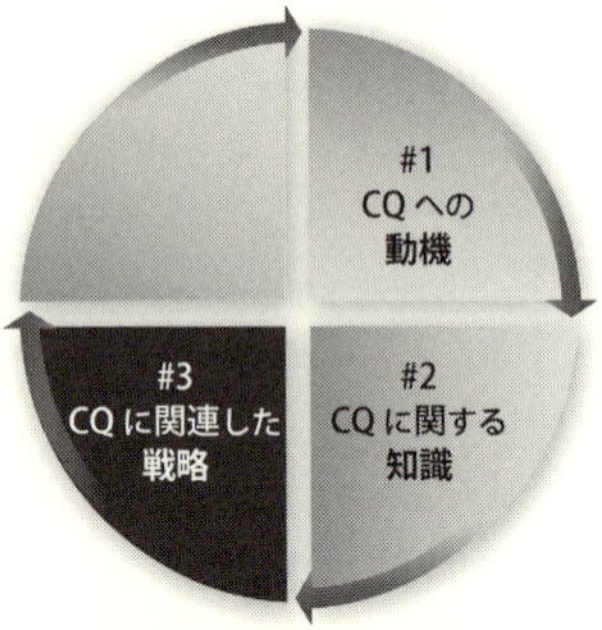

CQに関連した戦略： **いかに異文化圏での行動戦略をプランニングするか** 異文化体験を正確に理解した上で戦略的な行動計画を	
CQの高いリーダーの特徴	CQを活用できる戦略力の高いリーダーは、異文化圏での行動のプランニングをする際、異文化に関する知識をうまく使うことができる。その上この類のリーダーは異文化に関する自身の思い込みを一歩引いて分析し、考えや行動を修正することができるものだ。不慣れな文化圏において何を知っておくべきかしっかり理解していることも多い。

気づきを得たり、うまく一歩引いて状況を俯瞰できたことで文化差に関する実りある会話がいろいろとできた。しかし、私のすぐ結論を知りたがる直言型のコミュニケーション・スタイルが災いした結果、何がリベリアでうまくいかなかったのか時間をかけて十分に振り返ることができていなかった。

リベリア滞在中にどのような文化的価値観を垣間見たかと訊かれたら、忠誠心や人間関係へのコミットメントの度合いが相当高い文化であると伝えるだろう。他国からの見知らぬ訪問者に正確だが伝えるのが憚られるようなことをあけすけに話すよりも、友人や同僚の面子を守ることに重きを置く文化だと説明するかも知れない。ただジョーンズ博士やマディソン・カレッジが信用に値する提携先かどうか見極める出張の目的のスムーズな達成に向けて、異文化に関する知識をうまく使えていなかったのも事実だ。モージスの感想や一連の出来事を冷静に一歩引いて俯瞰してみると、私の言動はハリス博士に「ありえない」状況を経験させてしまったことがよく分かった。彼の文化圏では直言型のコミュニケーションや明瞭な説明には重きが置かれず、相手の名誉を傷つけないコミュニケーションの方が遥かに重要なのだ。ハリス博士との一歩踏み込んだコミュニケーションは、前もって十分に準備をしておけばもっと実り多いものになったはずなのだ。CQに関する能力の三つ目「CQに関連した戦略」をしっかり使って準備していたならば。

翌日にモージスと一緒にマディソン・カレッジで教えていた別のリベリア人の教授と会うことになったが、前日のハリス博士とのうまくいかなかったやりとりについてあれこれ考えを巡らせた末、今回は全く違う手に打って出た。まず手始めにジョーンズ博士とマディソン・カレッジの素晴らしい点を訊いてみることにした。そしてミーティングの途中でモージスがかかってきた電話に出るふりをして中座する。教授と二人きりになった隙を見計らい、我が大学がジョーンズ博士の大学と提携する際に何が問題になりそうか、こっそり尋ねることにしたのだ。私は質問の言葉尻に十二分に気を配り、彼がジョーンズ博士やマディソン・カレッジについて否定的な発言をせずに済むよう気遣った。彼は数点注意点を挙げてくれたが、その多くはモージスが教えてくれたジョーンズ博士に対する批判とあまり変わらなかった。彼のジョーンズ博士への批判には婉曲表現が多かったが行間に潜む意図は明らかだった。

CQに関連した戦略はCQの知識をうまくリーダーシップに使える能力を指す。この能力はリーダーを上辺だけの異文化理解ではない深い部分、つまり一見些細なように見えてその実リーダーシップの命運を大きく分けかねない、文化差によって生じる強烈な問題との対峙も余儀なくするだろう。だからこそCQに関連した戦略は異文化に関する知識と、異文化圏での効果的なリーダーシップに直結した行動を結びつける上で必須の重要な能力なのだ。

CQに関連した戦略について理解するには、慣れない場所でドライブする際にいろいろと運転方法を試すのをイメージするとよい。慣れた場所をドライブするならスピードコントロールのスイッチを入れる、ラジオを聴く、電話をかける、同乗者と会話するなど運転しながら他のこともするだろう。逆に全く見知らぬ町で目的地にたどり着く必要があるなら、スピードを落とし、ラジオを消し、会話は最小限にしないだろうか。慣れない場所での運転には細心の注意が必要だからだ。運転し慣れている米国とは違い車が道路の左側を走る（訳者注：日本のような右ハンドル車が主流の）国でドライブするならなおさらだ。前もってどう運転するかプランニングして行き先を地図できちんと調べておけば、見知らぬ土地での運転にも自信が持てるというものだ。時折GPSが想定外の工事などをキャッチできていないこともあるから、経路のプランニングをしっかり行っていても方向を間違えず目的地に向かっているかどうか注意する必要もある。異文化圏でリーダーシップを執る際のCQに関連した戦略のプランニングにも同じことが言えるのだ。スピードコントロールのスイッチを切って周りで何が起きているか細心の注意を払う必要があるだろうし、そうすれば不慣れな文化圏でも適切な戦略を立てることができる。リーダーのCQに関連した戦略の能力がどの程度か測るためのサブカテゴリーはプランニング、気づき、チェックの三つだ。この三つのサブカテゴリーは、CQの三つ目の能力「CQに関連した戦略」をど

CQに関連した戦略を立てるために

1　異文化でのコミュニケーションをどう進めるべきかシミュレーションし、前もってしっかり計画を立てよう。

2　異文化で今何が起きているのか、しっかり注意して見ておこう。

3　異文化に関する思い込みや計画が適切かどうかをしっかり確認しよう。

重要確認項目：今回の異文化圏での駐在や交渉を成功させるために、何を前もってプランニングする必要があるのか。

のように使うべきか重要な示唆を与えるだろう。

異文化コミュニケーションの事前プランニング

ＣＱに関連した戦略の一つ目は、異文化圏で交渉やプロジェクトの進め方をプランニングする際にその文化圏について知っている事柄、つまりＣＱに関する知識をうまく使うことだ。馴染みのある文化圏でリーダーシップを執る際にはクライアントへのアイデアの説明、チーム内での揉め事の言及、業績評価の業務を無意識に相当な頻度で行っているはずだ。経験さえあればこの類の業務は事前プランニングなしでうまくこなせるが、文化がガラリと変わる場所では普段デフォルトで行っている手慣れた業務方法を、現地文化に合わせて修正するための事前プランニングに時間と手間をかける必要が出てくる。本当に驚くが何千ドル（訳者注：何十万円）も払い、移動に二十四時間以上かけて地球の反対側までわざわざ出向いてゆくにもかかわらず、現地での滞在時間をフル活用するための異文化適応の事前プランニングを行わずに済ませようとするリーダーの何と多いことか。

どちらかいえば引っ込み思案でパーティーが苦手な知人が、前もってカクテルパーティでの会話をシミュレーションし、何を話すかプランニングしていると耳にして驚いたことがある。社交の場で人と話す前に誰がその場に居そうか、相手に尋ねる質問、その場にいる人々の職業や家族構成などの聞いた事柄を覚えておいて対処しているらしいが、異文化圏ではこのシミュレーションは便利な対処法となる。

異文化圏で交渉があると分かっているのなら何をどのように相手に伝えるべきか事前にプランニングする時間を取るとよいだろう。たとえミーティングの直前の三分間でどのような伝え方が一番効率がよいか考えるだけでも結果は大きく変わりうるからだ。その際には以下の項目について確認を忘れないようにするとよい。

*どのような小話がその文化圏やこれから会う相手に適切なのか。
*最初に振った小話の後、本題のビジネスの話を振るのは誰が行うべきか。
*このミーティングでどのように取引をまとめるアクションステップを踏むべきか。
*どの程度、今後のことについて依頼や指示を出すべきか。

経験が増えるにつれ情報が追加されて成長してゆく異文化理解のデータベースなしには、この四つの質問に答えるのは相当難しいだろう。効果的な「CQに関連した戦略」は「CQに関する知識」も豊かにするだろう。第4章と第5章で説明した事柄をうまく活用できれば、少なくとも異文化に関してある程度の信憑性のある仮説に基づく妥当な事前プランニングができるようになり、異文化に関する知識は新天地で車のGPSのように読者諸氏をナビゲートしてくれるだろう。

不慣れな右ハンドル車を外国で初めて運転した際は四方八方に気を配って運転していたが、何度も運転して場数を踏むうち今自分が道路のどちら側を走っているのか、運転中ずっと気をつけておくための独自の方法を編み出したので最初の頃に比べれば外国での右ハンドル車の運転ははるかに簡単になっている。新しい場所で運転する度に馴染みのないルールや難関に出くわしたが、さまざまな場所での運転経験を積めば積むほど、異文化圏での運転中に目的地にたどり着くべくじっと神経を研ぎ澄ます能力がどんどん高くなってきている。それどころか皮肉にも外国での運転方法を、米国で運転する際にも無意識に使うようになってきているのだ。複数の文化圏でリーダーシップを執る際もこれと全く同じことが言えるだろう。

異文化圏でリーダーシップを執る機会が多く、現地文化適応のためのリーダーシップの修正にも慣れ、車で言えば自動運転モードのように無意識に異文化適応ができるようになっている人もいるだろう。リーダー自身がもうすでにその状態にあるなら、チームメイトが同じレベルの経験値や直感的なひらめきを持ち合わせていないかもしれないことも一考したほうがよいだろう。北半球と南半球でコミュニケーションをとる際に相当する月が異なるので春や秋などの季節を指す言葉を使わない、相手によってメールのフォーマルさの度合いを変えることなどの単純な異文化適応が無意識に行えているかどうかは、一見些細なことだがCQを使ったリーダーシップが執れるかどうかを判断する際の重要な手掛かりになる事柄だ。

「CQに関連した戦略」の本来の目的は特定の異文化圏で得た学びを反芻し、その知見を他の異文化状況に応用できるようになることだ。リベリアでのハリス博士との会話のように対処法が分からずに困惑する異文化状況との遭遇を今後も経験するに違いないが、CQに関連した戦略や戦略に基づく事前プランニングは困惑するような状況を減らし、対処法が分からなかった状況から得た知見は異文化に関する知識のデータベースの情報量を増やし、今後異文化圏での交渉やリーダーシップをうまく進める手助けとなるだろう。

CQに関連した戦略のレベルの高いリーダーは、異文化圏の目新しいユニークな文化的側面に対処するため、現地でのさまざまな観察や反芻から得た情報を元に新しい異文化適応戦略をどんどん生み出して、既知の対処法に次々と修正を加えるだろう。多くの場合、異文化圏で何が起きているか理解しようとするときの状況理解の手掛かりは曖昧で誤解の余地の多いものだらけだ。異文化圏で見慣れた行動を見かけてもその行動の持つ意味が自身の文化圏と全く異なっていたりする。異文化適応の事前プランニングをしっかり行うことは、特定の行動が一見意味しているように見える事柄が異文化圏でも本当に同じことを意味するかどうか、入念に考えて行動するための準備を進めることを意味する。その準備は次に紹介するCQに関連した戦略の必要不可欠な側面の「気づき」とも深い繋がりがある。

より周りの状況への気づきを高めること

リーダー自身、周りの人、その場の状況などの細部に気づくことができる能力はCQを使ってリーダーシップを執れる人の大きな特徴だが、肩書きが高くなればなるほど周りの状況の細部に気づくことは難しくなるものだ。CEOは大抵面白くもないジョークに気遣いから笑ってくれ、優れてもいないアイデアを素晴らしいと褒め称えてくれ、そのアイデアが馬鹿げていると内心思いつつも気配りから口を慎んでくれる人々に囲まれて日々を過ごしているため、リーダーが周りの状況に本当の意味で気づいて本当に何が起きているのか掌握するには相当な気づきの努力を要する。

異文化圏での行動の事前プランニングや適応戦略は、気づきに基づいていなければただの無意味なリスクテイキングになりかねない。特定の文化圏出身のリーダーが「このような行動パターンで振る舞うはずだろう。」と予測をつけていたら自身の予測と相手の行動が全く違っていた経験はないだろうか。最終的な目標は文化知識に基づく仮説を元に事前プランニングやシミュレーションは行うものの、あまり当てにしすぎず、会話の最中に自身の事前プランニングやシミュレーションが合っていたかどうか俯瞰して観察してズレに気づけるようになることなのだ。そのため多文化社会でリーダーシップを執りながらも、同時にその状況で何が起きているのか意図的に気づけるくらいの落ち着いた物事の俯瞰を必要とする。気づきを得るには今行っていることを一歩下がって俯瞰して見ることだ。そのような自制心はともすれば見逃してしまいそうな些細な事柄にも目を向ける上で役立つ。図4－1に説明されている普遍的な行動、文化に規定される行動、個人の性格の違いによる行動の氷山の三層を見分ける上で気づきは最も基本的なツールの一つだ。気づきはリーダーシップを執る際、意思決定と仕事の質の向上にも役立つだろう。

異文化圏でリーダーシップを執る際に、コミュニケーションの取り方がドイツ人はこんな風でインド人はこんな風と、表層的な異文化理解のように単純明快に方法が理解できることなどまずない。BMW社のドイツ人女性社員がTataグループのインド人男性社員とコミュニケーションをとる際に、何に気をつけるべきか微に入り細に入り詳細を理解するのと同じくらい、異文化圏でリーダーシップを執る上で理解が必要になる事柄はケース・バイ・ケースで大きく異なる。文化特有の行動規範から想像のつく振る舞いもあれば、性格や場の状況が影響する行動もある。より気づく力を高めると目の前の出来事が特定の文化でよく見られる事柄なのか、それともこちらの文化に合わせて相手が行動を変えてくれているのか見極めることができるようになるだろう。文化適応はどちらか片方からもう一方への一方通行ではないし、またそうあるべきでもないものだ。気配りの行き届くリーダーであろうと努力した手間隙は、最終的にリーダーとしての気づく力や異文化での戦略的なリーダーシップ力などのCQとして身についてゆくだろう。

「気づく」ことはCQに関する知識を使って、前述の異文化圏での交渉のシミュレーションのような事前プランニングを行ったり、プランニングが特定の状況にそぐうものかどうか、しっかり目や耳を研ぎ澄まして現場で確認したりといった能動的な行為だ。気づきは自身の特定の状況への無意識の反応や衝動的なリアクション、思い込みなどを一旦脇に置き、状況を冷静に分析したり異文化体験の際に意識的に周りの状況に気づきやすい状態をキープしたりすることも含む。

図６－１を見て欲しい。何が見えるだろうか？　これは何が起きている写真か上手い説明を思いつくまで少し時間をとって考えてみよう。

図6－1　何が見えるだろうか？
Photo used with permission from https://www.dailymail.co.uk/news/article-2347221/Drivers-park-named-shamed-Facebook-leaving-cars-precarious-positions.html

チームで行うエクササイズとしては面白いだろう。写真を見て何が起きているのか各チームに説明してもらうと分かるが、なぜ車がこんな止められ方をしているか、チームメイトがいかに勝手な解釈を頑なに信じ込んでいるかよく分かるはずだ。「ドライバーが駐車線を見ていなかったから。」「いやいや偉いから複数のスペースに跨いで車を止めていいと思っている鼻持ちならない傲慢な社長の仕業だよ。」とチームメイトは自信ありげに意見を述べるだろう。中には「駐車に時間をかけていられないい慌てた子連れの親が駐車線からはみ出してしまった。」とか、「二ドア車なので子供を下ろすのに余分にスペースが必要な子連れの親がわざとこんな止め方をした。」という意見も出るかもしれない。雪深いエリアに住んでいる人は「雪が積もっていて駐車線が見えない時に車を止めたからこんな止め方になっている。」と言うかも知れない。考えて欲しいのは自身の説明が正確だと、どの程度確証を持って言えるのかだ。もっと多くの情報を集めなければ写真の状況は確とは分からないのだが、脳は何が起きているか即座に判断しようとしてしまう。すると思いつく解釈は経験や思い込みによるものがほとんどだ。

リーダーには場の状況を即座に判断して何が起きているか読み取ることが求められる。その即断にはどんな時であれ誤解のリスクはつきものだが、判断すべき状況に異文化特有の複雑さが加わればなおさらだ。会話の途中であまり発言せず静かに座っている参加者に慣れないリーダーは、聴衆の物静かな様子を見て「混乱している」とか「退屈している」と誤解するだろうし、話を聞く際に静かにして敬意を表す文化出身のリーダーは、退屈したり混乱したりしていることを伝えるべく意図的に口を噤《つぐ》んでいる参加者の態度を見て、敬意を表して静かに聞いているのだと誤解する可能性もある。

気づく力は異文化圏で必要になるプランニングや行動の修正に大きく役立つものだ。異文化圏でクライアントの会社を訪ねる際、私は壁に何が飾ってあるのかしっかり観察し、オフィスの様子、社員の服の着方、社内に存在する肩書きなどにしっかり目を配ることにしている。我々の企画提案書を議論する会議に誰が呼ばれ、決定権は誰が持ち、プロジェクトの最終的な意思決定者は誰か、会議の参加者の既得権益は何かなどの情報は、CQを使ってうまく戦略を軌道修正する上で必要だからだ。

CQに関連した戦略は異文化圏で見たり経験したりしたことの理由、つまり「なぜ交渉にいつも特定の力関係が影響するのか。」「なぜこの組織のリーダーシップは、このような構造をしているのか。」「なぜオフィスがこのように飾られているのか。」などの疑問に答える上で役立つ。

馴染みのある文化圏で仕事をする際は、この類の問いへの答えは難なくすんなりと考えつくものだ。友達と同僚への挨拶の仕方の違い、素早く物を売る方法、部下への共感の示し方などは、EQ（訳者注：感情に関する知性）がある程度高ければ、無意識に日常生活で自然と理解して身についているものだからだ。気づく力を高めるメリットは、同じ事柄が異文化圏ではどのように異なるのか明確に認識できるようになる点だ。皮肉の効いた辛辣なユーモアがカジュアルな雰囲気をもたらして同僚と打ち解けるのに役立つ文化圏もあれば、その類のジョークが信頼関係に大打撃を与える文化もある。ディナーのお誘いを断るとビジネスチャンスがご破算になる文化圏もあれば、全く影響しない文化圏もある。事程左様に文化は多様なのだ。

自身に関する気づき

第3章で異文化圏での仕事に対する自身の興味（訳者注：CQへの動機）に正直でいることの重要性に焦点を当てた。このようなリーダー自身に関する理解はCQに関連した戦略を練る上でも重要だ。効果的なリーダーシップを執る上で、リーダーが自身をよく知ることが重要だと理解している組織が多いので、大抵の人事部はリーダー向けのさまざまな自己診断ツールを提供している。このようなツールを使って発見した事柄はCQに関連した戦略を練る上で役立つだろう。たとえばGallup社のStrengthsFinderというツールでは、私の強みは仕事を一生懸命頑張って生産性を高めると満足を感じる「達成者」と出る。任務の遂行より人間関係の維持の優先順位の高い、いわゆる「ゆるい」文化圏で仕事をする際に、私自身のこのような特徴を知っておくとイライラせずに仕事を進められる。この診断から私は仕事の生産性が高くなかった日になぜイライラするのか、また人間関係に重きを置く文化圏で仕事を進める際には、「生産性」の定義を異文化に合わせて修正すればイライラが幾分マシになることもよく分かるようになった。気づく力を高めるとイライラの裏側に潜む原因までも理解できるようになるのだ。

リーダーの自身に関する気づきはリーダーの出身文化の理解度にも影響される。そして文化の行動への影響、特定の文化背景が異文化圏出身者にどのような印象を与えるか気づくにつれ、彼らが我々に対して持つ印象にそぐう行動ができるようになる。たとえば戦争と『ベイウォッチ』のTVドラマが世界中の人にとっていわゆる「米国」のイメージだと念頭に置くと、気づく力を活用すれば今目の前で会話をしている米国籍ではない取引相手が米国にどのようなイメージを持っているか、その手がかりを探ることくらいはできるようになるはずだ。

自身に関する気づきの度合いが上がると、世界中の人々と仕事をする際の時間やお金をかなりセーブできる。世界中の人々を相手に、多くの文化圏とタイムゾーンを跨いで仕事をして多様なニーズに対応している多くのリーダーに、一番よく見られる深刻な問題は心身の疲弊から来る燃え尽き症候群だ。自身に対する気づきは文化圏を跨いで仕事をする際のイライラや燃え尽き症候群、疲弊などをうまくかわしてスムーズに仕事をこなす上で役立つことだろう。

他者への気づき

どのような理由からどのような感情がリーダー自身に起きていて、そのためにどのような行動に出ているのかが理解できたら、同じ類の気づきを周りの人や文化圏に当てはめて考える必要も出てくる。短期間国外ボランティアに赴いた北米人への調査から、気づく力の有無が異文化圏で大きな学びの度合いの差をもたらすことが分かってきている。大半の被験者は、災害救助、医療支援、英語教育、布教目的の使節団などで現地に赴いていたが帰国時に彼らは口を揃えてこう言った。「物のない暮らしの中でも人が本当に幸せそうにハッピーに暮らしていたよ！」と。物質的豊かさが重要視されがちな資本主義社会に暮らす米国人が、物がなくても精神的に満ち足りた生活ができると驚嘆しているコメントを聞くのは喜ばしいが、本当に現地の人々は幸せなのだろうか。その疑問を解決すべく何百人ものボランティアに訊いてみた。「どうして彼らが幸せに暮らしていると思うのですか？」と。一番多かった回答は「ずっと微笑んだり笑ったりしている人ばかりだったから。しかも我々にかなり気前よく接してくれ、自分たちが食べるより遥かによいものを食べさせてくれたから。」だった。調査を始めて間もない頃は、現地の人々がきっと外国からのゲストに温かいとびっきりの笑顔で接してくれたに違いなく、この類のコメントは正しいのだと思い込んでいた。しかし現地でのこのような経験の裏に本当は何が潜んでいるのだろうか。

現地の言語が話せない外国人に対応する際に、初対面ならどうするか考えてみて欲しい。「オラ」、

「ニイハオ」と知っている単語を並べて挨拶するお決まりのコースの後は、気まずくてお互いにニヤニヤして終わるのが関の山だ。つまりさきほどの会話に出てきた現地人は本当にハッピーでニコニコしていたのかもしれないが、ひょっとしたらその笑顔や笑いは単に気まずさをごまかす照れ笑いだったかもしれないのだ。多くの文化圏で笑いや笑顔は喜びや幸せの表現でもあると同時に、気まずさや照れ隠しの表現でもあるからだ。

ということを念頭に置いた上で知っておきたいのは、タイでは二十三通りの異なる笑顔がある上にそれぞれの意味が違っていたり、ニュージーランドの小さな礼儀正しいコミュニティでは気分を害したときに笑顔を作って気分を害したことを伝えたりすることだ。繰り返しになるが一つの行動が何を意味するのか異文化圏での事例一つ一つを学ぶことが重要なのではなく、他者に関する気づきを高めておけば、笑顔が純粋に幸福感の表現である場合と、実際の幸福感とは何の関係もない照れ隠しの表現である場合と、両方の可能性があることが理解できるようになるだろう。

CQに関する知識から得る気づきは状況の正確な把握に役立つだろう。文化人類学者が一つの文明について研究する際、車のGPSのように頼りになるのは「なぜこれはこうである必要があるのか。」という問いかけだ。この問いかけは文化の異なるチームメイトやクライアントの行動を理解しようとする際にうってつけだ。なぜいつも同僚が電話会議が終わるや否や恐ろしく長いフォローアップメールを送ってくるのか、その理由を即時に決めつけてしまうのではなく「なぜこれはこうである必要があるのか。」と一度一歩引いて考えてみるとよい。リーダーの新しいアイデアに特定の文化圏出身の部下が常に異議を唱えるなら、なぜその状況が起きているのか「なぜこれはこうである必要があるのか。」と考えを巡らせてみよう。いずれにせよリーダーはクライアントや同僚、部下の行動の意味を読み取り意思決定をすべき立場にあるが、文化差がその意思決定に関わる状況ならクライアントや同僚、部下の意思表示の解釈やリーダーの最終的な意思決定は時間をかけて行う方が賢明だと言える。

多様な労働力と顧客ベースに関して気づく力を高めるには以下の方法がある。

＊コミュニケーションの五十%を相手からの報告を「聴く」ことに使おう。文化背景の異なるスタッフからの報告は特にしっかり注意して聴くこと。

＊意見を聞くために世界中で一緒に仕事をしているグローバル・パートナーと定期的にアポを取って面会しよう。

＊さまざまな場所で働くセールス担当者に、現地で売れている商品と売れない商品が何かを尋ねてみよう。現地の顧客と直に接しているセールス担当者の目には、どのようなことが見えているのかしっかり訊いてみよう。

＊多様な情報ソースを活用しよう。オンラインの情報源と世界中のさまざまな場所で実際に人々が

何を見て暮らしているのか両方をしっかりと確認しよう。

*さまざまな新聞に目を通そう。ロンドン、ドバイ、モスクワのベストセラーの書籍が何なのか確認もお忘れなきよう。

*芸術、映画、演劇の新しいトレンドにもしっかりと目を向けておこう。

*現地での不慣れな行動にしっかり着目し（たとえば釣り銭を両手で差し出されたなど）、他の人も同じことをしているか確認しておき、異文化のコーチにその行為は文化規範の一つなのかどうか確認しよう。

右記の行動は自身の文化圏でも役立つ事柄だが、異文化圏ではことに気づく力を高める上で大いに役立つだろう。気づく力を高めるのにさほど時間はかからない。というのも気づく力は多種多様な会議や旅、会話などの経験から自ずと身につくダイバーシティ適応戦略だからだ。気づく力が高くなければ見逃してしまいそうな事柄にも、きちんと目を向けられるよう自分を躾けてゆくことは、CQに関連した戦略を増やしてゆく上でも大いに役立つことだろう。

自身の思い込みやプランニングが適切かどうかチェックしよう

ＣＱに関連した戦略を増やしてゆく上で重要な点は、異文化圏出身者とコミュニケーションを取る際に実際に目にした事柄と、その文化に関する知識を元に事前に自身が立てたプランニングがうまくフィットしているのかどうか見極めることだ。マニラで仕事をした際にグローバルなリーダーシップについての会議の立ち上げを企画していたフィリピン人男性とディナー・ミーティングを行ったことがある。フィリピン文化をある程度理解していた私は、最初にしっかり人間関係を構築してから本題に入る方がよいと考え、初日はあえて打ち解けたミーティングにするつもりでいた。ディナーの雰囲気を見つつ最後に会議の話を出すかどうか判断して、今回会議のことが話せなければ次のミーティングで本題に入ろうと考えていたからだ。

ところがディナーが始まるや否や、「ところで全額でいくらぐらいになりそうですか？」と唐突に質問され、意表をつかれて面食らった。ここまで直球な質問は西洋文化圏出身者の口からさえもそうそうよく聞くとは思えない。これが彼のいつもの語り口なのか、彼の目から見た「北米スタイルのコミュニケーション」に合わせたためなのかがよく分からなかったので、確認の意味で「夕飯のお代は私持ちで結構ですので、何でもお好きなものを召しあがってください。」と答えてみた。すると即座に「いえ夕飯代の話ではなく、会議にゲスト・スピーカーとしてデイヴさんをお呼びしたり、プランニングや広報のキーパーソンとしてご活躍いただいたりした場合の報酬のことですよ。」と彼は返した。念のためにこの直球のコミュニケーションが彼流のビジネスの進め方なのかどうか再確認の意味で「そのお話も是非させていただきましょう。でも今日のところはやっとお会いできたのですし、お互いをよく知るところから始めませんか？　その後でどのように会議を進めるか検討させていただく形では……」と答えると、少々きつめのトーンで「やっとお会いできたのは素晴らしいことですが、予算に関する詳細な情報が得られないならこれ以上お話を進めるのは時間の無駄です。」と彼はピシャリと答えた。

フィリピン文化に関する理解を元に、私は前もってCQベースのプランニングをしていた。まず人間関係を構築してからビジネスの話に持っていく方がうまくゆくに違いないと。そこでフィリピン人のゲストがCQベースの私の想定とは異なるアプローチを望んでいる手がかりを得たので、私自身のその解釈が間違っていないか二、三回確認をした。するとフィリピンの文化規範が彼には当てはまらないとはっきり分かったので、私は会話の流れを変えて即座に本題に入った。半年後に私は彼が企画した会議の場でゲストスピーカーとしてお話をする光栄な機会を得た。

CQに関連した戦略の最後の項目「チェック」は、異文化での交渉に向けて立てたプランを計画通り進めて大丈夫かどうか再検討する能力を指す。白人男性が出世しやすい組織文化の西洋系多国籍企業の中堅管理職のアジア人から、俗にいう「ガラスの天井」を打ち破っての上級管理職への昇進が難しいとよく相談を受ける。出世を阻む要因は、西洋人重役がアジア人は上級管理職に必要な自信に満ちた態度を持ち合わせないと誤解することらしい。多くの西洋人重役が上級管理職に自主性を求めることを考慮し、上級管理職に昇進できたアジア人の多くは意識的に会議で口数を増やすなど、自主性アピールのプランをしっかりと練っていた。また西洋人重役もアジア人との会議ではどのように話すべきなのか考える必要がある。CQに関連した戦略のレベルが高くなると、アジア人が会話の途中で割り込んだりせずに順番を守って会話することなどの文化によって異なる会話のパターンを把握し、文化規範を考慮した場合にアジア人とは何をどう話すべきなのか会話の前に考えてシミュレーションができるようになる。その後自身の発言がどのように受け止められたのか確認もできるようになる。いずれの文化へ異文化適応をしようと、この類の高レベルの認知プロセスを使ったスムーズな異文化コミュニケーション力が身につくと、異文化適応はやりがいのある最高の体験になる。最終的な目標は前もって異文化適応のプランニングを行い、的確にその場の状況を把握し、会話しながらも周りの状況に気づく力を維持し、自身の異文化適応がうまくいっているかどうかを確認する、その一連の能力を高めることにある。

「チェック」の過程では状況を誤解したり、周りの人の言動についてわけが分からず混乱したりするような状況が起きても、それを心に留めておくことが必要だ。非常にCQの高いリーダーでさえ、馴染みのない文化圏では即座に理解しがたい出来事や行動に出くわして困惑することは大いにありうる。そうなったらリーダーは思い込みを一旦脇に置き、困惑に満ちた不慣れな状況特有の居心地の悪さと向き合おう。CQに関連した戦略は、特定の文化圏で場の状況が理解できずに自身が混乱している状態を受け入れ、その文化圏で未知の事柄があることをリーダー自身が認識することも含む。というのはこのような受容や認識が最終的には状況の正確な判断や把握につながるからだ。このような異文化適応法を知っていれば、文化的に多様な状況でガッツだけでリーダーシップを執ろうとしたり、異文化圏で文化差にお構いなくいつも通りの方法でビジネス取引を行ったりするリーダーよりも、遥かにCQの高いリーダーシップへの準備ができていると言える。リベリアのジョーンズ博士から情報を得ようとした際の私の行動は相当不適切だったが、同僚のモージスの意見を参考にしながら時間をかけて会話の内容を反芻して代替戦略を練ったことが、最初の八方塞がりの状態から抜け出す上で功を奏した。その後リベリアでの会話は全て前もって計画し、今会話をしているリベリア人のリーダーが私のアプローチや質問にどう反応しているのか、十二分に観察もした。さまざまな意味でこの異文化適応戦略は私のリベリアへの旅を「時間の無駄」から「目的をしっかり達成する」実りある出張へと変えたのだ。

我々が日常生活で経験する異文化の数があまりにも多いことを考えれば、出会った文化の氷山の深層部で何が起きているのか、全て正確に理解することは非現実的だし実質不可能だろう。それどころかかなり近しい関係の相手でも、相手の文化の氷山の深層部を正確に理解することは相当難しいはずだ。家族の中で紅一点ならぬ黒一点である私は、女性が多数派の家の中で何が起きているかさえよく誤解しがちだが、少なくとも自身の思い込みが正しいのかどうか観察したり、プランニングを正確に行えるよう気づきのアンテナをしっかり張っておくと、異文化圏でのリーダーシップ能力を高める上で役立つ。CQに関連した戦略の一つ「チェック」は、私たちの異文化圏での状況判断が正しいのかどうか、またその判断に基づくプランニングが効果的なのかどうかなどを確認する上で有用だろう。

結論

最終的に我々はモンロビアのジョーンズ博士やマディソン・カレッジとは提携しないことになったが、最近ハリス博士がマディソン・カレッジの教授職から退かれたと耳にした。私は今もあのハリス博士とのうまく進まなかった会話から得た学びを異文化適応に使っている。というのも現在中国の組織と提携を結ぼうとしている最中で、ある中国人リーダーについて全く噛み合わない意見を耳にすることになったからだ。「そのリーダーが関わっていなければ、この地域では何のビジネス取引も進められないよ。」と教えられた矢先に「そのリーダーと提携するのは危険だからやめた方がよい。」と忠告する人もいるという具合だ。どのような提携先の身辺調査も決して一筋縄にはゆかないものだが、CQに関連した戦略はどのように必要な情報を得るべきかシミュレーションやプランニングをする上で役立った。中国とリベリアは言うまでもなく大幅に文化が異なるが、リベリアでの気まずい異文化体験から得た適応戦略は、中国での提携先探しに十分応用できるものだった。

一旦CQに関連した戦略の具体的なスキルを学んだら、どのような関係や状況にもその応用は可能なのだ。ゴスロリファッションに身を包んだ若者を一目見てどんな人か一般論で決めつける前に「あの黒い服、ピアス、タトゥー、音楽の裏には、どのような想いや哲学があるのか。」と考えを巡らせることくらいはできるだろう。「特定の状況でのジョークへのリアクションと、本社で同じジョークを言った際のリアクションの差はなぜ生まれるのか。」と自問自答もできるはずだ。

CQに関連した戦略はさまざまな意味で重要だ。馴染みのある状況でしか通用しない普段通りのやり方に頼りきるよりも、異文化での適応戦略の意識的なプランニングはクリエイティビティを刺激し革新的なアイデアを生み出すだろう。気づく力の高い状態を意識的に維持できれば、自身の異文化圏でのプランニングが適切だったかどうか自省を促すだろうし、「チェック」を行えば自身のプランニングに基づく行動を観察した上での異文化適応戦略の軌道修正や革新が可能になるだろう。

CQに関連した戦略の実践

1 「なぜ? なぜ?」戦略を使うこと。何度もなぜなのか自問自答することで、(ガイドラインとしては五回なぜか問うてみよう。)問題の深層部に迫ることができるだろう。たとえば、

*日本から契約書類が届かないのだがなぜ?

*日本人の取引相手は、我々が退室する前に契約書にサインしようとしなかったのだが、なぜ?

*日本人の取引相手は、スーザンが彼らの担当ではなくなったことを快く思っていない様子だったのだが、なぜ?

＊日本人のリーダーから信頼を得るには時間を要するのだが、なぜ？

＊なぜならば、「信頼は契約書類上ではなく人間関係の上に成り立つものだから」だそうだが、なぜ？

周りの人に「なぜ」か理由を問う際は責められていると相手に感じさせてしまい、攻撃的に出てこられることのないように注意を払う方がよい。自問自答のために自身で使う分には非常に有益なはずだ。

2　異文化体験の振り返り日記をつけてみるとよい。図6－1の絵のように何か絵の説明を書き出して確認するなどの簡単なもので構わない。異文化コミュニケーションの状況の詳細を書き出し、その状況への質問や発見などを書き出してゆく形でもよいかもしれない。後で何が書いてあるか十分に見直そう。同僚数名と一緒に振り返りを行って、互いのメモを見て意見交換するのもよいだろう。

3　見たり読んだりしたものの中の異文化圏に関する事柄をじっくり検討してみよう。学会誌や新聞を読んでいる際や、映画を見ている際などに扱われている異文化理解のシナリオを観察し、自分ならどう対処するか考えてみよう。すぐさま問題を解決しようとするのではなく、気づく力を上げてプランニングを行い、プランニングが適切かどうかをチェックできる方法を見つけよう。

4 シミュレーションやプランニングをしっかり行おう。異文化との接点が多い状況で慣れない任務に携わる際には、自分の文化圏で同じ任務を行う際と、どの程度異なるアプローチにするべきなのかしっかり考えるようにしよう。自分よりその文化に詳しい相談できる相手を見つけておくとプランニングがスムーズだ。

5 異文化のコーチになってくれそうな人を見つけよう。長期間にわたって特定の文化圏と接点を持って働くのならば、その文化に関するコーチやメンターになってくれる相手を見つけておくとよいだろう。その際は異文化コーチや異文化メンターの以下の項目についてしっかり確認しよう。

*コーチ自身の文化圏と他の文化圏が、どのような点がどのように違うか区別して認識できているかどうか。

*コーチ自身と文化の異なる人々に対する気づきがある人なのかどうか。

*読者諸氏の文化（国単位での文化も職業文化も含む。エンジニアの文化とヘルスケア産業の文化の違いなど。）についてもよく知っているかどうか。

＊コーチ自身が複数の文化圏を股に掛けて仕事をした経験を持っているのかどうか。
＊コーチはよく「質問」をするタイプなのか、何をすべきか「指示」をするタイプなのか。
＊コーチの文化圏ではどんな性格の人が一番イライラされて嫌われがちか、しっかり言葉にして説明できるかどうか。

文化に関する気づきの目線や尺度をしっかり持った異文化コーチが一番望ましい。このようなコーチやメンターを見つけておけば、異文化圏で駐在業務や交渉に取り組む際に「なぜ？なぜ？」戦略を使う時どのような質問をするべきで、どのような事柄への気づきが必要か考える際に、大いに力添えしてくれることだろう。

第7章　ＣＱを用いた行動

――異文化圏でもある程度偽りのない自分自身でいるべき

二年前サイモンはシカゴの急成長中の会社のＣＥＯ職を辞して、ニューイングランド地方（訳者注：米国北東部）の私立の小さなリベラル・アーツ・カレッジの学長になった。その大学は長年優れたリベラル・アーツ教育を提供することで有名だったが過去十年は諸々伸び悩んでいた。組織構造は柔軟さに欠け、入学者数は減少傾向にあり、教員、職員、学生のどこをとってもダイバーシティは見受けられなかった。一見サイモンとその大学はとてもよい組み合わせに見えた。サイモンが常に教育に高い価値があると考えていることは、シカゴ大学で経営学の博士号を取っていることから明らかだ。サイモンは組織に入ってゆき改革を起こすことに長けている革新家でもあり、カリスマ性のあるリーダーでもあり、

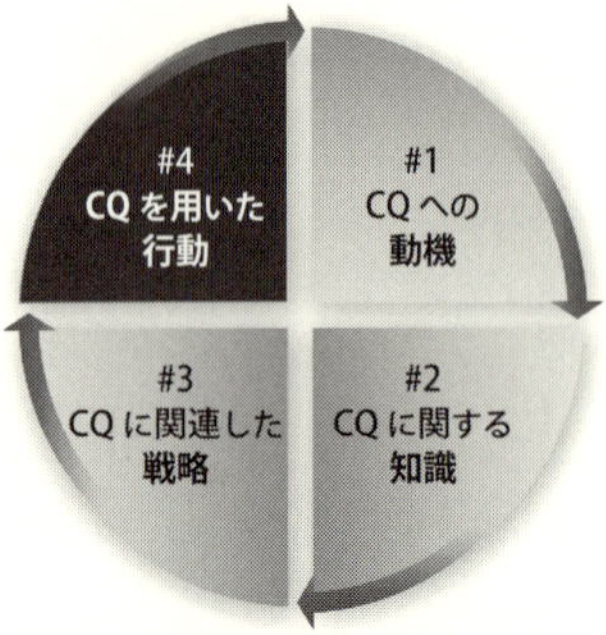

CQを用いた行動： どの行動を修正するべきなのか？ 異文化間で折衝に当たるときには、言語と非言語のコミュニケーションを適切に変えなくてはならない。	
CQの高いリーダーの特徴	CQを用いた行動の能力の高いリーダーは他の3つのCQに関する能力をうまく使い、自身のモチベーションを高めたり、理解を深めたり、計画を行動に移したりすることができる。つまり状況に応じてうまく使い分けることのできる、幅広い行動の選択肢を持っていることになる。

（訳者注：白人が半数以上を占める米国社会で少数派の）中華系米国人としてのアイデンティティを持っているため、自ずと異文化に関心を寄せる傾向にもあった。学術業界のリーダーのCQに関する研究に参加してくれた際に初めてサイモンに会ったがサイモンは自分が優等生タイプで、自身も周りの人のこともコントロールしたがるタイプのリーダーだと自認している。ジムに通い詰めていて常に着ている服が筋肉ではち切れんばかりで、オフィスはいつも驚くほど整理整頓されている。人を惹きつける笑顔は影響力の強いサイモンの性格とよくマッチしている。

サイモンは大学での最初の二年間が、今まで経験した仕事の中で一番きつかったと話してくれた。これはただごとではない。サイモンが最後にリーダーシップを執った会社は、彼の就任直前に破産宣告していたにもかかわらず、サイモンの就任から三年も経たないうちにこの四半世紀での最高額の年間収益を叩き出し、見事な大逆転勝利を巻き起こしている。また以前サイモンがリーダーシップを執った別の会社も、就任前には経営危機だったが就任後すぐに逆転して利益計上した。彼の華々しい経営再建の経歴にもかかわらず、サイモンは大学では困難の壁にぶつかっていた。大学でリーダーシップを執った最初の二十四ヶ月間、サイモンはほぼ全く何の実績も残せなかったのだ。大学の財政状況は健全で入学率も横ばいだったが、サイモンがこれまでに成し遂げてきた経営再建の実績とは程遠いものだった。

サイモンは学術業界のサブカルチャーにもかなり理解のある方だ。企業でうまくいったリーダーシップをそのまま大学に当て嵌められるとも考えていない。彼が今暮らしているニューイングランド地方のコミュニティは、これまでにないほどダイバーシティの見られない場所だが、うまく文化適応もできていた。サイモンは勤めているリベラル・アーツ・カレッジが起死回生するところを見たかったし、低迷中の大学が返り咲けるようビジネスと教育の知識を総動員して取り組んだのだが、大学にはこれまでリーダーとして経験したことのない、効果的にリーダーシップを執りがたいと思わせる何かが巣食っていた。

サイモンを大学に訪ねた際に大学の将来構想についての会議に招き入れてくれた。すぐさま私はサイモンのプレゼンに聞き入った。プレゼンの内容は重要な事柄ばかりで、ユーモアも交えられ、大学にとって魅力的な将来構想の提案に見えた。もし私が会社の社長ならサイモンに仕事をオファーしているところだが、部屋を見渡してみて呆れ顔でサイモンを見ている人のあまりの多さに気づいた。教員も職員もこれ以上ないほど退屈そうで、いかにもやる気がなさそうだ。もし話しているのが私なら生気を吸い取られてしまいそうな、何とも言えない重苦しい雰囲気が漂っていた。サイモンはじっと黙って耐えていたが、ともすればサイモンのカリスマ性とプレゼンの威力は、長く話をすればするほど色褪せてゆきそうだった。

サイモンが対峙したような過酷な状況においても前進し続けるモチベーション（CQへの動機）は非常に重要だ。さらに自身がリーダーとして統括する相手のさまざまな組織文化、国レベルの文化、民俗文化に関する知識（CQに関する知識）は必要不可欠だろう。またその知識に基づいて計画を立てたり正確に状況を把握する能力（CQに関連した戦略）を持つことも必須だ。しかし最終的には「この状況で効果的にリーダーシップが執れそうか。」「このグループに共通の目的に向かって頑張れるよう、効果的かつ確実な方法でモチベーションを上げるよう働きかけることができるか。」と自問することも必要だろう。リーダーシップは最終的には業績が上がったかどうかでしか判断されないからだ。

CQの四能力の最後のステップ「CQを用いた行動」は一番肝心要の正念場だ。誰かが話をしている際にそれが何の話なのか、文化背景を把握して理解できているだろうか。スムーズにコミュニケーションが取れているだろうか。自身がリーダーとして統括する人々に敬意を持って接し、自分に正直でありながらも必要に応じて行動を変えることができているだろうか。CQを用いた行動は文化を越えてコミュニケーションを取る際に、言語や非言語のコミュニケーションを適切に変えることを指す。肝心なのは自分自身を偽ったり取り繕ったりすることなく、異文化圏で業績目標に到達するためにどの行動を変える必要があるのか的確に把握することだ。本書の冒頭でも伝えたようにCQモデルの革新的な側面は、特定の文化圏での望ましい行動やタブーについてマスターすることではなく、自身の視点や見解など内面の変化を重要視している点だ。文化の本質を理解することなく、上辺だけで行動を変えようとすると行動や思考に柔軟性がなくなり、異文化圏でリーダーシップを執り続けてゆくための持続可能な方法ではなくなってしまうからだ。文化の本質を理解して、自身の内面から変化し続けられるかどうかの度合いは、行動を通じて周りの人に与える印象を通じて知ることができる。

行動を異文化に適応させる最も効果的な方法は、他の三つのCQに関する能力を通じて行動を変えることなのだ。CQを用いた行動は原則的にはCQへの動機、CQに関する知識、CQに関連した戦略の三つをうまく活用できた成果だ。つまりある意味では本書の大部分はCQを用いた行動に至るまでの過程についての説明だとも言える。我々のCQが高いかどうか周りの人が知ることのできる唯一の手がかりは我々の言動だからだ。しかし必要に応じて変えるべきリーダーシップに関する行動はほんの少ししかない。CQを用いた行動は、発話、言語、非言語の三側面を含む。この三つの側面は、どのようにリーダーとしてCQを用いた行動のレパートリーを増やすべきか、その方向性や方法を浮き彫りにするだろう。CQを用いた行動は、コミュニケーションの方法を文化に合うよう変えること、リーダーシップの執り方や行動を変えること、どのような場面で行動を変えるべきか変えるべきでないかを見極めることを通じてその精度を高めることができる。

CQを用いて行動するために行うべきこと

1　コミュニケーションのスタイルを変える。

2　リーダーシップのスタイルを変える。

3　どのような場合に行動を修正するべきで、どのような場合には修正の必要がないのかを知る。

重要な質問：この異文化圏でのプロジェクトで何を異文化適応させるべきか。

コミュニケーション・スタイルの適応

ＣＱに関する知識について詳述した第４章で効果的にリーダーシップを執るに当たっての言語の重要性について述べたが、将来構想を述べるにせよ、信頼関係を築くにせよ、指示を出すにせよ、意見の衝突について触れるにせよ、目的が達成できるかどうかの大部分は効果的かつ明瞭に、敬意を持ってメッセージを伝えることができるかどうかにかかっている。コミュニケーションとはただ単に伝えたい事柄を口に出しさえすればよいというものではなく、肝心なのは言いたいことが正確に伝わるかどうかなのだ。ほとんどのリーダーシップに関する本にはコミュニケーションの重要性についての章がある。私の目にはサイモンのコミュニケーションは明瞭かつ内容も申し分のない完璧なものに見えたが、大学の教員や職員はそのメッセージを私とはかなり違う受け止め方をしていたようだった。何人かに訊いてみると、サイモンが語っていたビジョンに全く勇気づけられてもいなければ、何の希望も感じていなかったと分かった。「サイモンはこの大学をビジネスモデル化したいだけのただの余所者だ。」という意見が多く、何人かの教員は頻繁にサイモンが「ボトムライン」「企業心」「資本化」などのビジネス分野の語彙を頻繁に使うことに違和感を感じ、サイモンが学術業界のことなど全く何も分かっていないと感じているようだった。加えてサイモンはよくビジネスマンとしての自身の経験に言及する上、学術業界で甚だ不評のオンライン学位プログラムで成功したフェニックス大学を「成功事例」として例に出すことへの顰蹙などから、熱意あふれる明瞭なプレゼンも教員の心には全く届いていなかった。職員も似たような反応を示していたが、職員の反応に共通していたのは「サイモンがずっと大学の改革に熱意を示し続けていることがかえって胡散臭い。」という意見だった。ほとんどの職員は落ち着いた雰囲気のニューイングランド地方出身の人々で、熱意溢れる暑苦しいプレゼンを延々と聞かされるとまるで物を売りつけられているように感じるらしく、サイモンのプレゼンを同僚の大学の将来に関する真剣な話というよりも、入念に準備されたパフォーマンス以上には受け止めていなかった。ある女性職員はサイモンを「中古車のセールスマン（訳者注：サイモンが大学のコミュニティを騙して乗っ取ろうとしているという意味の侮蔑）のようだ。」と形容したくらいだ。この地方の大学文化がよしとするものは、今までのサイモンのリーダーとしてのコミュニケーション・スタイルとは完全に真逆だった。この類の日常生活の中に存在する文化差は何かと見落とされがちだ。大学関係者の中にサイモンのアジア系の文化背景がコミュニケーションの障壁になっていると言及した人は一人もいなかったが、米国中西部出身で企業での長いキャリアの中で培ったサイモンの文化背景は、大学の同僚とのコミュニケーションには相当大きな障壁となっていたようだ。

新しい文化圏で効果的にコミュニケーションを取る能力がすでに身についているなら、他の三つの

ＣＱに関する能力が身についた結果、ＣＱを用いた行動が能力として実った結果だとも言える。ＣＱへの動機であるモチベーションやエネルギーレベルは、新しい文化圏で信頼関係を築いたり、一緒に働く人々のモチベーションを上げたりできるコミュニケーションの取り方を学ぶ上で必須だ。異文化圏に関する知識（つまりＣＱに関する知識）は、どのような価値観や文化システムがその文化圏では主流で、どのような言葉を使うべきなのか、また避けるべきなのかを見極める上で重要だ。ＣＱに関する戦略に該当する高レベルの計画、気づき、チェックは実際にコミュニケーションを取る上で必要になる。異文化圏でコミュニケーションを取る際に注意が必要なのは、言葉遣い、伝え方、非言語コミュニケーション（訳者注：ジェスチャーなど）の三つだ。

言葉遣い

特定の文化圏でビジョンや将来構想を語る上で適切とされる言葉は、別の文化圏では猜疑心や不信の元ともなりうる。サイモンのプレゼンを的を得ていると感じて勇気づけられる思いで耳を傾けるであろう、たくさんの異文化圏出身の知人友人の中に顔が何名も思い浮かぶが、サイモンの同僚の大学関係者はそうではなかった。私がサイモンのプレゼンに勇気づけられたかどうかが問題なのではなく、彼のチームにとってそのスピーチが勇気づけられるものではなかったことが問題なのだ。

異文化圏でリーダーシップを執る際の言葉遣いについて考える際には、会話のトピック、依頼、謝罪、お世辞についても併せて考える必要があるだろう。

会話のトピック

異文化圏で行動を適切に変えるためには、さまざまな状況でどのような議論のトピックが適切なのか知っておくことも含まれる。仕事関連の会話にも当てはまるが、カジュアルな小話などの際にはより重要だ。最初の方の章でも述べたが、場合によっては仕事後の飲み会の方が職場での会話よりも遥かに神経を使う文化圏もあるが、職場での小話は何かと重要だ。

私自身の文化圏では親しい友人との会話でも、一線を越えていて不適切だと思われがちな年収や持ち家の値段についての質問を、異文化圏出身者から平気でされることがある。また子供に人を形容するときに決して使わないよう厳しく教えている、「太っている」という表現で容姿を揶揄されている同僚と働いたこともある。しかしお金や容姿に関する事柄は、文化圏が変われば失礼だと考えられないこともある。アフリカ文化圏では肥満体が食に困らず豊かであることを意味するために「太っている」は賛辞と受け取られがちだ。また私が知らずに失礼な振る舞いをしていて気まずい思いをしたこともある。異文化圏出身のシングルの友人に恋愛遍歴について訊ねた際、その類の質問がその文化圏では一線を越えた踏み込み過ぎた質問だと後で知って冷や汗をかいたり、家族の話をするべき文化圏で遠慮から家族の話を振りそびれたり、自分の家族の話をしそびれたりと言った具合だ。

他にもまだある。よっぽど議論が許される明瞭なサインがない限り、一般的に北米では政治や宗教の話はご法度だが、多くのドイツ人は実のある議論を行うためにはタブートピックについてもあけすけに思いの丈を話した方がよいと考えがちだ。ドイツ人にとって誰かを理解することは、さまざまな事柄や社会問題に対する相手のスタンスも含めて理解することであり、タブートピックの討論が会話の糸口となりうることを意味する。一方で中国では初めて会った相手を理解する方法がかなり異なっており、会話に花を咲かせて互いに口角泡飛ばして議論するよりも、互いの家族の話から始まることが多い。そうしてある程度人間関係ができた後で、社会や政治について議論するのが適切と考えられがちだ。また北米人や日本人は夕飯時にまで長々とビジネスの話をしたがるが、英国人はビジネスの話は就業時刻以降にはすべきではないと考えがちだ。会話の戦略や適切なトピックを個々の文化慣習に合わせて選ぶことも、我々が異文化圏で行動を変えるべき事柄の一つだろう。

依頼の仕方

高名な言語学の研究者であるヘレン・スペンサー＝オーティー氏が、誰かに何か物を頼む際のコミュニケーションの方法にも文化によって差があると著述している。中国のような婉曲的なコミュニケーションが好まれる文化圏出身者は、依頼をする際に提案と言う形を取ることが多いのに対し、米国やイスラエルのような物言いが直接的な文化圏出身者は、命令や直接的な依頼という形を取ることが多い。予算報告書を書くよう依頼する方法についても、直接的な物言いから非常に婉曲的なものまでさまざまに存在する。

＊「予算報告書を書きなさい！」

＊「予算報告書を書いて欲しいんですが……」

＊「予算報告書を書きませんか？」

＊「予算報告書を書いていただけます？」

＊「予算報告書を書いた方がよくないですか？」

リーダーはその文化圏で人々が直接的な物言いを好むのか間接的な物言いを好むのか、しっかり理解した上で依頼の際にも伝え方を変える必要がある。このようなコミュニケーション・スタイルの好みは、各文化の権力格差や上下関係の強さなどによっても違いがある。婉曲的なコミュニケーションを好む文化圏では、権力格差が大きい場合は年長のリーダーが直接的な命令を部下に下す場合もある（中国人のボスは予算報告書の作成についてはアシスタントにかなり直接的な命令を下しがちだ）。しかし逆に部下から上司に依頼をする際は、相当遠回しな婉曲的なコミュニケーションが期待される。同僚同士もどちらか一方が他方に対して権力があるかのように見えないよう、婉曲的なコミュニケーションをとることが期待される。どの程度の婉曲表現を用いたコミュニケーションを取るべきか知るためには、上下関係の構造の中で自身のポジションがどのあたりだと周りから認識されているか理解する必要がある。

フランス駐在中の北米人スザンヌはパリで買い物をした際に、依頼のコミュニケーション・スタイルの重要性を学んだ。スザンヌはフランス語が流暢だが、それだけではコミュニケーションの問題の解決には至らなかった。フランスへの赴任直後スザンヌはフランス人が米国人を嫌いだという認識を拭えなかった。店員に欲しいものを置いているかどうか尋ねようと「口紅はお店のどこにありますか？」と質問すると、決まってそっけない生返事が返ってきたからだ。ある日フランス人の友人がこう提案した。「店に入ったらまず『ちょっと教えていただけませんか？』って店員さんに訊いてみたらいいかもね。きっと『もちろんですとも！』って答えるだろうから、その後で口紅がどこにあるか訊いてみたらいいんじゃない？」と。スザンヌは早速そのコミュニケーション・スタイルを試してみたところ、信じられないほどスムーズに事が運んだ。店員の態度がガラリと変わったのは、スザンヌがただ要求を突きつけるだけの感じの悪い客から、店員の助けを求める人へと立場を変えたからだ。スザンヌは似たコミュニケーションを職場で同僚や部下にも取っている。小さなコミュニケーションの軌道修正により、依頼の受け止められ方がガラリと変わることにスザンヌは感銘を受けた。言葉遣いのちょっとした差で目的が成し遂げられるかどうかの幸先はガラリと変わるものなのだ。たった口紅一本買うことであっても、ビジネス交渉の会話の主導権を取るための第一歩であっても。

訪れる先々で私がまず覚える現地の言語の重要なフレーズは「すみません。私は現地語が話せないのですが英語をお話しになりますか？」だ。そう尋ねることで、私は全員が英語で対応してくれて当たり前だと思い込んでいる感じの悪い米国人ではなく、助けを必要とする人として相手の目に映るからだ。現地語でこのフレーズを言えなくても、相手が英語を話すかどうかまず最初に訊いてから会話を始めることで、全員が英語を喋るべきという前提で会話しようとしていないこと、自身が助けを求めている外国人であることを相手にスムーズに伝えることができるだろう。

謝罪の方法

いつどのように謝罪すべきか把握することも、コミュニケーションの難しさの一つだ。ほとんどの文化圏では失礼なことをしてしまったら、何らかの謝罪をすべきだと考えられているだろうが、何が失礼に当たり、どのように失礼を詫びるのが適切なのだろうか。

カナダの家庭で育ったら、人にぶつかるのはよくないという考えが主流なので「ごめんなさい」と家の中でも年柄年中言い合うが、ブラジルで人にぶつかって「すみません」というと、現地の人に「何にも悪いこともしていないのに何を謝っているの?」と訝しげな目で見られるに違いない。私の文化圏では、人に必要以上に近づいて相手のパーソナル・スペース（訳者注：不適切と思われるレベルの近すぎる対人距離）に入るのはご法度だが、ブラジル人の多くは互いに近い位置に立ちパーソナル・スペースを共有するのは日常茶飯事といった具合だ。相手の文化規範を考慮して、どのタイミングでどのような方法で同僚に謝罪すべきか学ぶことは非常に重要だ。Pタイム（訳者注：ポリクロニック）文化圏出身者は会議への一時間の遅刻を何とも思わないかもしれないが、CQが高ければMタイム（訳者注：モノクロニック）文化の人を一時間待たせたら謝罪すべきだと理解するだろう。肩書きによる上下関係が重要な文化圏では何も失礼なことをしていなくても、肩書きの低い人は高い人に敬意と謝罪がちな低姿勢をもって接することが期待される。その文化圏出身ではなく余所者で、この類の上下関係には詳らかでないと周りから思われているなら、全てを真似する必要はなくとも、この類のコミュニケーション・スタイルの重要性や意義を把握しておく必要があるだろう。

韓国のメール広告の大半は「迷惑メールをお送りしてすみません」という一文で始まる。韓国では謝罪で始まる迷惑メールは信用の証だが、同様の文面は北米では自信のなさや立場の弱さと受け止められかねない。今仕事をしている文化圏では、どのタイミングでどのように謝るのが適切なのか、把握しておく必要があるだろう。

二〇〇一年に米国の偵察用航空機と中国軍用機が南シナ海で衝突した際、米国連邦政府が中国に謝罪をすべきかどうかでかなり揉めた。中国の外務省は米国連邦政府が全責任を負うべきと主張し、米国国務長官だったコリン・パウエル氏は中国の軍用機の操縦がかなり大胆だったのが衝突の原因だと謝罪を拒否した。謝罪は何かがなされた際に、誰がその責めを負うべきかについての実利的な理解に基づくものだ。中国側の見解は「和をもって尊しとなす」の価値観に基づく状況を大局から見ての見解で、誰の責任か詳らかにすることよりも、不慮の事故が起きたことを認めて謝罪する意思の有無に重きが置かれていた。そのため中国側の怒りは彼らの空域を許可なく米軍機が飛んでいたことよりも、米国側から謝罪の意思が皆無だったことへの怒りだと言える。個人主義と集団主義、普遍主義と個別主義など文化的価値観に関して気づきが深まるにつれ、CQに関連した戦略は異文化に関する理解や知識を元に、その場に応じた適切な方法での謝罪へと読者諸氏を導くことだろう。

お世辞

お世辞を言ったり言われたりするのもCQを要するコミュニケーションの一環だ。お世辞を言われたら素直にお礼を言うべきなのか、それとも自慢たらしく見えないよう話題を変えるべきなのか。同僚や部下にはっぱをかけたいなら、人前でその人を褒めるべきなのか、二人だけの時に褒めるべきなのか、それとも全く褒めないべきなのか。お世辞は言葉で伝えるべきなのか、ギフトで伝えるべきなのか、それとも別の方法で伝えるべきなのか。多くの西洋文化圏では、お世辞への反応として多いのはお世辞を否定せず「ありがとう」と受け取ることだが、多くの東洋文化圏では真逆で、日本や中国ではお世辞は否定するのが適切とされている。もちろん同じ文化圏出身でも性格や育ちなどで個人差の出そうな事柄なので、やはり異文化圏で人を褒める際にはCQに関連した戦略の気づき、プランニング、チェックは重要だ。

部下を誉めればやる気を出したり業績を上げ続けたりしてもらう上で役立つと思うかもしれないが、部下と上司の関係に不必要に個人的な事柄や一線を越えた親しさを持ちこんだりしては、部下のやる気を失わせることになりかねない。個人主義文化圏出身のリーダーは仕事の出来のよいスタッフを名指しで人前で褒める傾向にあるが、目立たないことが美徳と教えられて育った集団主義文化圏出身のスタッフは、人前で褒められると気まずいと感じかねない。他方で個人的な励ましやサポートをあまり行わない集団主義文化圏出身のリーダーを、個人主義文化圏出身のスタッフや顧客は感謝の足りない上司だと不満に感じるかもしれない。

効果的なリーダーシップは言葉のやり取りに大きく影響されるのだ。同じ職場で複数の異なる言語が使われている場合は、ますますスムーズにリーダーシップを執るのが難しくなるため、新しい言語を学ぶ意思や効果的な通訳の使い方を学習する気構えのあるリーダーが求められる。文化を越えてコミュニケーションを取る際には、謝罪やお世辞などコミュニケーションの基本的な事柄も、リーダーシップに強い影響を与えることを覚えておくと何かと役立つだろう。

伝え方

言葉と同じくらいメッセージの伝え方も重要だ。サイモンが大学関係者を不快にさせたのは、言葉選びだけの問題ではなくメッセージの伝え方の問題でもあった。その場に応じて適切な語句が選ばれていても、メッセージの伝え方次第で誤解が起きる可能性は大いにあるからだ。CQの高いリーダーは、個々の文化圏でどのコミュニケーションが書面で伝えられるべきで、どのタイミングで電話をするべきで、どのタイミングで対面で話し合うべきなのか学ぶことになるだろうし、聴衆に応じて適切に熱意、話すペース、伝え方のスタイルを適応させる方法を学ぶことで、異文化圏での自己効力感を高めてゆくことができるだろう。上下関係意識の薄い文化圏出身のリーダーは、事務員にも副社長にも同じように気さくに話しかけるだろうが、上下関係意識の強い文化圏では必ずしもそれが適切とは限らない。コミュニケーションの非言語の側面について後ほど詳しく触れるが、言葉がどのように話されたり伝えられたりするべきか、そのマナーについても詳しく見ておく必要がある。

英語の母語話者は英語が第二言語である人との会話で話し方の修正をしくじることが多い。かくいう私もその一人で今もうまく伝え方を変えられるよう試行錯誤中だ。ニューヨーク育ちの私は要点を単刀直入に早口で適宜熱意も交えて喋ることに慣れている。英語が母語ではない人と人前で話す際には特にスピードを落とすことを意識しなくてはならない。英語の非母語話者も含む聴衆と人前で話す際にコミュニケーションの精度を上げるためには以下の事柄が重要だ。

＊兎にも角にも話すスピードを落とす。
＊発音を意識的に明瞭にゆっくりと話す。
＊ネイティブしか知らなそうな会話表現やイディオムを使わない。
＊同じ事柄を異なる表現を用いて、繰り返し要点を何度か伝える。
＊冗長な大量の情報を含む長い文章を使わない。
＊話の要点を視覚でも理解できるもの（例：絵、写真、グラフ、表など）も使って伝える。
＊プレゼンの内容が偏らないよう、経験談などの話の部分と原理や原則などの部分をバランスよく配分する。
＊内容の要約を書面でも配る。

＊一気に話さず普段より話の切れ目を多めに入れて話す。

この九つの方法は英語が母語でない人との小グループや、一対一での会話でも役立つだろう。伝える内容が嘘くさく聞こえないよう、双方にとって気分のよい伝え方を見つける必要があるだろうが、同時に多様な聴衆に対応できるよう、自然な母語での伝え方の何をどのように修正すべきか学ぶ必要もある。サイモンの場合彼が一番慣れ親しんだスピーチのスタイルを維持しつつ、ニューイングランド地方の学術業界のサブカルチャーに合わせた独自のスピーチの修正法を編み出す必要があったということだ。伝え方を適宜修正したら、聴衆が理解できているかどうか確認を入れるとよいだろう。「私の話は明瞭でしょうか？ ご不明な点はありませんか？」と質問するだけでなく、聞き手の理解度が分かるような質問やアクティビティを入れる、その文化に詳しいコーチに前もってプランニングした異文化適応内容で問題がないかどうか見てもらうなどの対応も適宜必要になるだろう。

ジェスチャーなどの非言語コミュニケーション

「意図していなくてもコミュニケーションは起きている。（訳者注：心理学者ポール・ワツラウィック氏の名言）」という言葉をよく耳にする。言葉や伝え方は確かにコミュニケーションで重要な役割を果たすが、非言語で伝えられることの割合の方が大きかったりするものだ。文化が相手との適切な距離、ボディタッチ、姿勢、ジェスチャー、顔の表情、アイコンタクトなど非言語コミュニケーションにどのような影響を及ぼしているか注意を払うことも重要だ。

相手との距離

対話の際に自分が適切だと思う対人距離以上に相手に近づいてこられて、気まずい思いをしたことのある人は少なくないはずだ。適切な相手との対人距離も文化によって定義されている。アングロサクソン系文化圏では五十センチが妥当とされるのに対し、ラテン系文化圏では適切な対人距離は三十五センチと全く異なり、アラブ系文化圏に至っては二十五センチとアングロサクソン系の約半分まで縮まる。対人距離の小さいアラブ系の人が対人距離の大きいアングロ系の人に近づきすぎると、まるで遠慮のないガツガツした人かのような印象を与えかねず、またアングロ系の人が適切な対人距離を保つとアラブ系の人にはまるで人を寄せ付けない冷たい人であるかのような印象を与えかねない。対人距離の感覚は異文化圏で研修を行う際の座席の間隔にも、オフィスのレイアウトにも、ボスがスタッフと会話をする際にも影響するものなのだ。対人距離がどのようにコミュニケーションに影響を与えるのかしっかり注視し、必要に応じて柔軟に対人距離を修正できるようにしておくとよいだろう。

ボディタッチ

西洋文化圏では何かと握手の機会が多く、適切な挨拶として広く世界中のビジネスの場で受け入れられているが、どのくらいしっかり固く手を握るのか、握手の長さ、どちらから先なのかなどは文化圏によって大きく異なりうる。取引先を出迎えるために並んで立っている人が何人か居れば、取引先の社員はステータスの高い人から順に全員と握手をしなければ失礼に当たるだろう。相手の肩や背中に手を触れるのは、文化によって適切とされるところとそうでないところがある。どのようなボディタッチが適切か考える際は権威、ジェンダー、年齢の差を考慮する必要がある。たとえば権力格差の大きい上下関係意識の強い文化圏では、職位や地位により適切な握手の方法が異なる。地位の高い人と握手をする際は地位の低い方の人が握手をしている間、ずっと自分の右腕に左手を添えて支えながら握手をすることが期待されていたりする。アフリカ文化圏ではヨーロッパや米国に比べると、優しい柔らかめのゆっくり長めの握手が好まれる。このような握手のヒントもリーダーシップに役立つものだ。自身や相手の握手などの行動にしっかり気を付けてみるとよい。基本的にボディタッチが少ないと思われがちな文化は北米、北欧、アジアだ。逆にボディタッチの多い文化はラテンアメリカ、南欧、東欧、中東だ。もちろんボディタッチの頻度や回数にも個人差があることもお忘れなく。

姿勢

どのように座り、立ち、お辞儀するかについて、明示もされていなければ存在を意識されることすらほとんどない、個々の文化独自のルールがあるものだ。文化によっては年齢、性別、地位の高さにより、どこにどのように身を置くべきかまで決まっていたりする。お辞儀は日本や韓国やタイなどの文化圏では重要な非言語コミュニケーションだ。この三つの文化圏でのお辞儀に関する暗黙の了解はかなり複雑で、当該文化の部外者には非常に分かりにくい。CQの高いリーダーはこのような暗黙の了解に圧倒されるのではなく、特定の姿勢はお辞儀文化圏で失礼に当たらないと理解していて、どのような姿勢がお辞儀文化圏では失礼に当たるので避けるべきなのかも把握しているものなのだ。

ジェスチャー

会話をしたり演説をしたりする際に、人はジェスチャーを多用する。言葉で話された内容が理解できていなければ、ジェスチャーを理解するのは難しいことがほとんどだ。またジェスチャーは個人差が大きく、文化的に統一されにくいコミュニケーションの側面でもあるのだ。特定のジェスチャーが文化規範の反映なのか個人的な性格によるものなのか、見分けるための手がかりを得るためにCQに関連した戦略が必要になる。たとえば指差すジェスチャーの使い方に着目してみよう。同じ文化出身の人同士が同じ指差すジェスチャーの使い方をしているかどうか注意して見てみるとよい。私の失敗談は、カジュアルすぎる不遜な態度と評判がよくない文化圏があることを知りもせず、国際的な研究発表の場でポケットに手を突っ込んでいたために意図せず誤解を与えてしまったことだ。自分の思い込みをしっかりチェックすること、新しいジェスチャーを取り入れる際に周りの人のジェスチャーの使い方をしっかり観察することなどの注意が必要になるだろう。

顔の表情

発展途上国で現地の貧しい人々の笑顔を、「幸せだから笑っている。」と誤解したボランティアのエピソードが物語るように、顔の表情から相手の意図するコミュニケーションを正確に読み取るのはかなり難しい。一方インド人の家族写真を見て、なぜ全員揃いも揃って真面目くさった顔をしてニコリともしようとしないのか、不思議に思う西洋人が多いとも聞く。第5章で取り上げたニュートラル文化圏と表現豊かな文化圏の違いを思い出し、顔の表情の豊かさに違いをつけながら全く同じ発言をする練習をしよう。顔の表情から本音を正確に読み取るのは至難の技だ。文化圏を跨ぐと顔の表情の意味はどう変わるのか、細心の注意を払う必要もあるだろう。文化が変わるごとに自身の表情豊かさの度合いの修正をするつもりでいるとよいだろう。

アイコンタクト

アイコンタクトも異文化圏で仕事をする際、修正の必要がある非言語コミュニケーションだ。それぞれの文化圏で、どのタイミングでどのくらい長くアイコンタクトを取るべきか、文化規範があることがほとんどだ。また性別、年齢、地位によって、どのようにアイコンタクトを取るべきか暗黙の了解があることがほとんどなので話はますますややこしくなる。ある求人への応募者が完璧な理想の候補者に限りなく近いので「履歴書はすごくいいし絶対に雇うべきだと思うんだけど……私の目を見て話そうとしないから、どこか信用できなくてね。」と思案顔をしている課長に会って話す機会があった。その候補者の出身文化圏を尋ねると「サウジアラビアよ。」と課長は答えた。サウジアラビアでは他の文化よりアイコンタクトの時間が長い傾向にあるが、多くの男性は女性とのアイコンタクトを避けるよう躾けられている。アラブ、ラテン、インド、パキスタンはアイコンタクトが長いが、対照的にアフリカや東アジアでは長すぎるアイコンタクトは怒りや不服従のサインと取られがちなので避ける傾向にある。

世界中の文化の「した方がいい行動」と「避けた方がいい行動」のリストを欲しがる人が多い。単純化された情報に従うと性別、年齢、地位、性格による行動パターンの違いなど、目に見える行動に影響する他の要素を無視して異文化に対処することになるためにリスクが高くなるが、その異文化に触れるのが初めてなら「した方がいい行動」と「避けた方がいい行動」のリストは異文化学習の最初の第一歩にはよいだろう。テリ・モリスン氏とウェイン・コナウェイ氏のベストセラー『キス・お辞儀・握手』の著書の中でも、するべきことリストや避けるべきことリストが記載されているが、異文化圏でステレオタイプに頼りきって行動することのないように充分気をつけよう。CQの高い異文化圏での行動の修正について書かれている今まで読んだ本の中で一番よかったのは、アンディ・モリンスキー氏の著書『グローバルな器用さ（訳者注：英語のタイトルは"Global Dexterity"）』だ。手元に一冊持っておくと何かと役立つだろう。

もうお分かりだと思うが、全ての異文化圏の完璧な言葉遣い、伝え方、非言語コミュニケーションをマスターしてその文化圏の専門家になることが大切なのではなく、周りの人の行動をしっかり見て頭の中で反芻し、どのタイミングでどのように自分の行動を変える必要があるのか把握することが重要なのだ。

各文化に応じたリーダーシップの修正

本書では、個々の文化に応じてどのようにリーダーシップを修正すべきか何度か詳述しているが、リーダーのCQを用いた行動とはどのような事柄を指すのだろうか。ここでは多くのリーダーに求められる特定のタスク（交渉）を例に、リーダーシップにCQを用いた行動を使うとどうなるのか詳しく見てみよう。交渉相手が会社理事、政府高官、社員、顧客のいずれであれ、高い交渉能力は日々の業務でリーダーに必要とされる能力だ。文化的な状況がどうあれ、交渉の目的は双方が個人的にも組織的にも互いに満足のいく合意点に到達することだ。効果的な交渉は合意点に到達する前に取引条件を出したり、譲歩や妥協をしながら受け取った取引条件に修正を加えて合意点を再提案することなども含む。

第5章で詳しく見た文化的価値観はネゴシエーション（交渉）の進捗にかなり影響する。『グローバル・ネゴシエーター』の著者のジェズワルド・サラキューズ氏は、研究を元に文化を越えて交渉を行う際に気をつけるべきこととして以下の十項目を挙げている。

1　交渉のゴール　契約に至ることなのか信頼関係を築くことなのか

パートナーシップを築くことが信頼関係の構築を意味する文化圏もあれば、契約を結んだ商取引を意味する文化圏もある。いずれが目的の交渉なのか早い段階で明確にした方がよいだろう。信頼関係の構築に主眼を置く交渉者とパートナーシップを結ぶなら、いかに値段を抑えた契約ができるかをアピールをすることになるため大きな儲けは期待できないだろう。逆にビジネスライクに契約を結びたがる交渉者相手に信頼関係を築こうとしたのでは時間を無駄にさせていると受け止められて悪印象を持たれかねないだろう。

2　交渉の態度　Win-Lose（訳者注：一方が勝ち、もう一方は負ける交渉）なのか、Win-Win（訳者注：双方にプラスになる交渉）なのか

多くの交渉本は、あたかも全員がWin-Winを望むかのような前提で執筆されているが、文化や組織によっては一方が勝ち一方が負ける交渉のアプローチを好むこともあることを理解しておこう。Win-Winを好む交渉者は、契約の値引き交渉は協力的な問題解決のプロセスとして受け止めがちだが、Win-Loseを好む交渉者に対しては、直球の値引き交渉自体が失礼に当たることもある。リーダーのCQを用いた行動は、どちらのタイプの交渉者ともうまく交渉できる能力に直結しているのだ。

3　個人的な事柄へのアプローチ　カジュアルなのかフォーマルなのか

相手の肩書きを尊重して個人的な事柄については全く話さない、フォーマルなスタイルが好まれる文化圏があることを覚えておこう。たとえば韓国では北米のスタイルよりもフォーマルな交渉スタイルが好まれるのに対し、北米の交渉者は下の名前で相手を呼び小話をして相手をリラックスさせようとする。どの文化圏での交渉でも、まずフォーマルに会話を始めて文化規範やその場の状況から判断して、カジュアルなアプローチでも大丈夫であるとはっきり分かった時点から、カジュアルな方向にコミュニケーションの舵を切る方が安全で交渉がうまくゆきやすいことも覚えておこう。

4　コミュニケーションの方法　直球なのか婉曲なのか

儒教文化圏に代表される婉曲的なコミュニケーションを好む文化圏では、最初のミーティングで相手が契約に乗り気かどうかはほとんど分からない。婉曲文化圏出身の交渉者は物事をはっきり言葉にして説明されなければ、文化の異なる交渉相手は正確に状況を把握できないと理解する必要がある。CQが低ければ直接文化圏出身者と婉曲文化圏出身者が交渉を行う場合、直接文化圏出身の交渉者は交渉相手がわざと交渉の能率を下げ、チクチク遠回しな嫌味を言う上に意思決定ができなくて優柔不断だと解釈しかねず、婉曲文化圏出身の交渉者は交渉相手が攻撃的で押し付けがましいと受け止めかねないことも心に留めておこう。

5　交渉相手を理解するまでに要する時間の感覚　長いのか短いのか

時間の認識や感覚の違いは異文化圏で交渉を行う際に最も揉め事の原因になりやすい。アジアやラテンの多くの国では相当な時間をかけて、お互いを十二分に分かり合うことなく交渉の合意点にたどり着くのは不可能だと覚えておこう。このような文化圏で信頼関係を築くには時間をかけて交渉相手をよく理解する必要がある。そのため交渉相手との夕飯や飲み会、観光スポット巡り、ゴルフのプレー、クリケット観戦などに一緒に行くことになるだろう。交渉相手のニーズ、価値観、興味などを理解する努力をする気があると相手に伝えるためにこの類の儀礼的な付き合いは必須だからだ。一方で多くの西洋文化や北米では、少々同義的に問題のあるやり方でも値段を抑えた契約を結ぶ能力に価値を置きがちだ。マクドナルドがロシアでハンバーガーを売るために、モスクワでの交渉に十年近い歳月を要したのも交渉スタイルの違いも一因だろう。どの程度の時間やどのような人間関係が交渉に必要かに応じて交渉への期待値や交渉法を適宜修正しよう。文化を越えて交渉する場合には時間は予定より長くかかると思っておいて間違いないだろう。

6　感情論優先主義　高いのか低いのか

交渉の際に、どの程度感情をオープンに出して、関係者を疲弊させてもよいものなのだろうか。第5章で触れたラテンヨーロッパなどの表現豊かな文化圏では、交渉の場でも感情を率直に出しがちだが、ドイツや日本のようなニュートラル文化圏では、契約への感情は出さないことの方が多いものだ。まずはニュートラル文化圏の交渉スタイルで交渉を始めてみて、相手の出方を見てみるとよいだろう。

7　合意点の形　一般的な大枠だけなのか具体的な細部の事柄まで含むのか

文化は契約内容がどのように書類に記載されるのかにも影響する。北米人はどのような状況でも契約書類を参照して対応できるよう、微に入り細に入りあらゆる状況を想定した詳細な内容を契約書類に含めたがる。しかし中国を含む多くの文化圏では、契約が二者間の信頼関係に基づく同意であり契約書面が絶対ではないと考えるため、一般的な事柄についてのざっくりとした記載でよいと考えがちだ。一般的な事柄しか契約書面に書かないのならば、もし予期せぬ事態が起きた場合は契約書面ではなく、二者間の信頼関係を元に問題を解決することになるのだろう。

8　合意点への到達　詳細まで決めておくべきなのか一般的な事柄のみにとどめるべきなのか

相手方の文化的価値観が契約の大枠の原型を先に決めるトップダウン型なのか、先に細部の詳細を決めてゆくボトムアップ型なのかは、異文化圏で交渉を行う前に知っておくべき事柄だ。前述のジェズワルド・サラキューズ氏は、フランス人は大枠の契約全体の原則を先に決めたがるのに対して、アメリカ人は先に決めた成果物を基に契約全体の原型を決めたがると指摘する。組織文化や交渉相手の性格もボトムアップ型とトップダウン型のどちらの方が交渉がうまくゆくのか決定づける要因だろう。CQを用いた行動を交渉に使うことにより、自身の文化圏でなくともある程度馴染みのある文化圏ではうまく交渉を行えるようになるはずだ。

関連事項としてサラキューズ氏は、交渉の際の条件の提示の仕方についても「交渉の途中で後から徐々に希望を出していく後出し」形式と、「最初に全部出す」形式の二種類があると説明している。サラキューズ氏はさらに「最初に全部出す形式では交渉にあたる社員は、全て条件が飲んでもらえた場合の自分側に一番有利な契約の条件を全て最初に出す。後出し形式では、追加の条件を飲んでくれるにつれて契約の内容を有利なものに変えていけるように、最初は契約に関する最低限の譲歩できない事柄だけを伝える。これまでの多数の経験談によれば、契約について話し合う際に米国人は『最初に全部出す』形式を好み、日本人は『後出し』形式を好む。」と述べている。

9　チームの組織構造　リーダーの合意のみで大丈夫なのか全員の合意が必要なのか

効果的に交渉を進めるには最終意思決定権を持つのは誰か、地位の高い人の発言がどの程度意思決定に影響を及ぼすのかなどの掌握も重要だ。しかし文化を越えて交渉するとなると、このような内輪の情報を相手方から引き出すのは決して簡単なことではない。集団主義文化圏では大人数の社員が一団でぞろぞろと交渉に来る上に、交渉に来ない残りの多くの社員も合意形成のプロセスに関わっていたりする。一方個人主義文化圏では、最終意思決定は一人か二人のキーパーソンが行うことが少なくない。意思決定者が誰なのか分かりきっていると思い込まないことだ。CQに関する知識とCQに関連した戦略を使い、誰が意思決定のキーパーソンなのかを見つけ出すことが重要だ。

10　不確実性（訳者注：リスクテイキング）回避の傾向　高いのか低いのか

最後に触れておきたいのは交渉相手の組織や個人の不確実性回避の傾向についてだ。イスラエルや日本のような不確実性回避傾向の高い文化圏では、契約内容について多めに情報が必要だろうし、不確実性を可能な限り排除するために交渉プロセスにおいても細かい気配りが必要だ。一方不確実性回避傾向の低い文化圏で「もしも○○の場合には××しますのでご安心を」と仮定の話ばかり強調しすぎると、かえって信用されなくなって交渉相手をイライラさせることになるだろう。

相手の話に耳を傾けながら交渉にあたる際には、ステレオタイプに頼りすぎないよう気をつけよう。本書の中でも何度か記載したように、最初に予測を立てる際にはステレオタイプは多少役立つことがあっても、むやみにステレオタイプに頼って暴走すると交渉が暗礁に乗り上げかねない。CQを用いた戦略の「気づき」をしっかり使い、文化の氷山の水面下までしっかり理解し、交渉に関わる個人や組織に細心の注意を払う方がよいだろう。同時に自分が周りにどのように見えているのか注意を払う必要もある。文化背景や経歴などから、交渉相手は読者諸氏にどのようなイメージを持っているだろうか。読者諸氏へのマイナスイメージによるネガティブな影響を、どのように払拭できるのかについてもある程度考えておこう。

一旦交渉に向けた計画ができたら、あまり計画に固執しすぎず修正の余地を残し、どのあたりに修正を入れられそうか前もって確認しておこう。契約内容を譲歩し過ぎて後々悔やむ羽目になることも、頑なになりすぎて契約を逃すことも望むところではないからだ。交渉の途中では培ってきたCQに関連した戦略のスキルを活用し、交渉過程にどのような文化背景が影響しているのか見抜けるようにしよう。そのためにさまざまな交渉相手の出方が、本当のところは何を意味しているのか教えてくれそうな信用に値する異文化のメンターを見つけておこう。交渉の過程にどのような事柄が影響しているのか理解できるよう力添えしてくれるメンターなしに、異文化圏での交渉をやり遂げるなど少なくとも私には考えもつかない。

交渉の過程はCQを用いた行動が、リーダーの能力や業績にどのように影響するのか浮き彫りにするだろう。スムーズな交渉には自身や組織の目指すところを諦めることなく、必要に応じて交渉に修正を加える能力が要求されるからだ。文化を越えての交渉はCQに関する四能力全てを必要とする。さまざまな文化圏で交渉する際、適宜必要な修正をプランニングに入れられるよう心算をしておこう。

どのような場合に行動を修正すべきで、どのような場合には修正の必要がないのかを知っておこう

常に相手の文化に合わせて一方的に行動を修正すべきなのだろうか。あまりにも行動を修正しすぎると不信感や猜疑心を生みかねないが、同時に柔軟性を欠いた態度を貫きすぎたために、グローバルなビジネス・チャンスを不意にすることは、二十一世紀のリーダーや組織には自殺行為だろう。どのような

場合にビジネス戦略を修正すべきで、どのような場合は修正しないべきなのだろうか。食べたらお腹を壊しそうな異文化圏の不慣れな食べ物を、どのような場合ならば遠慮しても大丈夫で、どのような場合は「神様、どうかお腹を壊しませんように！」と心の中で祈りつつ、無理してでも笑顔で食べなくてはならないのか。異文化に関する知識のレパートリーが増えるにつれて、その場その場でどのような対応が最も適切なのか自ずと分かるようになるはずだ。

異文化圏でどのような場合に行動を修正すべきか的確に理解するのは至難の業だ。現地の人々がどのような行動をとりがちなのか知るだけでは済まず、CQに関する知識やCQを用いた戦略を活用し、我々部外者に何を期待されているか、また我々が行動を修正するとどのようなことが起こりうるのかなどの予測も必要になるからだ。

全く行動を修正しない選択肢がベストなこともあることも心に留めておこう。相手の文化に合わせて行動を変えるのは諸刃の剣であることを心しておくべきだ。コミュニケーションのスタイルやパターンの修正は共通点として好意的に受け取られても、あまり修正しすぎるとかえって印象が悪くなる。度を過ぎた相手のコミュニケーションの猿真似は逆に不誠実な印象を与え、最悪の場合騙されそうな胡散臭い交渉相手とさえ思われかねないからだ。「現地風」を意識し過ぎて自身の文化を完全に脱ぎ捨てようとすると、現地に馴染もうと過度に努力しすぎていると怪しまれかねない。批判的見解を全く持つことなく盲目的に新しい文化を全て受け入れ、自身の文化背景を捨て去ることはCQの高い行動とは言えないだろう。

大人が思春期の子供と文化を越えて関わり合う際に、相手に合わせ過ぎるのをよく目にする。思春期の若者は、自分たちの関心のあることを理解して尊重してくれる先生やコーチになつきがちだが、だからといって先生やコーチに同じ服装をしてライブに一緒に来ることは望んでいないだろう。五十歳のコーチが十五歳の高校生と同じ服を着て街を歩いたりしたのでは目も当てられない。同様にほとんどの文化圏で部外者が完全にネイティブのように振る舞おうとすると、滑稽で馬鹿げて見えるものなのだ。現地文化に合わせて女性が母国にいるときより多少地味な服装をしたり、男性が多少フォーマルな服を着たり、ドレスダウンしたりする程度が問題のない範疇の行動の修正だろう。また現地文化を完全に無視して我流で通し過ぎるのも無理がある。もし日本で会議に招かれたのなら、礼儀正しく丁寧で多少遠慮がちに振る舞う方が好印象を与えるが、部外者が日本で生まれ育った人のように複雑な礼儀作法を全てマスターして、完全に正しい方法でお辞儀することなど微塵も期待はされていないだろう。むしろ文化の目に見える側面ばかりをやたらと真似ばかりしていてはジョークと思われて失笑を買うか、その文化を馬鹿にしていると受け止められて怒られるかのどちらかだろう。

では行動を修正すべきかどうかをどのように見分けたらよいのだろうか。行動を修正する前によく考えるべき点は以下の二つだ。

1　今行動を合わせようとしている文化は、文化規範にうるさい文化圏なのか比較的ゆるい文化圏なのか

「文化規範にうるさい文化圏なのか比較的ゆるい文化圏なのか」は、その文化圏が社会通念に厳しい

のか寛容なのかを意味する。厳しい文化圏ではどのように行動すべきか行動パターンの詳細が逐一決まっていて、その通りに行動することが期待される。サウジアラビアや日本はこの代表例で、どのような行動が適切かきちんと決まっていて大多数がその見解を共有している。対する比較的ゆるい文化圏は、大都市で文化的に多様な人々が暮らしていることが多く、行動の許容範囲に関して住人の文化の多様性を受け入れる必要性から、行動規範には寛大であることが多い。タイやオランダなどはこの典型例と言えるだろう。

サウジアラビアを女性が旅する際は、アラブ圏の民族衣装アバヤを着ているか否かにかかわらず、道端での長居はご法度だ。女性が路上に長時間いるのは現地では違法行為なのだから。文化規範にうるさい文化圏なので、どのように服を着るべきか、どのように振る舞うべきかについて明確な基準がある。日本はサウジアラビアほどあれこれうるさくなくとも、比較的ゆるい文化圏であるロンドンと比べると、許容範囲外の行動に走った場合には、東京での方が遥かに大ごとになりかねないだろう。

2　行動を修正すると、自分自身や所属する組織が失うものはあるのかどうか

異文化圏で行動を適応させる際に、私には絶対に譲れない価値観や信念があるし、読者諸氏もおそらくそうだろう。しかし中には健康や宗教的な信条を犠牲にしてまで、中国のビジネス・ディナーのような度を越した飲み会に参加する人もいる。また世界中の多くの国でのホスピタリティの精神に真っ向から反する規定とも言えるが、ブルームバーグ社はジャーナリズムの公正性を保つため、ディナーをご馳

走になることを含めたいかなるギフトの受け取りも社員に固く禁じている。

CQは相手の猿真似のお芝居でも他人の好みや期待に合わせた行動でもない。自分自身でいることは重要だ。指針をしっかり持ち、自身の絶対譲れない価値観に反するような過度な異文化に合わせた行動の修正を行っていないか、しっかり見極めることも重要だ。異文化圏で目撃した行動をただ猿真似するのではなく、その文化に関する知識、周りの人の期待値、交渉の成立などの達成するべき目標を考慮した上で、行動を修正するかどうか決めるとよいだろう。


この二点について確認ができたら、行動を修正した場合としない場合のそれぞれの結末を予測してみよう。クライアントになりそうな人と就業時間後の飲み会に付き合うなどの、相手の文化規範に合わせた行動を拒否する権利はもちろんあるが、特定の文化圏でそのような飲み会の契約成立への大切さを考慮すれば、何か行動を相手の文化に合わせて修正できないか考えた方がよいだろう。ブルームバーグ社のジャーナリズムの公正性維持のために、いかなる相手からも食事をご馳走になってはならない決まりには敬意を払うとしても、同時にその決まりは人間関係が仕事に影響する中国では、中国語で言う「関係(guanxi)」、日本語なら「義理人情」に基づく人間関係を築くのを難しくするため、アジアでは仕事が極端に進めにくくなることを理解した上で、それでもこのルールを適用するのかどうか決めるべきだろう。

CQの経験値やレベルを上げ、どのように行動を相手の文化に合わせて修正すべきか分かるようになり、意識しなくても自然に現地文化に合わせて行動を修正できるようになることがゴールだ。馴染みのある文化圏で、その場にふさわしい振る舞いや考え方が無意識にできるのと同じくらい自然に、異文化圏でも思考や行動が自然に変わるようになることが目標だ。その域に達するには試行錯誤を繰り返すのみだ。少しずつ行動を修正して、その結果を見てみればよいだろう。そしてその類の修正をいくつか違う状況でも試してみよう。その文化に詳しい信用できる同僚に、行動を変えている際と変えていない際に、どのような印象を与えているか訊いてみるとよいだろう。同じ質問を多くの同僚にも尋ねてみて意見を訊いてみるのもよい。

行動とはおそろしく曖昧なものだ。誰が誰に対してどこでその行動をとるかによって、全く同じ行動の持つ意味はことごとく変わりうる。しかしCQに関する四つの能力をうまく使うと、どの行動が現地文化に応じた修正を入れるべきなのか、入れないべきなのかが自ずと分かるようになるだろう。

結論

私の二人の娘はお互いにあまり似ていない。上の娘のエミリーはインドア派で、家で遊んだり、本を読んだり、家族と話したり、時間をかけてゆっくり家族みんなで食事をしたりするのが好きな子だ。下の娘のグレースは絶え間なく動き回り、常に忙しくバタバタと何か起きていると嬉しそうな顔をする。自転車に乗って出かけたり、湖でカヤックで遊んだり、コーヒーを飲んだりの全てをともすれば一時間以内に全部やりかねない子だ。それぞれに愛情が伝わる関わり合い方をしたいと思っているので個性に合わせて話し方も変えている。カメレオンになっているわけではなく、娘達それぞれに父親の愛情を感じとってほしいと願っているに過ぎない。

仕事で関わる相手全員の個人的な好みまでは理解できないかもしれないが、相手の文化規範の知識はより効果的に敬意を持って相手に接する上で役立つだろう。CQが私にとって重要である所以だ。リーダーとして礼儀正しく敬意を持って相手に接する上で、CQは必要不可欠なスキルなのだ。そしてCQはまたビジネスの目標を到達するために相手の文化に合わせて行動を修正する上でも有用だろう。

CQを用いた行動の実践

1　仕事をすることになる地域の、どのような慣習やタブーが一番重要なのかを学ぼう。名刺はどのタイミングでどのように交換するのか、贈答品のマナー、不浄の手と考える文化もある左手は握手や食事に使ってよいのかどうかなどはその数例だ。全ての慣例やタブーの理解は難しくても、ビジネスに大打撃を与えそうな重要な事柄が何なのかくらいは学べるだろうから。

2　常に周りの意見を求め続けよう。CQに関する行動のレパートリーを増やすためには、チームからの励ましやチーム全体からの意見は必要不可欠だ。リーダーとしての仕事の出来栄えがどの程度なのか、率直な評価を常にもらえるよう心がけよう。評価がいいものでも、悪いものでもリーダーとして柔軟に行動を修正する能力を高める上で何かと役立つことだろう。

3 交渉には連れ立って出かけよう。文化を越えての仕事を含む会議や出張がある場合は、必ず誰かについてきてもらおう。文化を越えての交渉の難局を乗り切るためには、一人よりも二人以上の方がかなり効果的に交渉を進められるからだ。

4 重要な管理職を採用する際は、候補者のCQを用いた行動がどのくらいのレベルなのか、面接でしっかり見極めよう。多様な社員の採用は企業にとって必須の生き残り戦略だが、いわゆるマイノリティに該当する候補者を多数採用するだけでは全く不十分なのだ。全ての管理職に、特にマジョリティ側の文化に属する人が管理職に就く場合には、必ずCQの高い人を採用すること。

5 民族、LGBT、宗教など特定のグループに対する不適切な言葉の使用やジョークを一切寛容しない「ゼロトレランス・ポリシー」を明確に打ち出そう。組織の到達目標に抵触しない限り服装や行動の自由を認めて多様性を尊重しよう。

パート3　ＣＱの活用

第8章　CQの高いリーダーへの見返り（リターン）

サイモンはニューイングランドの大学でさらに半年頑張ったが、最終的に自分には不向きだと悟って職を辞した。どの文化規範が状況に影響を及ぼしているか判断する力がついたり、教育機関の文化に合わせた行動の修正について言及するほど、サイモンのリーダーとしてのCQはかなり伸長したが、互いに共生するために行動を修正する意思が、相手方にあるとは到底思えないことも辞職の原因らしい。

ニューイングランドの伸び悩む大学のリーダー職で散々な憂き目に遭ったにもかかわらず、サイモンは今度はコーチングやトレーニングを行う創立から間もない会社の重役を引き受けた。会社は米国で五年前まで成功していたが、前オーナーがヨーロッパとアジアにビジネス展開して以降五年間、業績は低迷の一途をたどり続け、昨年だけで五百万ドル（訳者注：一ドル140円換算で約七億円）の損失を計上していた。サイモンは自身のリーダーとしての特徴についても、組織、地方、民族の文化差が混在する状況でのリーダーシップの難しさについてもある程度の学びを得ている。新たなリーダー職に挑戦して自分がうまくやれるのかどうか、また自身が他のリーダーの手助けができるのかどうか知りたいらしい。数ヶ月間サイモンとメールや電話でやり取りをして、食事にも二、三度一緒に出かけた。サイモンはCQに強い関心を示し、自身のリーダーシップや会社が提供するサービスにCQが使えるのかどうかにも、かなり関心のある様子だった。

彼はいつも通りの言い淀みのないストレートな人好きのする話し方で、「デイヴ、俺みたいな人にCQの研究はどういう意味があるのか教えてくれよ。」と言って、次の三つの事柄を私に尋ねた。

1　個人のCQレベルはどのように測るのか？
2　CQが高いと何が起きるのか？
3　CQが高くなったとき組織へのリターンは？

私はまずサイモンに、CQレベルの見当をつける上で目安になるリーダーの行動について話し、CQを使ってリーダーシップを執ることのできるリーダーが在籍する組織には、どのようなリターンがあるのかを説明した。

ＣＱを測るためには

ＣＱが高いのかどうかを目盛のように指し示すものは存在するのだろうか。強いて言えばどのような性格の特徴や経験がＣＱの高さと関係があるのか世界中で多くの研究がなされているが、ＣＱは誰にでも高めることができることを心に留めておこう。一番肝心なことは、ＣＱは生まれ持った天賦の才などではなく自身で手塩にかけて育むものだという点だが、どのような性格上の特徴がＣＱの形成に役立つのか理解しておくと、ＣＱの高いリーダーになる上で役立つことだろう。どのような経験や性格上の特徴が、ＣＱを高める上で有益なのか詳しく見てゆこう。

CQ形成に役立つ性格面での特徴

私は趣味がジョギングなので世界中どこへ旅しても週に数日は走っているが、どの国にも必ずと言ってよいほど私を追い抜いてゆく人がいる。私が毎日彼らと同じトレーニングメニューをこなして持久力やスピードを上げたところで、遺伝による体格差ゆえに結局は彼らが私を追い抜くことになるのかもしれないが、たとえ生まれつきランニングに向いている人であっても、普段から全く走り込んでもいなければジムにも通っていない人が相手なら、おそらく私の方が追い抜くことになるだろう。ＣＱについても同じことが言えるのだ。生まれつき備わった性格の特徴が、各自の異文化への関わり方をある程度

表8－1　性格上の特徴とCQの関連

性格上の特徴	CQへの動機	CQに関する知識	CQに関連した戦略	CQを用いた行動
外向的	✓	✓		✓
協調性が高い				✓
誠実さ			✓	
精神的安定				✓
新しいことを受け入れる柔軟性	✓	✓	✓	✓

決めるとはいえ、誰にでもＣＱを高めることはできるのだ。では個人の性格はＣＱに関する四つの能力を伸ばす上で、どのように影響を与えるのだろうか。

表８－１のような、性格上の特徴五項目に着目したビッグ・ファイブ・モデルが、性格とＣＱについての最も包括的で科学的な研究だと考えられている。表８－１からはＣＱの四つの能力と五つの性格上の特徴が密接につながっていることが分かるだろう。表のチェックマーク（✓）がついている項目はＣＱの能力と性格上の特徴に関連があることを示す。（たとえば外向性はＣＱへの動機、ＣＱに関する知識、ＣＱを用いた行動の三能力との関連性が高くなりがちだが、ＣＱに関連した戦略とはあまり関係がなく、協調性の高さはＣＱを用いた行動のレベルが高くなりがちだが、他の三能力とはあまり関連しないなど。）

ビッグ・ファイブ・モデルの心理テストをインターネットでサーチすると性格上の特徴の傾向を無料分析するサイトがある。自身の性格の特徴を把握しておくと、どのＣＱの能力がもともと備わっていたり身につけやすかったりするのかがよく分かるはずだ。外向性が高いとCQを用いた行動の能力が必ず高くなると確実に予測できるわけではないが、他のCQを高める方法と組み合わされると、外向性の高さとCQを用いた行動の能力の高さに相関性が見られるはずだ。同時に外向性の高さはCQに関する知識や、CQに関連した戦略にマイナスの影響を与える可能性もある。表8－1に記載されているように、新しいことを受け入れる柔軟性や、周りで起きている事柄への好奇心が、CQの四能力全ての伸長に関連ある項目だ。表8－1で取り上げられている項目について、注意深く見直してチームメイトとも一緒に確認してみよう。

CQの伸長に役立つ経験

CQを高める上で間違いなく役立つ事柄は他に三つあり、異文化体験、教育水準、文化的に多様なチームでの就労経験が挙げられる。この三項目は本書の中で幾度となく触れてきた、CQを高める実践方法の最善策とも関係のある事柄だ。

異文化体験は単体ではCQの伸長につながりにくいが、他のCQの能力と組み合わされると重要な役割を果たすのだ。二、三箇所への長期滞在経験しか持たない人と比較すると、さまざまな場所で複数の異文化を体験した人の方が、異文化圏への旅行や現地でのコミュニケーションの経験からCQを高める上で得るものは多いはずだ。一年以上暮らした国の数が増えれば増えるほど、その国際経験をCQを高めるために活かしやすくなると考えてよいだろう。いわゆるマイノリティと呼ばれるグループに属していて、常にマジョリティ側の文化に合わせて行動する必要のある環境にいる人の方が、常に文化差を経験しながら暮らしている分、CQは自ずと高くなりやすい。加えて幼少期より大人になってからの異文化圏への旅、仕事、会話などの方が、全て自身の選択によって行っているために、異文化適応へのモチベーションも高く、CQの構築にプラスに影響しやすいと言える。しかし一番肝心な点は「誰がその異文化体験を正しく解釈する手助けをしたのか。」だ。両親が異文化圏に子供を連れて行っても、現地文化の悪態をつくだけで帰ってきてしまったら、子供のCQは伸びるどころか粉々に潰されかねない。ありがたいことに真逆も真なりで、子供に異文化を存分に経験させ、現地文化を批判せず、文化差を幼少期から十二分に体験させていれば、CQの構築については飛び級をして早々と学習をスタートしているようなものだ。異文化圏で自分の足で歩き回って見つけた現地の人しか来ない食堂に入ってみたり、現地の公共交通機関で移動を試みたりした人に比べると、留学先でさえ母国の友達とFacebookやスカイプで母国語で会話してばかりで終わった「留学経験」や、国際展開している自国のホテルチェーンで食べ慣れた食事ばかり摂った挙句、会社付きの運転手に移動を任せっきりで現地文化に触れる機会のないまま終わった「海外出張」などの『国際経験』がCQの構築によい影響を及ぼすことはまずないだろう。

また教育水準もCQの伸長とは非常に関連する事柄だ。学校教育であろうとなかろうと、教育を受けた期間が長い人ほどCQレベルは高い傾向にある。中でも大学や大学院での教育を受けた人ほど、身の回りの事柄を高度に複雑に認知する能力が高い傾向にあることが分かった。公的教育を受けても、世渡りに必要な世間知や社会スキルは身につけられないとの批判はよく耳にするが、レベルの高い大学教育の強みは新しいアイデアを学び、自身の知識や経験と結びつけて考えて、人生や仕事に実際に使うために物事の原理や原則を学ぶ機会が与えられることだろう。つまり学びの内容がCQを高める上で役立つだけでなく、大学で経験する学びの過程そのものが、異文化の分析や解釈はもちろんのこと、異文化との関わり自体も行いやすくするのだ。無論この傾向は全員に当てはまるのではなく、大卒資格や博士号の保持者にもCQが低い人はごまんといるが、大学や大学院で授業を受けて原理原則、理論、実践の三要素を統合的に含む課題をこなす機会が十分に与えられる教育の機会は、CQを高める上で一番役立つ方法の一つと言えるだろう。

文化的に多様な職場のチームと関わった経験も、さまざまな状況で行動を異文化に合わせて修正する上で重要な役割を果たすだろう。文化的多様性のないチームでしか働いたことがないのなら、多文化が共生するチームに必須のクリエイティビティや柔軟性の知識が不十分だろうし、多様性のあるチームでの就労経験を積めば積むほどCQは高くなる傾向が強いのだ。ダイバーシティがただそこに存在しているだけではCQ向上には不十分だ。海外経験や大卒の学歴があるからと言って必ずしもCQが高いわけでもない。ダイバーシティはCQを高めて対応することなく放置されれば、文化を跨いで仕事をすることに対するネガティブな偏見やイライラを助長するだけで終わるだろうが、複数の文化圏出身者で構成された多様性のあるチームにはCQを高める機会が山のようにあるはずだ。国際的または民族的多様性がほとんどない組織やコミュニティで働いているのなら、複数の異なる文化圏出身者が存在するチームで働くことで得られる強みは、組織文化の異なる同組織の他部署で働く人々からも得られるはずだ。関心事、政治理想、信仰が全く異なる人とあえて友達になってみるのも一つの手だ。異なるサブカルチャーを持つ人との文化の違いを尊重しながらの思慮深い会話も、CQ全般を高める上で役立つだろう。

ジェンダー、年齢、出身地、信仰、職業のCQへの影響に関する研究も進められているが、このような要因とCQ伸長との因果関係を示す決定的な事柄はまだ見つかっていない。個人の属性や経験とCQの関連の調査は有用だろうが、CQは常に変わり続けてゆく能力で、個人の経験や性格に関わりなく誰でもが伸ばしたり高めたりできるものなのだ。だからこそCQを高める最初のステップは、リーダー自身の文化規範がどのようにCQに影響するのか、しっかり理解することなのだ。

CQの成果

CQを高めると何が期待できるのだろうか。CQの高いリーダーに明るい未来が確約されるとの研究成果は、本書の初版が出た時から変わらず我々の研究の最重要調査項目だ。高いCQがもたらしうるビジネスの成功に関する幅広い多様な研究成果は、急速なスピードで累積していっている。第1章で触れたグローバルなリーダーシップへの挑戦へと話が戻るが、研究成果から分かった最も重要なことは、CQを高めることとはすなわち今日のグローバル・リーダーが対峙している主要な課題と、確と向き合うことでもあるということなのだ。

異文化への適応

CQの高さは多文化が混在する状況で、リーダーが行動を修正できる能力をどの程度持ち合わせているか正確に予測をつけるだろう。異文化適応は異文化圏の一般的な生活環境に合わせて、リーダーが行動を修正する方法の一つだ。リーダーのCQレベルは当たり前の前提、価値観、慣れ親しんだ文化とは伝統が異なる異文化環境にうまく適応して、スムーズに仕事ができる能力と相関関係にある。加えてCQの高さは新天地の職場文化や、リーダー自身の文化圏とは異なる人付き合いの仕方にうまく適応する能力の有無についての見通しもつけるだろう。さらにCQの高さは新しい不慣れな文化圏で、リーダーが行動を修正する際の心理状況についても正確な予測をつけるはずだ。

とりわけCQへの動機やCQを用いた行動の能力の高いリーダーは、よりスムーズに新しい文化圏で必要になる心構えを身につけたり毎日の行動を修正したりできるだろう。「360度」と呼ばれるCQの測定ツールを用いた研究成果から、リーダーのCQの自己評価と周りの人のリーダーの異文化適応力の評価には、一定の相関関係があることが分かっている。逆に言えばリーダーのCQの自己評価からも、文化を跨いで仕事をうまくできる能力を兼ね備えているのかどうか知ることができるのだ。「360度」のようなCQ測定ツールを使った数千人分の判定結果を調べてみると、判定評価のCQと受験者のCQの自己評価が例外なく一致していると判明した。

CQがある程度高いリーダーは、異文化圏での仕事が原因で燃え尽き症候群になることはまずないだろう。文化を跨いで仕事をする際に必要なスタミナ、エネルギー、生産性効率のレベルと、CQの高さも比例することが判明しつつあるからだ。この研究成果は特に数ヶ月単位で複数の拠点へ飛行機移動する必要のある短期出張者に当てはまる。率直に言えば新天地で知らない道を歩いて、現地の人しか食べない食事を探し出して喜ぶタイプの異文化との遭遇を楽しめる人でさえ、複数の文化に合わせて常に揉め事の解決、交渉、将来のビジョンの伝え方を修正し続けなくてはならない状況に、気分が滅入る日もあるだろう。時差ボケが酷くて思うように行動できない日もあるだろう。しかしCQの高いリーダーはこの類の文化を跨いで働く際のストレスや疲労も、どうにかうまく乗り越えて働くことができるものなのだ。

CQが高いということは、その場で何が起きているのか理解するためのリソースとなる情報のレパートリーが多いことも意味するのだ。だからこそCQを高めると、自分自身に対しても周りに対しても、状況に応じて仕事や行動への期待値を変更したり、多様な文化の異なるニーズに合わせて行動を修正したりできるようになるのだ。CQが高ければ、より集中力を高めてより優秀な仕事ができ、より大きな満足感が得られるようになるだろう。異文化圏で人間関係や状況を調整している最中でさえも、CQが高ければ仕事の生産性や効率を上げることができるからだ。

ＣＱを用いた判断や意思決定

ＣＱをうまく高められたら身につくもう一つの能力は、文化的に多様な状況でも正確に状況を判断して最も効果的な意思決定を行う力だ。異文化圏でリーダーシップを執る際に、リーダー自身の文化圏の常識の基準だけを頼りに「ガッツで乗り切る」ことが、適切な意思決定に向いていないことは明らかだ。第１章で述べたが今日の重役にとって最大の難関は、組織としてベターな意思決定をするために世界中の顧客のニーズを理解する必要があることだ。外国市場の重要性が増している今、多種多様な組織のリーダーがリーダー自身のＣＱレベルと、文化差を考慮に入れた適切な意思決定を行える能力との間に相関関係があることを認めている。ＣＱが高くなるとリーダーは適切に状況を判断できるようになり、文化的に多様な状況で最適な意思決定を行うことができるようになる。ＣＱに基づく正しい異文化や異文化状況の理解なしには、日常業務に関する事柄はもちろんのこと、危機的状況でも戦略的な意思決定を行いにくくなるに違いない。

航空業界以上にさまざまな異文化状況で最善の意思決定が求められる業界もなかなかないだろう。911のテロ以降、想定外の危機的な状況と対峙する可能性にどの航空会社も戦々恐々としている。異なる文化圏出身のパイロットが、同じコックピットに入ってフライトを共にすることは、全く珍しいことではないだろう。しかも国際線のフライトで安全に離着陸できるかどうかは、お互い異なる国出身のパイロットと管制塔の職員のコミュニケーションにかかっているのだ。我々は飛行の安全のためにパイロットと空港関係者にうまくコミュニケーションを取り、最善の意思決定をして欲しいと願っている。ルフトハンザドイツ航空やカタール航空では、会社の全体的な危機管理戦略にすでにCQが盛り込まれており、CQの高いパイロットを採用したり育成したりする案が会社の中長期計画に含まれている。

CQは文化圏を跨ぐ問題を扱ったり、文化圏の異なる人々と仕事をしたりするリーダーの、判断力や意思決定力についてのある程度の予測をつけることができる。特にCQの高さとCQに関連する戦略を考える能力や、異文化圏での状況判断力や意思決定力などとの間には相関関係があると言えるだろう。

異文化圏での交渉力の向上

第7章で説明した通りCQを用いた行動の一例である交渉は、リーダーにとって重要な仕事に違いない。CQが高ければ、契約の交渉から日常生活の些細な物の貸し借りまでのいずれのレベルにおいても、スタッフや同僚、業者や顧客と合意に至る必要がある場合に、文化を越えての交渉を成功させる可能性を高めるだろう。

CQへの動機のレベルが高いと、リーダーの交渉へのモチベーションも高まり、交渉相手にとって適切な姿勢で交渉に臨めるだろう。異なる交渉の方法や基準に合わせて交渉を行う際にリーダーに必要な自信にも繋がる。文化を越えて交渉する場合、全交渉プロセスに必要な時間も精神的な粘りも相当必要になるだろう。

CQに関連した戦略のレベルの高さは、文化を越えての交渉を成功させるためのリーダーの能力に大きく影響する。文化的に適切な交渉の事前プランニング、交渉の途中で何が起きているのか十二分に気配りをして気づく力、その気づきが正しいかどうかの入念な確認などは最低限合意できるレベルではなく、関わる人全てが満足できる合意点に到達する上でかなり重要な事柄だと言える。

多くの西洋の組織は中国などの経済成長の著しい市場への進出を望む傾向にあるが、CQの高いリーダーは中国の高官や会社とスムーズに交渉を進められる可能性が高いのだ。中国では国益のために計画の変更や犠牲が求められることが多々ある。起業の自由や表現の自由に重きを置く文化圏出身で、中国文化に不慣れな人々には聴き慣れない上に違和感を抱く価値観かもしれないが、多くの中国文化圏出身者は西洋式の圧をかけて交渉を成功させるやり方は、中国では交渉がうまくいく可能性を粉々に砕くだけだと考えがちだ。「フォーブス誌の選ぶ100人のパワフルな女性リーダー」に選ばれた香港のエヴァ・チェン氏は「中国政府に批判的な中国人政治リーダーのSNSアカウントを、中国政府関係者がハッキングしたことをGoogle社が暴いた時、中国文化の価値観に則って行動しないよう中国政府を脅したせいで、世界の全情報を閲覧可能なカタログにするGoogle社の目標を、中国ではもう少しで頓挫させるところだったのよ。」と語った。新しい事業のアイデアを持って中国に行くなら、その提案がどのように中国や中国の経済や中国人にとって利益のあるよいものなのか、まずは中国政府を説得して納得させることが重要だという意味だ。チェン氏は「中国政府は経済状態よりも、社会が安定していることに重きを置くの。つまり経済よりも政治優先という意味ね。ビジネス優先ならイデオロギーをめぐる論争は政治家に任せて、ビジネスの目標到達に集中するのがスマートなんでしょうけど、中国ではそれではうまくゆかない。」と続けた。グローバル化の進んだ世界で、日々我々は文化を越えて交渉していると言っても過言ではない。CQが高いことはこのような場面でうまく交渉できるという意味でもあるのだ。

リーダーシップの執り方

CQは文化的に多様な状況で、効果的にリーダーシップを取ることができるかどうかの予測値でもある。効果的なリーダーシップには、文化的に多様なチームをうまく率いてのビジネスゴールへの到達、文化を越えての合同起業の戦略的な運用なども含まれる。リーダーのCQに関連した戦略やCQを用いた行動の能力は、異文化圏でのリーダーシップがうまくゆくかどうかをかなり正確に予測する。高いCQに関連したリーダーシップの行動分析研究は本書で説明した判断、意思決定、交渉についても行われていて、他にも効果的なコミュニケーション、ビジネスの着想、リーダーシップ能力開発、企業の合併統合に関する研究も進んでいる。高いCQが影響する事柄として他に検討の余地があると思われる領域は、技術力、信頼関係の構築、売上とサービス、クリエイティビティと革新性あたりだろう。

技術力

二十一世紀の多くの組織では、リーダーシップを執る役職に誰を昇進させるべきかの決定の際に最重要視される事柄は、リーダー自身の技術力と業績の向上に技術力をどの程度使いこなせているかだろう。たとえばFacebook社のリーダーシップ能力開発担当のビル・マクローホン氏は「リーダーシップはFacebook社での地位や肩書きについてくるものではなく、影響力の強い人に自然と現れるものなんだ。誰が大きな価値観の変革を組織にもたらしうる影響力の強い人なのかを我々は見ている。その類の影響力は連帯感を生み、それが最終的にはリーダーシップにつながってゆく。何か新しいアイデアを生み出して影響を与える人が自然とリーダーになってゆくんだよ。」と語っているが、同時にFacebook社は風通しのよい能力主義の会社なので、技術力がもたらしうる成果に加えてリーダーには影響力も問われるのだろう。影響を受ける側の一緒に働く人々の文化的背景が多種多様になればなるほど、技術力を駆使して業績を上げるリーダーの挑戦はさらに難しさを増すと言えるだろう。

CQの高いリーダーは科学的専門知識が問われるフィールド、会計や演説、いずれのフィールドであれ自身の技術的洞察力をうまく使うことができるはずだ。多くの組織がマトリックス型の分散型組織構造に移行しつつある今、同僚への影響力や異文化で技術力を適用できる能力は抜きん出たリーダーになる上でかなり重要な能力と言えるだろう。CQの高さはリーダーシップ力の顕現と深く関わるからだ。

信頼関係の構築

文化を越えての効果的で戦略的なリーダーシップに必要とされるもう一つの重要な能力は、文化背景の多種多様な同僚、文化的に多様なチーム、世界中の顧客、業者、パートナーと文化を越えて信頼関係を築く力だろう。信頼は文化が変われば異なるものを意味する上、交渉相手の組織や人を信頼できる相手と判断するかどうかは主観での決定が大きいのも事実で、実際のところその主観的判断が全てとも言えるが、全く同じ行動がある文化圏では信頼の証になったり、文化が変われば信頼失墜に繋がったりしかねない非常に難しいものだ。たとえば上下関係にあまり厳しくない文化圏では、失敗談の共有が共感を呼び信頼を得ることもあるが、上下関係に厳しい文化圏では知り合って間もないうちに失敗談を共有すると、仕事の能力への信用の失墜につながりかねない。

CQの高いリーダーは文化的に多様な同僚、顧客などの関係者と信頼関係を構築することができるだろう。特にCQに関連した戦略の能力が高い場合、文化を越えて効果的な信頼関係を築くことができるに違いない。

売上とサービス

高いCQを持つリーダーは、異文化圏の市場でも企業の成長を促し、多様な顧客に効果的な接客ができる。*To Sell Is Human*（邦題『人を動かす、新たな3原則　売らないセールスで、誰もが成功する！』講談社、2013）の著者ダニエル・ピンクは著書で「売り口上はすぐにお客さんに物を買ってもらうためにあるのではなく、抵抗しがたいよいものをオファーしてまずは相手を会話に引き込み、最終的に双方にとって魅力的な合意点に落ち着くために存在するものなのだ。」と指摘している。何が魅力的な商品で何が抵抗しがたいよい商品なのか、その好みも文化によって規定されがちなため、CQは異文化で効果的な売り口上を考える上でも役立つに違いない。

中国やインドで求められる物を売る技術には、かなり高レベルのCQが求められる。メガ・バンクの一社、HSBCのCFOであるダグラス・フリント氏は「ヨーロッパのビジネス・フォーラムで、グローバル・ビジネスにおいて、この先二十五年でどの国が一番重要な国になると思うかと尋ねたら、大多数がきっとまず中国を挙げ、おそらく二番手にインドを挙げるだろうが、ヨーロッパや米国の人々にどの程度中国やインドの歴史や文化について知っているか尋ねたら、きっと何も知らないと答える人がほとんどだろう。」CQを育むことは、異文化圏出身者にとって何が抗しがたい魅力的な提案なのか理解する能力を高めることでもある。また「中国」や「米国」などの顧客の価値観が画一的な市場の存在など幻想に過ぎないと知ることや、アイデアやサービス、商品を、文化的に多様な顧客に上手に売ることができるようになることも意味するのだ。

クリエイティビティと革新力

クリエイティビティと革新力は、グローバルなリーダーシップを執る職に就くには必要不可欠だ。研究でもCQの高さとビジネスへの発想力には揺るぎない相関関係が見出されている。しかしクリエイティビティの高いリーダーが全員CQが高いかというと案外そうでもないのだ。クリエイティビティの高いエンターテイナーや重役が、ふとした瞬間にCQの低さを露呈してしまう光景は珍しくないが、研究成果が示すのは逆の相関性、つまりCQの高い人は低い人と比べるとクリエイティビティの豊かな人が多いという相関性だ。ということはCQを高めると同時にクリエイティブな思考も鍛えられるということになる。

多様な文化圏で仕事をするリーダーに求められるクリエイティビティについて考えてみよう。たとえば特定の任務を終わらせるために、リーダーとしてチームメンバーのモチベーションを高める方法を知る必要があるとしよう。多様な文化圏出身者でチームのメンバーが構成されていたら、全員が同じ方向を向いて進むよう仕向けるためには、何らかのクリエイティビティが必要になるだろう。文化の異なる複数の市場に何らかのビジネス・アイデアを売り込む際にも、やはりクリエイティビティが必要になるはずだ。ということはCQを高めることは、自身のクリエイティビティを高めることに他ならないとも言えるのだ。

二十一世紀のグローバル化の進んだ市場で、ビジネス・チャンス拡大に向けて競争力を上げるために、CQが必要不可欠と考えるCEOの人数は明らかに増えている。CQレベルを知るために「360度」のような測定ツールを使うと、異文化適応力、CQを用いた判断力や意思決定力、異文化圏での交渉力、リーダーシップ能力の四能力の伸長についての詳細なレポートが届くだろう。

組織がCQから得られるリターン

組織のCQが高くなると、どのようなリターンが期待できるのだろうか。長い目で見れば組織にとっての一番大きな見返りは、CQの高いリーダーが増えることによりビジネス目標に到達しやすくなることだろう。金融大手バークレイズ銀行は、ヨーロッパ、アフリカ、アジア、オーストラリア、アメリカ大陸、中東に急展開しつつあり、文化的に多様な場所での日々の操業に対応できるリーダーを育てようとCQを活用している。バークレイズ銀行がCQをトップレベルの上役に浸透させるにつれ、世界中のバークレイズの社員がまるで文化差のない米国国内で操業しているかのように、スムーズに業績を伸ばす凄まじい急成長を成し遂げた。以前のリストラとビジョンの共有をベースにした世界中の支社との協力体制ではこううまくはゆかなかったが、CQがリーダーシップの優先事項に入ってからは業績に如実な差が現れた。またロイズTSB銀行は、CQを導入して顧客サービスの向上に成功し、収入は急激に増えてコスト削減にも成功した。リーバイス・ジーンズで知られるリーバイ・ストラウス社は、CQ向上の結果グローバル・マーケティング戦略を大幅に変更し、比例して収益も伸びた。他にも多くの大学やビジネス、慈善事業団体や政府などが組織の目標到達に向けてCQを導入し、似たような恩恵を享受している。

収益が上がる、ビジネス目標を果たせるなどのCQの高くなったリーダーに例外なく見受けられることの顚末から考えれば、CQを向上させた組織についても似たような成果が期待できると言えよう。CQを向上させた組織に見受けられる成果の多くは、本書ですでに詳述したリーダーのCQを向上した場合に見受けられる成果が組織レベルに拡大されただけのことだが、それでもCQを高めたチームや組織にどんな見返りが期待できるのか詳しく調べる価値はあるだろう。CQを組織レベルで高めると、長期的にビジネスにどのような影響があるのか今後も研究が必要だが、現段階で研究から判明していることをいくつか紹介しよう。

多文化の混在するチームの仕事の質の向上

構成員が文化的に多様なチームであれば、チーム内の力関係が複雑になり、協働は余計難しくなるだろう。チームのメンバーが世界中に点在していて、メールや電話会議でコミュニケーションを取りながら仕事を進めていれば、なおのことハードルは高くなるが、うまく統率できるリーダーさえいれば、構成員の多様性は革新やビジネス拡大につながる途方もない豊かなリソースにもなりうるのだ。多様性をリソースとしてうまく活用するには、グループが仕事をしやすいよう手助けする際にリーダーがCQを活用できるかどうかにかかっている。しかしメンバーに一人でも力不足な人がいるとチームが存分に強みを発揮できないため、リーダーだけでなくチーム全体のCQも高めなくてはならないことは言うまでもない。CQレベルを上げることに成功している組織は、多様なチーム間でコミュニケーションがしっかりとれ、チーム間の連携プレーもうまくゆくようになるのだ。

国内外を問わず文化的に多様な市場への進出

本書で調査対象として取り上げられている会社重役の多くが、会社の国外市場での成長のポテンシャルに気づき、国際進出を目指して弛みない努力を続けていることは前述の通りだ。日本のテレコム大手のNTTはアフリカや中東へ積極的に進出している。ドイツのロケット・インターネットはナイジェリアの市場へ進出を果たした。ウォルマート、テスコ、カルフールの各社は以前は見向きもしなかった市場に、続々と現れ始めた中産階級を顧客に取り込むべく互いに必死のせめぎ合いを続けている。ニューヨーク州のロング・アイランドで小さな装飾照明会社を経営するラリー・リーバーマン氏は、ヨーロッパ、中国、日本の海外市場からの売上のおかげで、米国が経済不況でも倒産することなく乗り切ることができたが「米国国内だけで商売をしていたら、きっと二〇一二年あたりに倒産の危機を迎えていただろうね。」と語っている。ここに挙げた会社は、CQを十二分に活用することで会社の社風を変えることなく文化的に多様な市場が求める商品やサービスを提供できるよう、異文化にうまく適応できたケースだと言えるだろう。

一億ドル（訳者注：一ドル140円換算で約百四十億円相当）を新市場に投資した挙句、その国の政府から締め出されて何の収益も得られずに終わる状況を想像してみるとよい。中国政府が中国はまだ直販を受け入れられる状況にないとの決定を下した際、直販大手アムウェイは一億ドル損失の憂き目に遭った。当時のアムウェイ・アジアの副社長エヴァ・チェン氏は、米国の上司に中国進出について何とアドバイスをすべきか、また中国市場に追加資本を投入すべきか否か、二つの決断を迫られていた。チェン氏はCQを使い、米国個人事業として会社の絶対譲れない点を死守しつつ、中国政府の優先事項に沿ったビジネス戦略に変更するよう、アムウェイ本社を何と言って説得すべきかを考えた。すると中国政府は直販に関する政策を変更しただけでなく、アムウェイ・アジアのビジネスの進め方が成功例となり、米国のアムウェイ本社のビジネス戦略まで変えてしまった。今日アムウェイ・アジアの売上は、アムウェイ全体の年々増加する収支決算の中で占める割合が一番大きく、世界中のアムウェイの他の支社に類を見ない巨額の収益を上げている。

中国の国際展開に尽力できるCQの高い人材への関心は非常に高い。さまざまな中国企業が海外でのブランディング、セールス、投資、会社の合併吸収に関心を寄せていて、CQの高いリーダーがこの類の事業を統括している。

CQを使って成功している中国企業の例は、不動産、観光、エンターテインメントの多業種多角経営型複合企業のダリアン・ワンダグループだろう。AMCエンターテインメント・ホールディングスを合併吸収し、異文化圏でスムーズに仕事を進める能力のあるCQの高い人材を採用し、英語、スペイン語、ロシア語など、進出予定の市場の言語が流暢な人材も探してCQを使った国際進出に成功した。中国の萬洲国際グループ（訳者注：現在のWHグループ）がスミスフィールド・フーズを四十七億ドル（訳者注：一ドル140円換算で約六千五百八十億円）で買収した際にも、米国最大規模の豚肉卸業者と関係構築のためにCQの高いバイリンガルの重役を数名採用している。

調査によると四十五％の中国のビジネスリーダーが、西洋の会社との合併統合やビジネス・パートナーになる上での障壁の一つに文化の違いを挙げている。そのためCQの高い人材の採用に重きを置く会社が増えている。百度（訳者注：バイドゥ）、アリババグループ、レノボは国際的なコミュニケーション、操業、研究開発のサポートのために、海外の有名大学や大学院卒の人材を登用してきた実績がある。この後の第9章ではCQの高い人材を採用して成功した会社の実例を、分野別に複数取り上げて紹介しよう。

文化的に多様な顧客、患者、生徒へのよりよいサービスの提供

写真をすぐSNSに投稿できて、誰でもすぐ情報を発信できる今の時代には、相手の文化背景がどうあれよいサービスを提供し続けることが組織にとって何より重要だ。CQの高いリーダーやチームの存在する組織は文化的に多様な顧客への一番ベストな対応を考えつきやすく、ミスをしてもより適切な対処方法を考えつくことが多いものだ。メディア会社のIACは「アフリカへ行くの。エイズに罹らないといいんだけど。冗談よ！　私は白人だからエイズ罹患は心配要らないわよね！」とTwitterで呟いた、当時の広報の重役ジャスティン・サッコ氏を即座に解雇する賢明な判断をしたが、彼女が会社を代表してどれほど質の高いPRの仕事をしてきたのか、騒動による解雇の前にもう少し考えてもよいのではないかとも思うのだ。誰でも犯しうるミスだからこの類の失言には私は寛大な方だ。しかし同時にある程度CQがある人なら、サッコ氏が投稿したようなコメントの内容が適切かどうか、SNSに投稿する

前に熟考して判断できるだろう。チームのCQレベルを上げることに投資すれば、その見返りは関係者からの信頼や評判などの形で返ってくるのだ。

スピードと効率

ほとんどのビジネスや政府機関や非営利組織はより少ない労働力で多くの成果を得ようとするものだが、CQの高いリーダーが率いていれば、文化的に多様な状況下でもより早く業績を上げることができるだろうし、CQの低いリーダーの率いる組織よりも早く契約に漕ぎ着けるはずだ。「より早い」というのが相対的な概念であることと、文化の異なる場所では契約に漕ぎ着けるために時間がかかることが多いことの二点を肝に銘じておいてほしいところではあるが、CQが上がれば交渉相手の文化的価値観の志向を元に、契約までにかかる時間の予測や相手への期待値の修正ができるようになるため、CQの高いリーダーの率いる組織は予定を大幅に変更することなく計画の遂行が可能になるのだ。

海外赴任先での効率のよい働き

国外に社員を赴任させるとコストが嵩むにもかかわらず、駐在員が現地でしっかり目標を達成できる可能性が五分五分のチャンスしかない状況は生産的とは到底言いがたい。CQの高い社員を海外赴任させ、駐在員のパートナーや子供のCQへの動機も強い方が、海外赴任が成功を収める可能性は遥かに高くなる。CQの高いリーダーが海外で成功を収めやすい理由は、カルチャーショックや付随するストレスをどう乗り切るべきなのか学ぶのも早い上に対処も適切だからだ。加えて、海外へ赴任予定のリーダーのCQを測定したり高めたりに余念のない組織は、どのようにリーダーの海外経験から現地でうまくビジネスを行う方法を学ぶのかも含めて、帰国後のリーダーの文化適応のためのプランもしっかり練っているところが多いようだ。

才能ある候補者に選ばれる組織であり続けること

前述の通り各業界を代表する上場企業の重役にとって、才能ある人材を採用し定着率を上げることは喫緊の課題だ。会社が才能ある人材に選ばれ続けるかどうかは、CQが社内全体でプラスに評価されていて模範だとされているところを、採用候補者に見せることができるかどうかにかかっている。ノバルティス製薬やナイキの抜きん出て優秀な採用候補者は、CQが評価される社風かどうか、またそのような評判のある会社かどうかを、転職先選びの際の最重要項目の一つに挙げていると判明したそうだ。つまり才能ある候補者はダイバーシティを障壁や必要悪と見るのではなく、ビジネス成長に役立つ競争力と見ている会社に入りたがるということになる。

近年頭角を表しつつあるリーダーの八十五%が、転職先を探す際はグローバルな国際感覚を持つ会社かどうか、慈善事業など社会に対する善行にコミットしているCSR意識の高い会社かどうかが重要項目だと述べている。つまり優秀な人材はCQが高いことが模範とされ、CQを高めることが社内でも優先され、自身のCQも高めることのできる職場を希望する傾向が強いことになる。

収益とコスト削減

全体収益の最低値はどのくらいだろうか。ＣＱが高くなることと収益率やコスト削減とが正比例の関係にあることは研究成果からすでに判明しており、その最たる証拠はすでにこれまでの章で詳しく見てきた通りだ。組織がチームの働きをよくして新しい市場へ進出して成功し、仕事の効率を上げて海外赴任を実りあるものへと変え、離職率を下げることができるなら、ＣＱは収益全体の最低値の押し上げに直結することだろう。

ＣＱの高いリーダーと組織に関して詳しく理解を深めるためにはさらなる研究が必要だが、少なくとも現段階での研究成果は、ＣＱを高めるとビジネスに優れた影響があると約束されることを示していると言えるだろう。

結論

前述の大学の学長職を辞したサイモンは、コンサルティング会社で経営挽回のリーダーシップを執る新しいポジションで成功し、十五カ国に点在するトレーナーやコーチのチームを率いて過去最高の利益を計上していた。このサイモンの成功に数多くの要因が関わっていることに最初に気づいたのは私だったらしいが、サイモンが競争力のある統合したビジョンを会社中に広めつつも、各部署が最善と思う働き方を認める類まれなリーダーとしての能力を持っていることが、成功の最大の要因だとサイモンについての人事アンケートの結果から分かった。今のサイモンはニューイングランド地方で大学の同僚に「胡散臭い仕切りたがり屋」だと揶揄されていた人物とは全くの別人だ。

ＣＱは個人や組織の仕事の質と直結している。個人のＣＱにはさまざまな要因が影響するが、ＣＱは文化を越えたリーダーシップに向けての挑戦を経験する中で、誰もが伸ばすことができるものなのだ。そのことを念頭に置いた上で、最終章では「ＣＱの高いチームの育成」について触れよう。

第9章　CQの高いチームの育成

本書の大半は、文化の多様性をよく理解できるように人間的な成長を遂げ、CQをリーダーシップをどのように使えばよいのかに関してだが、CQの利点について学びを深めた読者諸氏は、一緒に働く部下にもCQを高めてほしいと思うに違いない。本最終章ではCQの高い組織やチームを育てる方法について詳しく触れよう。

組織レベルでのCQの測定や伸長は、CQ研究の最前線をゆくトピックだ。CQの高い組織を構築するために、実際に草の根レベルでどのようなことを行う必要があるのか理解するためには、さらなるCQについての研究を必要とするだろう。しかし世界中の大学、会社、非政府組織（NGO）は、チーム、部署、組織全体のCQを高める上で、さまざまな方法を実践して成功している。以下に紹介する方法はチームなど部署単位でも組織全体でも使えるため、ぜひ試してみるとよいだろう。

リーダーシップへのコミットメント

上役が組織の価値観やビジョンを体現できていなければ、組織の価値観やビジョンはただパワーポイントやウェブ上に記載されているだけの飾り物になってしまう。「世界一CQの高い労働力になろう!」と同僚に将来のビジョンを熱を込めて語る立場にあるのならなおさらだ。上役のCQレベルは、その組織が威厳、敬意、CSRなどの実績を残しつつ、世界レベルで活躍できるかどうかに直結している指標だと言える。CQの高い言動が組織全体の模範となったり、組織の操業習慣にCQが取り入れられたりするためには、上役自身のCQを高めることを優先すべきだろう。刻々と変化する状況への柔軟な対処やグローバル戦略の制定がうまくゆくかどうかは、CQの四能力を上役全員が使いこなせるかどうかにかかっているのだから。

CQの高い組織になることは何を意味するのか、管理職に具体的に示すところから始めてみよう。重役とCQについて会話を始める際には私は次の質問をする。

＊会社の業績に関するゴールや目標は何か。

＊ゴールへの到達を阻む最大要因は何か。
＊ゴールへの到達を阻む要因に文化差は関係するか。（世界中に点在する社員、複数の文化圏出身者で構成されたチーム、文化の多様な市場でのセールス、海外駐在、短期出張、異文化でも譲れない会社の価値観など）
＊CQが高くなるとどのような困難を克服してゴールに到達する上で役立つのか。（多様な顧客についてのさらなる理解、社員の仕事へのコミットメントの向上、クリエイティビティを活用した革新的なビジネスチャンス、市場のニーズへのスピーディな対応など）

リーダーシップへのコミットメントを示す際に、まるでCQ自体がリーダーシップの目的であるかのように言及したり、国際業務以外にはCQが無関係であるかのような扱いをしたりするよりも、CQを組織全体の役割や目的に統合してしまう方が、CQの概念を組織内で示しやすくなるだろう。本当の意味でグローバルな組織は全部署にCQの概念をうまくゆき渡らせ、さまざまな仕事に関連させて経営戦略のプランにうまく統合されているものだからだ。

たとえばCQは研究開発にどのように影響するだろうか。数年前オフィス家具の世界最大手のスチールケース社は、国外進出のメリットを十分に考慮した上で日本市場への進出を決めた。日本のビジネス・パートナーがスチールケース社の新シリーズに関心を示し、日本でも商品が売れると予想したからだ。スチールケース社は早速コンテナ二台分の家具を日本に輸送し、東京の繁華街の一等地にショールームを構えてみたものの、売上は一向に捗々《はかばか》しくなくコンテナ輸送されてきたディスプレイ家具はまるで根が生えたかのように売れ残り、長らくショールームに置かれたままだった。店に入ってきて椅子に座ってみるお客さんはいるのに全く売れない。随分経ってからスチールケース社は、北米人の体格に合わせて作った大きめの家具は、小柄な日本人にはあまり座り心地がよくないと知った。加えて、いかにも重役の席だとあからさまに誇示するような大きなデスクは不必要に場所をとり、日本人の重役には好まれなかった。結局スチールケース社は全商品を本国に送り返し、日本人エンジニアを雇ってアジア人の体型や文化を念頭に置いて家具のデザインを一からやり直した。その五年後にスチールケース社は、アジアのオフィス家具業社の中で、流通量最大の大手企業へと変貌を遂げていた。

トヨタ社も海外でビジネス展開する際に似たような学びを経験をしている。長年にわたりトヨタ社は、北米のミニバン市場ではホンダ社やクライスラー社に引けをとっていたので、巻き返しを図るべく自社製ミニバンのシエナをデザインすることになった。シエナ開発の任務についた横矢雄二氏は、シエナ以前のトヨタ社のミニバンでの米国全州のドライブから研究開発のプロセスを始め、カナダ領全十三州もメキシコ全土も走り抜けた。このユーザー目線での北米大陸のドライブから、日本のオフィスで市場調査の結果や北米の顧客層の人種、年齢、性別の構成比率を調べていては、決して気づくことのできなかった事柄に横矢氏は気づくことになった。たとえば日本の高速道路と違って、カナダの高速道路は走っているクラウン車の車高が高めで、高速道路自体も降雪に対応できるよう弓状にカーブしていることなどもその一例だ。最終的に横矢氏は坂道をバンが走る際の、降雪時のタイヤの横滑りにも対応できるデザインの必要性にも思い至った。

忘れてはならない日本と北米の大きな文化差の一つは食習慣だ。日本人は食べながらドライブすることはあまりないだろう。日本人一家がドライブする際に喉が渇いたりお腹が空いたりすると、おそらく高速のＰＡで何か食べたり飲んだりしてから車に戻るだろうが、北米人は食べ物や飲み物を車に持ち込み、お弁当を詰め、スナックを買い足した挙句、ウォーターボトルになみなみ飲み物をついでバンに持ち込んだりする。実際に横矢氏は北米での長距離ドライブ中に、多くの米国人が一人当たり二つのドリンクホルダーを必要とすることを発見している。この発見は新デザインのシエナの十四個のドリンクホルダーと跳ね上げ式のテーブルの標準装備に繋がったそうだ。

横矢氏の例はＣＱを研究開発に活かした例で、製造、人事、法務、営業など部署が変わったとしてもＣＱの活用方法にさほど変わりはない。ドイツの会社が締め切りに間に合うように、予定通り中国の下請け業者と下請け契約に漕ぎ着ける前提で製造工程を計画しているなら、製造部門のリーダーは、中国のビジネスマナーで重きを置かれる価値観に則って交渉を進める方法を考える上で、ＣＱが必要になるだろう。中国の会社がナイジェリアの会社と文化を越えて契約の合意点を見つけたければ、パートナーシップの主なメリットを認識し、メリットに付随する文化的、組織的なリスクも分析の上で、メリットとリスクを天秤にかけてからの意思決定が必要になるだろう。留学生の多い大学のリーダーはキャンパスのコミュニティ全体への期待値の水準を落とさず、入学センターの職員、教員、学生課の職員が文化的に多様な学生の価値観、思い込みや前提条件や行動などにスムーズに対応できるよう、ＣＱの育成も含めて準備が整っているかどうか考える必要があるだろう。

ＣＱの高い組織を育てる上でのリーダーへの難題は、全ての異文化に合わせて組織のシステム全体を一から作り直す必要のない、文化差に合わせて修正のきく柔軟な組織の構造を作り出すことだろう。現地の文化に合わせて組織、サービス、製造の構造などのカスタマイズや修正は必須だが、だからと言って個々の状況に合わせて新しい組織構造やサービスの提供方法を、その都度一から作り直していたのでは身が持たない。標準化された文化差に合わせて修正できる余地のある一貫したアプローチを持つことができるかどうかは、社風を体現しながらもＣＱの高い方法で組織の目標達成にコミットできるリーダーの存在にかかっているのだ。

ＣＱの測定

決まり文句と言っても過言ではない二つの諺「測れないものは伸ばしようがない。」と、「測れないもの以外は当てにしようがない。」は、いずれもＣＱにも当てはまる。仕事で訪れた大多数の小、中、高等学校は「グローバル市民を育てる」との教育目標を掲げ、異文化適応力の修得を主な学校での学びの集大成として謳っていたが、生徒が異文化適応力を身につけたグローバル市民に育ったのかどうか、何を基準に評価しているのか校長や教頭に尋ねてみたが、的を得た回答が返ってくることはなかった。それに引き換え、会社、病院、非政府組織の回答は多岐にわたっていた。ＣＱの高い人材が育ったかどうか測定する意志のある組織とない組織にはっきりと二分された。不可能とまでは言わないがＣＱの測定なしにはCQの高いチームを育てるのはかなり難しいだろう。CQは誰にでも、どんな組織にでも高めることができることを肝に銘じていれば、CQの測定は恐れることでも受け入れがたい事柄でもないはずだ。むしろチームのCQがどの程度伸びて欲しいか、リーダーのめざす目標値にチームがどの程度近づいているか、CQの測定はよい確認の機会になるだろう。

CQを測るにあたってはチームや組織全体での聞き込みから始めるとよい。実際の操業方法、ポリシー、マーケティングなどは、どの程度CQを意識したものになっているだろうか。所属組織の中でどの文化が普遍的に優先されていて、どの文化はマイノリティ扱いなのだろうか。聞き込み調査にはチームのCQの質的測定（訳者注：インタビューされる側の主観的なCQ伸長の自覚など）も含んでよい。どの程度リーダーはCQの高い行動をプラスに評価したり、自身で示したり、価値があると喧伝したりできているだろうか。どのようにCQを評価基準に含めて採用人事や昇任人事を行っているだろうか。チームにはどの程度多様な文化が反映されていて、多様性とうまく関わるためにどのような準備を進めてきただろうか。右記の質問に回答するために、本書で触れたCQの四能力を使っての個人のCQの質的な測定は可能だ。

1　CQへの動機　異文化での仕事や人間関係構築へのモチベーションは何か。
2　CQに関する知識　どのくらい目に見える部分だけではない、コアの部分の文化差を理解できているのか。

3　ＣＱに関連した戦略　文化的に多様な状況への対応に向けて、どのような行動戦略の事前プランニングをしているか。
4　ＣＱを用いた行動　どの程度文化の異なる状況にうまく適応できているのか。

ＣＱの査定には数値による量的な測定も必要だが、アンケート、スコアカード、測定ツールを使う前に以下の二点を必ず検討しよう。

1　何を測ろうとしているのか。
2　図りたいものを測定するために、どのような信憑性の高いツールがあるのか。

測ろうとしているものを測定するために作られていない、誤った測定ツールを使ってしまっている会社や組織を目にして何度驚いたか分からない。外気温を測るのに定規は使わないはずだが、少なからぬ数の組織が個人の好みや価値観の指向を測るために作られたツールを、グローバルな能力の測定に使っている。上下関係の厳しい組織文化を好むか好まないかなどの個人の価値観の指向を知ることは、自身に関する気づきを得る上では必要不可欠だ。そのような価値観の指向を知ることが目的なら、GlobeSmart、Cultural Orientations Indicator、CultureWizardなどの測定ツールが便利だろう。しかし文化を越えて働く上で必要な能力の有無を測りたいならば、異なる種類の測定ツールが必要だろう。

我々のCQ測定ツールはこのようなニーズから生まれたものだ。異文化への態度や性格の特徴（意義深いものだが、我々の測りたいものとは少々異なる事柄）に焦点を置いた他の測定ツールも検討したが、我々の関心は個々の価値観の指向と異文化圏での職務遂行能力を査定や予測ができるツールだったので、独自の測定ツールを開発するに至ったのだ。

使用予定の測定ツールが学術的にも妥当なものなのかどうかの確認の際は、大きな買い物をする時のようにその測定ツールについて十二分にリサーチすることをお勧めする。ホテルについてリサーチする際に、そのホテルのスタッフが「このホテルは町で一番のホテルなんです。」と自画自賛しているコメントより、ホテルの評論家や宿泊客のレビュー・コメントを読みたいと思うのと同じように、多くの測定ツールは学術的に妥当だとお墨付きがあると謳っているが、肝心なのはその測定ツールを他の研究者も内容を吟味して購入していて研究にも問題なく使えていて、その測定ツールを使った一定の研究成果が出ているかどうかだ。我々のCQ測定ツールは、CQに全く関心のない世界中の研究者により綿密に点検され、検討され、科学的見地から見て妥当とのお墨付きを頂いているものだ。

CQを高める過程でチームのCQ伸長の進捗状況を効果的に測定するにはさまざまな方法がある。測り方がバラバラの意味をなさない測定データの寄せ集めにならないよう、自身の組織ではCQをどのように測定するのかをはっきり決めておき、一貫した測定方法を組織内で周知徹底することが重要だ。

CQを高める人材開発

一般的な組織がCQの高いチームを育てるよい方法は、人材開発の中長期計画にCQの育成を含めてしまうことだ。研修を受けることだけがCQを高める方法ではないが、研修効果の高さは否めないのも事実だからだ。CQについての効果的な学びはCQへの動機について研修で触れることから始まる。社員にダイバーシティや異文化圏での交渉についての研修への参加を義務付けるだけでは参加者同士の学び合いは生まれにくい。このような事態を避けて学びの機会を参加型のものにするならば、CQと参加者の個人的な関心をしっかり繋ぐ必要があるため、なぜCQについて気にかける必要があるのか説得力のある具体例を持っておくべきだろう。人材開発部門がCQを研修で扱う上で役立ちそうな研修内容は以下の通りだ。

分かりやすい説明

チームメンバーを集めてCQの利点についてメンバーや組織全体に説明しよう。CQ導入の対価も周知の上で、第8章で扱ったCQから期待できるリターンに関する研究成果も伝えるとよいだろう。CQの導入自体が目的ではないため、CQを導入するとどのように組織の目標が到達しやすくなるのか分かりやすく伝えることが重要だ。その際CQの他の側面については即座に話さず、参加者がCQ

向上に向けて個人的なモチベーションを見出せるよう、CQへの動機を特に十分に時間をとって説明するとよいだろう。CQの四能力を異文化圏で実際に使える行動や思考のパターンとして教えるとよいだろう。いかにCQがキャリア構築に役立つ上、現代のグローバル社会で役立たずの人材にならないために必要なものなのか説明して、チームメンバーのCQへの関心を引くところから始めよう。

具体的な情報の多い研修を

CQについて九十分で一通りの紹介を終えたら、研修参加者の実務にCQをいかに使えるのかについての別の研修が必要になるはずだ。営業チームはCQがどのようにセールストークに使えて売上の向上につながるのか知りたいだろうし、研究・開発チームはCQが高くなると研究開発の仕事の出来にどう影響するか知りたいだろう。マーケティング・チームは第5章で取り上げた協力的文化と競争的文化の、それぞれに向けた効果的なマーケティング方法を学ぶ上で、CQがどのように役立つのか知りたいに違いない。組織に起きがちなサイロ効果（訳者注：部署間での連絡不徹底や目的の共有が不十分なため、組織全体が一丸となって仕事をするのが難しい状態）を避けるため、複数部署合同の研修がよいことは言うまでもないが、CQが組織での役割や実務にどのように使えるのか説明のないまま、ただ概念として教えるだけでは受講者がイライラを募らせるだけで終わりやすい。上役とCQについて議論すると、組織全体を見通した幅広いCQの議論ができるが、実務部門で働く人々はCQのような概念を具体的にどのように毎日の仕事に使えるのか知りたがる傾向が強い。つまり実務部門にCQ研修を行う際は、

ＣＱ活用に向け各部署にとって実務的で役立つ情報の提供に力を入れ、部署ごとに実務に関連したケーススタディ、討論のトピック、ＣＱ学習のアクティビティなどを考える方がよいということだ。

個人的なＣＱ向上のための計画作り

チームメンバーが次年度の達成計画を記載する際にＣＱも含めるとよいだろう。本書内で共有した方法で、ＣＱを高められるようコーチングを行うのも一つの手だ。ＣＱの育成が個人のモチベーションや興味との関連があればあるほどよい計画だと言える。ＣＱへの動機、ＣＱに関する知識、ＣＱに関連した戦略、ＣＱを用いた行動の四能力を高める上での、測定可能な達成目標を各能力それぞれに一つずつ決めてもらう、または四能力のうち今年度に最も着目して向上させる能力を、一つ選んでもらう形でもよいだろう。

多くの組織は、評価項目としてではなく組織的に毎年伸長の促進を行う事柄として、ＣＱを年間の各社員の業績審査に含めている。このような組織の多くは、ＣＱを使っての交渉術、世界中にメンバーの点在するオンラインチームの効果的なマネージメント法、特定の国でしかオファーされない研修などを対面・オンラインを問わず選んで受講するよう促している。このような情報リソースは、さまざまな文化圏での新しい見解や働き方を学ぶ上で役立つからだ。

組織全体のＣＱを高める上で肝心要の事柄は、リーダー自身がＣＱを体現して見せることだろう。リーダー、組織全体、ひいては人類全体にＣＱがどのような利益をもたらすのか、ＣＱの高い価値を行動を通して見せることだ。ＣＱの四能力と現在行っている仕事の関連についての十分な説明も必須だろう。そして失敗から学ぶ価値についてもしっかり体現して見せよう。ＣＱの高いリーダーは、自身の失敗を変革への閃きとして使うことを学んだ人でもあるからだ。異文化と対峙する際に少々の失敗やつまずきは避けられない。肝心なのは失敗のない完璧な行動をすることではなく、失敗や嫌な体験をいかに学びのチャンスに変えることができるかだ。ＣＱが高ければ異文化圏でのよい体験と悪い体験、両方からの学びのチャンスに着目できるようになるだろう。

　複数の文化が交錯する世界で働いたり暮らしたりするために、一緒に末長くＣＱについて学び続けるためのコミュニティを作る必要があるだろう。ＣＱ伸長の士気を高められるよう、チームのメンバーを励まして教育するクリエイティブな方法を見つけよう。異文化圏の市場で自身のチームが新たな取り組みを進められるよう、十分に励ましたり葉っぱをかけたりすることだ。その過程で必要なアドバイスや、チームメンバーがＣＱを仕事に使うための手助けをする必要もあるだろう。そうすれば二十一世紀に、今までのスキルや方法が通用しない前例のないビジネス・チャンスが到来しても、スムーズに対応できるスキルをチームメンバーが身につけることができ、それはつまり所属する組織が時代の先端を行くために十分な競争力を持つことも意味するのだ。

採用・昇進

実のところ読者諸氏の所属組織も電話やメールの向こう側の取引相手も似たり寄ったりで、上役がCQを推進したり優先したりしながらリーダーシップを執る必要があるだけでなく、大半の社員のCQを測定するための方法も必要になるだろう。日常業務で経験する文化的距離（訳者注：自身の文化と相手の文化が異なる度合い）が大きければ大きいほど、CQについて理解してCQを高めることが重要になるだろう。つまりCQが必須であることが明白なのは、国際プロジェクトをリードするマネージャー、海外駐在員、国際出張予定の会社の代表者を含む読者諸氏のチームメンバーだということになる。

文化を越えて交渉したり働いたりするようなポジションに就いていなくとも、どのようにCQを向上させられるか考えてみよう。メールに返事をして電話対応するサポートデスクはビジネス相手にとってはその組織の、学生を指導する教授陣は学生にとってはその大学の、移民の看護担当の看護師は患者や家族にとってはその病院の、それぞれ代表であり顔なのだから。CQを組織の行動指針、製品のマーケティング、会社のビジョンなどの書面に反映することはもちろん重要だが、そうすることでかえって異文化圏で多様な人々を相手に会社がどのように機能するのか伝える際に、社員が果たす役割の意義をかすませてしまうリスクがあることも忘れてはならない。異文化圏で自身のチームがどう振る舞うかは、全体としての所属組織のイメージやチームメイトの一人一人にも影響を与える事柄だ。人事担当者や海外出張経験の多い同僚と、組織のさまざまな実務面でのCQの重要性を理解するところから始めるとよいだろう。

人事

人事部以上に日々の業務とCQが直結する部署もあまりないだろう。CQの高くない人事部長は絶対に雇わないのは鉄則だ。採用、業績評価、研修、キャリア構築や組織内でのさまざまな業務の分析を行う際や、空きのある職種を埋める際などに人事部長には高いCQが必要になるからだ。多様な社員を尊重するよう促すにせよ、宗教や文化のダイバーシティを考慮した人事政策を出すにせよ、CQの四能力がさまざまな状況に対応する上で役立つだろう。人事のプロは社員のCQを伸ばす際はもとより、履歴書審査、採用、国際出張を含む業務に携わる社員の育成にも高いCQが必要になる。

国際出張者へのCQ研修

国際市場の業者や顧客と毎日のように連絡を取り不慣れな文化圏へ出張する機会の多いプロジェクトマネージャーなど、会社を代表して国外出張する社員は国内勤務の社員よりCQが高くなくてはならない。長期海外駐在予定の社員は社内で最もCQが必要な社員だろう。駐在員には似た職種の国内勤務社員よりもはるかに高いCQが必要なため、仕事の能力の有無のみで駐在を伴うポジションへの採用を決めるのはご法度だ。国外での業務遂行への自信の有無も考慮して、実際に国外で職務を遂行できるポテンシャルの見受けられる候補者やチームメンバーに絞って選考を行うべきだろう。海外駐在候補者のCQを測定し、CQへの動機の低い社員を候補から外すのか、CQが伸びるよう手助けしてでも派遣するのかも熟慮の上での決断が必要になる事柄だ。その決定を誤れば会社が数千ドル（訳者注：約数十万円）、場合によっては数百万ドル（訳者注：約数億円）を棒に振ることになるのだから。努努《ゆめゆめ》忘れることなかれ。アトランタでは優れたエンジニアでも、ドバイに行っても優れたエンジニアでいられるかどうかは全く保証の限りではないということを。

海外駐在担当の社員を注意深く選んだら、候補者に出発直前の事前研修だけではなく継続的な研修を通じてCQ伸長の機会を与えよう。当然事前研修で教えられるような情報や気づきとして強調するべき事柄はあるにせよ、多くの事前研修は「最初の半年をどう乗り切るか。」「どのような質問を現地の社員にすべきか。」などに焦点が置かれがちだが、CQについて学びの意欲が湧くのは駐在の初めではなく中盤以降であることが多いのだ。内容が盛りだくさんの事前研修だと、地球の反対側への引越で頭がいっぱいの駐在候補者には、CQは全く無関係なただの理論だと思われてしまうだろう。ところがいざ現地に赴きしばらく経つと、海外生活や海外業務の問題を解決したい動機とともに、駐在初期には考えもしなかった質問が何かと出てくるものなのだ。このような時こそ、CQについて徹底した研修を行うベストなタイミングだ。ワクチン接種のように、うんざりするほどたくさんの出発前研修を一気に受けさせて、CQについて前もって教え込むことは正直あまりおすすめしない。

CQを基にした採用候補者の選考

人事部長職や海外駐在を含む職種にCQの高い人材を探しているのならば、CQの四能力を使って候補者のCQを測定しよう。CQの測定に加え、候補者の面接や照会の連絡などの際に、以下の事柄について確認してみよう。

CQへの動機

候補者は異文化にどの程度の関心を示しているだろうか。候補者はこれまで文化背景の異なる同僚と働く機会を、自ら積極的に得ようと努力したことがあるだろうか。異文化圏で候補者が仕事をやり遂げる自信はどの程度ありそうだろうか。

CQに関する知識

文化の候補者自身の意思決定への影響について十分に理解できているだろうか。候補者は所属する組織がビジネス操業している国々で、文化がそれぞれどのように異なるか説明できるだろうか。候補者は第一言語以外の言語を話すことができるだろうか。またその言語で言外に言われている事柄を理解できるだろうか。

CQに関連した戦略

候補者は自身と周りの同僚の文化に関して、どの程度気づきを得ているだろうか。候補者は異文化圏でのコミュニケーションや職務遂行の際に、どのような行動戦略のプランニングをしているだろうか。また候補者は異文化圏での自身の行動戦略が効果的だったかどうか確認を行っているだろうか。

CQを用いた行動

候補者はさまざまな異文化圏で、適切な方法へコミュニケーションの取り方を変えているだろうか。候補者が柔軟な交渉スキルを持っていることが見て取れるだろうか。候補者は異文化圏でのプロジェクトに取り組む際や現地の人々と仕事をする際、どの程度柔軟に行動を修正できているだろうか。

CQの高い行動への褒賞

ダイバーシティを尊重してCQの高い行動に褒賞を与える組織文化を、組織のすみずみまでゆき渡らせることが重要だ。多様なチームメンバーへの文化差と個人差のモチベーションへの影響を忘れないことだ。つまり歩合制によるボーナスなど金銭的な褒賞でやる気になる人がいる一方で、働きがいや安定した正規雇用職、フレックスタイムの有無、仕事の肩書きなどにやりがいを感じる人までさまざまだという意味だ。メンバー各自が威厳と尊厳を持ってチームメンバーと向き合い、自身のチームに「よりよい世界を目指してやる気を出す」という難題に挑ませてみよう。「社会への善行を行うべく行動し続け、敬意を持った人道的なグローバル社会との関わり方のモデルとなる人が集まるコミュニティを目指す」というリーダーとしてのビジョンをチームメンバーに明確に示すとよい。ここで少し考えてみよう。社員に一週間有給休暇を与えて海外でのボランティアを義務付ける組織が増えている。社員を外国に行かせて世界を見せることの見返りと、それがCSRのように組織が社会に対して行う善行にも繋がると、多くの組織はすでに気づき始めているようだ。社員の海外ボランティアの会社へのメリットは、社員がCQを高める糸口でもある国外滞在への第一歩を踏み出すことだろう。ロサンジェルスに本社のある製造メーカーは、サハラ砂漠以南のアフリカ中のコミュニティで浄水器フィルターを提供するために財団を設立したくらいだ。その会社もやはり社員に一週間の有給休暇を与えてアフリカの地域コミュニティでのボランティアも行わせている。また会社が運営する財団の助成金に応募することで、研修費用の捻出まで可能なのだそうだ。この類の投資にCEOと社員の両方が見返りの大きさを感じているからこそ続いている事例だと言えよう。

CQの高い人材が最も重要視される部署がどこなのかをしっかりと見極めて、人事部とも協働してその部署の職種にCQの高い人材が就くことができるように採用人事を進めることが重要だ。さもなくばＣＱの低い重役のトレーニングが必要になったり、ビジネスチャンスを逃したり、組織にとっての不必要に嵩むであろうコストやマイナスが甚大だからだ。ＣＱが人事の最優先事項として扱われている、多様化してゆく社会で最先端をゆく組織に就職するとよいだろう。

ブランディング

組織の果たすべき役割や目標、価値観にどのようにＣＱを含めたらよいのだろうか。組織の全ての部署でＣＱを高めるために、実際に何をすべきなのかを示した具体的な行動目標を作成して、その目標を組織中にゆき渡らせるとよい。グローバル化や、世界中にメンバーの点在するオンラインチームにやみくもに振り回されるのではなく、多様な視点を持って多様な場所に点在するメンバーが同じチームに存在することによるメリットやチャンスに着目して多様性を戦略的に活用しよう。そうすれば社員、製品、マーケティング、サービスにＣＱが十分に活用された、二十一世紀型の時代の先をゆく組織だと評判になることだろう。ＣＱを組織の価値観の核に据え、理念などを掲げたブランド・ステートメントにもＣＱへの取り組みを行っていることを記載するとよい。

何事の予測もつかない混沌としたグローバル社会で、必死で生き残ろうと踠いている組織ではなく、どんどん栄えゆく組織を想像してみよう。国際ベンチャーの七十％が失敗に終わっている統計から予測される最悪の末路を、所属する組織がたどることにならずに済むよう、ビジョンをしっかり打ち出そう。

ＣＱの高い組織やリーダーは、コストの採算より遥かに価値を上回る、利他的であることによって得られる眼に見える形での利益に価値を見出すものなのだ。本書に引用した研究の多くが、ＣＱをリーダーの役割や組織に含むことでもたらされる経済効果について、すでに何度も科学的に証明している。ＣＱを組織の果たすべき役割、目標やビジョン、価値観などに含めて、ＣＱを二十一世紀のビジネス操業の慣習にするべく動いているリーダーの改革の波に乗り遅れないようにしよう。

サードスペース（訳者注：どの文化にも縛られない文化空間）戦略を作ること

「誰が誰の文化に合わせて行動すべきなのですか？」とリーダーに質問されることが多々ある。中国の重役がドイツ出身の同僚とミーティングをする際には、中国文化に合わせるべきなのか、はたまたドイツ側に合わせるべきなのか一体どちらが正解なのだろうか。不慣れな新市場でオフィスを構えるとして、どの程度ローカライズすべきで、どの程度自身の価値観の指向を残すことが成功の秘訣なのだろうか。

マクドナルドのフライやシェイクは、シカゴで食べようとインドのデリーで食べようと味に大差はないはずだ。世界中のマクドナルドの店舗での食事経験は似たり寄ったりでも、マクドナルドの国際展開の方針に柔軟性があることはローカライズド・メニューの存在から見て取れる。つまりシカゴとデリーのマクドナルドでは飲めるシェイクのフレーバーが違うかもしれないし、定番商品のハンバーガーはインドのマクドナルドには置いていないかもしれない。マクドナルドは国際展開の際にサードスペース戦略を導入して、ヒンドゥー教徒の牛肉消費の忌避を理解して尊重したからだ。だからインドではビッグマックではなく、マックベジー（訳者注：野菜のみで作られたベジタリアン向けハンバーガー）が主力商品なのだ。組織の構造とサービスや商品の柔軟性は、組織にとってベストなサードスペース戦略を見つける上でも多分に役立つことだろう。

国の内外を問わず社員全員に「本社式」の行動を求めるやり方では、ビジネスは機能しなくなってきている。だからといって組織を完全にローカライズしようとするのはあまりにも非現実的だろう。となればこれまでの慣習的な方法を活かしてのベン・ダイアグラム（訳者注：円グラフ）方式での操業が多くなる。つまり二つの円グラフの重なる点を探して、そこから新しい操業方法を考え出してゆくアプローチだ。スタート地点としては悪くないのだが、共通点にばかり着目しすぎると各文化の持つ違いの価値が薄らぐ上、場合によっては儲けを出すことと売上目標に到達すること以外に共通点が全くない場合もありうる。

個人の目標の接点を探したり、どちらが相手の文化に合わせて行動を修正するべきなのかあれこれと口論したりするよりも、CQの高いチームは文化の異なる相手と協働するためにサードスペースを生み出すだろう。サードスペースは個人やチームや文化のユニークな価値や貢献を剝ぎ取ってしまうような場所でも、チームが多様な視点を持つことで得られるメリットを奪い取ってしまうような場所でもない。むしろサードスペースは構成員のさまざまな異なる文化を元にした新しい文化を生み出そうとし、そうして生まれた構成員の文化を元にしたフュージョン（訳者注：融合）文化のメリットを享受するだろう。私は今研究仲間とサードスペースやそこで生じるフュージョン文化についての研究や論文執筆を進めていて、次の著書の題材は「組織がサードスペースを作り出して定着させるルーティーンは何か、サードスペースはどのように革新を生みよりよい課題解決に繫がるのか」についてだ。研究のコアになるアイデアは組織がCQの高い方法で日々の操業ができるよう、研究で効果が証明された組織のルーティーンを見つけ出して試しに使ってみるというものだ。

絶対に気をつけるべくは、いわゆるマジョリティである多数派の文化に深入りして暮らしていると、自分のやり方や考え方が文化を越えていつでもどこでも誰にでも、普遍的に通用する素晴らしい方法なのだと無意識に思い込みがちなことだ。つまり複数の文化を元にフュージョン文化が生まれる場所を作るにはかなりの努力と熟慮を必要とするため、CQの高い変革管理プロセスのファシリテーターに頼る方がサードスペースにたどり着くことがたやすいことは明白だろう。

結論

年々CQを使ったリーダーシップの重要性は増している。どんなに正しい社内ポリシーを持っていようと、正確な指示を出して意思決定を行っていようと、CQと無関係ならば無用の長物だ。CQがなければ、異文化圏で業績目標に到達できるかどうかはよくてサイコロ博打、悪ければ七十％の失敗率だからだ。

組織の多くのリーダーは、国際的なビジネスの成長と社内のダイバーシティを追い求めるが、CQの高い組織になるための計画の立案に失敗し続けていては、国際成長やダイバーシティの追求が不十分だと言わざるを得ない。CQに関する研究をよく読んでおけば、文化を越えて仕事する際の失敗事例の一つにならずに済むだろう。CQは前途輝かしい未来への道なのだ。CQのパーソナルリーダーシップ能力（訳者注：メタ認知を使った行動や感情のマネージメント能力）を高める効果は証明されていて、より効果的なグローバルな組織を作る枠組にもなるものだ。そのレベルに到達してCQを使ってリーダーシップを執ることができれば、至る所で天と地ほどの差を生み出し劇的な変革をもたらすだろう。

終章　グローバルなリーダーに本当になれるのだろうか？

わざわざ言葉で説明するまでもない、暗黙の了解のような「望ましいリーダー像」は何かしら誰の頭の中にもあるはずだ。理想のリーダー像は文化の産物であるため、文化に基づく偏見と同様にリーダーシップに関する無意識の思い込みについても、我々は気づかないことの方が多いのではないだろうか。

たとえばリーダー職にあまり背の高くない人が応募してきて、その候補者を面接することになったらどう思うだろうか。ほとんどの人が「何をバカな！　関係ないよ背丈なんて。」と思うだろうが、米国でCEOになりたければ、背が高い方が有利だと何度も聞かされてきたはずだ。米国人男性の平均身長が175センチで、183センチ以上ある人は十四％しかいない。この人口比率にもかかわらず、米国のCEOの五十八％が身長183センチ以上の長身なのだ。

メキシコではリーダーは部下に親子のような面倒見のよい優しさが期待される。しかしその部下との人づきあいのスタイルを、そのまま何の修正もせずにヨーロッパに持って行ったら、部下を小馬鹿にするいけすかないリーダーだと思われて悪印象を与えかねない。アフリカの社員の多くはリーダーにはボス然とした行動を期待するが、全く同じ行動が他の場所ではハラスメントと見做されてリーダーの首が飛びかねない。

本書に何度も書いたことだがリーダーの行動と同じくらい、部下に対する期待値やステレオタイプがリーダーの資質を大きく左右するのだ。サイモンの他の組織での成功談とニューイングランドの大学での失敗談とを思い出して比較してみよう。サイモンのニューイングランドでの経験談を読んで、グローバル化によりフラット化した世界でリーダーシップを執るべく熱望していた読者諸氏は少々出鼻を挫かれたかもしれないが、ほとんどのリーダーは多種多様な文化背景を持つ部下と関わることになるのだ。CQが高ければそのような状況で生き残るのに四苦八苦せずに済み、むしろスムーズに部下や組織を成功に導くことのできる影響力あるグローバル・リーダーになることができるのだ。

CQは二十一世紀に暮らしたり働いたりする全員にとって重要なスキルだが、リーダーシップを執る立場にあるならばCQは必須だと言える。利益の上がる持続可能なビジネスは、多様な市場の状況を十二分に理解した重役を必要とする。軍事ミッションの成功の可否は、戦略的に傘下の兵隊が動くようリードできる士官の存在にかかっている。慈善事業にも国境を越えて効率よく働くことのできるグローバル・マインドを持つリーダーが必要だろう。もしリーダーのCQが高くなければ、リーダー自身の価値観やビジネス目標をベースにビジネスを運営するどころか、不毛に現地文化に振り回されるだけで終わることになりかねない。読者諸氏全員のCQは高めることができるものなのだ。関心を持ってさえいれば、CQはどんな人であっても学んだり高めたりすることができる能力なのだから。

CQを使ったリーダーシップの探求の旅を続ける読者諸氏へ私から四つの餞別を贈りたい。

1　特定のリーダーシップ・スタイルがどこでも通用するという思い込みを捨てよう。「疑うべくもないゴールデンルール」はセミナーの教材にはうってつけだが、グローバルに仕事をする際のルールブックとしてはあまり役に立たないからだ。リーダーシップに関する書籍を紐解くと、あたかもリーダー全員が部下を「励まして褒めて伸ばす」べきであるかのように書かれている。個人的には好きなアプローチだが、上下関係の厳しい文化圏出身者の多くがこのリーダーシップ・スタイルではマネージャーが求めていることや指示が明瞭ではないため、相当に戸惑う様子を目の当たりにしてきた。一方この励まし型が好きな部下に、規範をしっかり決めて何をするべきか細かく指示を出したのでは、それはそれで立ちゆかなくなるだろう。

2　リーダーシップ・スタイルを、その場の状況や部下の様子を見つつ随時意識的に修正しよう。リーダーの多くは同じチーム内の文化の異なる人と一緒に働いた経験があるはずだが、非現実的な理想論に走ることなく、お互い差別的にならず、どのように一緒に働くことができるのか理解する必要がある。そこで共通の目標に到達するべく、チーム全員のモチベーションを上げるために異文化適応能力のCQの出番と相成るのだ。

3　CQを使ったリーダーシップは、全ての相手や状況に常に迎合してカメレオンのように行動を変えることではない。CQを使ったリーダーシップとは、どのタイミングや状況では明瞭なリーダーとしての指示よりも励まし型が必要なのか、見極められる能力があることを意味する。また意見が衝突した際にいつバシッとはっきりものを言うべきか、いつ遠回しに物を言うべきか、状況次第ではどちらも正しいのだから、状況を適切に見極めることができることも意味する。CQの四能力が高くなるにつれて、起こりくるさまざまな状況で、瞬時に適切な行動修正ができるようになるものなのだ。

4　偽りのない自分自身でいよう。ただしクリエティビティを忘れずに。CQの高いリーダーは状況や部下に合わせて、どのタイミングで行動を修正すべきか理解しているものだが、行動の修正など全くしない本来の自分自身でいる快適さは否定しがたい。修正すべきものが会社のブランドであれ、個人のアイデンティティであれ、難しいのは敬意を持ち、かつ効果的に行動を修正してビジネス目標を到達させつつ、偽りのない自分自身でいるために行動の修正をしすぎない、その絶妙な匙加減を見極めることだ。偽りのない自分自身でいることは重要だが、それは同時にリーダーとしての自分自身を新たなクリエティブな方法で表現することも意味するのだ。

謝辞

まず同分野の研究者仲間として出会い、親友となったとスーン・アン教授とリン・ヴァン・ダイン教授に、言葉では言い尽くせないくらいの深い感謝の意を伝えたい。両名ともこの本の初版の出版を強く勧めてくれ、研究結果や意見、批評などを惜しみなく共有して私を励まし続けてくれた。この第2版の出版の際にも同様の協力を申し出てくれたため、我々は世界中でのCQの研究や応用の促進に向けて協働を続けてきた。

この第2版は初版を読んだ読者との会話やメールのやりとり、読者からの高評価、数は少なかったが耳にした批判的な見解も含め、初版の書評の内容をもとに改訂したものだ。全ての意見は、グローバル・リーダーにCQがどのように役立つのか、異文化圏で必要な行動修正のさまざまな方法、本書のCQに関する情報等と、現在のグローバル・リーダーシップをとりまく状況との関連を深めるにあたり、どの章のどの情報を更新すべきかを熟慮・検討する上で非常に役立った。

また第2版出版に取り組むにあたり、スーン・アン、ディック・デヴォス、レベッカ・カイパー、リンダ・フェンティ、ドン・メイン、コック・イィー・ウン、サンドラ・アプトン、リン・ヴァン・ダイン、マイケル・ヴォルケマ（敬称略）の研究者諸氏や重役諸氏に、初版の草稿にお目通し頂いた上で惜しみない建設的なご意見を多数頂き、いろいろとお世話になったことにもお礼申し上げたい。諸氏のご経験や視点は本書の核を大きく形作るものであり、今後の改訂版出版の際にもご忌憚のないご意見をお聞かせ願えたら幸いだ。

AMACOM社のクリスティーナ・パリシ氏から最初に本書初版の出版をご提案いただいた際、パリシ氏のメールが「大学生の頃に初めて海外に旅に出て以来、ずっとCQが気にかかっています。」の一文で始まっていたのを思い出す。パリシ氏の編集作業についてのガイダンスのおかげで本書が無事に形になったことに深く感謝申し上げたい。また第2版出版に向けた改訂作業時のアドバイスを通じて、本書の草稿をレベルアップさせて出版する価値があると確信させてくれた、AMACOM社の現在の編集担当スティーブン・パワー氏と一緒に働く機会を得たことも、やりがいを感じるありがたい経験だった。

長女のエミリーはCQの高い若い女性へと成長を遂げ、私が想像さえしなかったような場所へもCQを導入しようとしている。次女のグレースは私の異文化圏で未踏の場所を探検したがる冒険心や、

ＣＱを使って世界をよりよい場所にしたいという強い思いを受け継いでくれたようだ。最後になったが親友と結婚できる以上の幸せはない。妻のリンダは私をはるかに凌ぐ勢いでＣＱを体現して生きている。そして私のアイデアが世間で受け入れられようが受け入れられまいがお構いなく、常に私が安心して帰ることのできる場所を与えてくれる存在だ。

付録　10種類の文化クラスタ

世界の十大文化クラスタの文化規範や文化的価値観をまとめてみた。ここで扱う情報は第5章で取り上げた文化的価値観の表に記載された事柄と関連の深いものばかりで、それぞれのクラスタには似た行動や思考のパターンが含まれる。ステレオタイプを当てはめて文化の異なる人々を理解しようとする際のリスクについては本書で述べた通りだが、この文化クラスタの情報についてもその文化圏の全員に当てはまるわけではないことを肝に銘じておこう。文化の交錯している複雑な世界を、きれいに十個の文化クラスタに分けてしまうことなど到底できないが、この文化クラスタの情報は自身の文化圏のメジャーな文化規範に照らし合わせて読者諸氏の文化背景を理解するスタート地点としては役立つだろう。

各文化クラスタに記載されている国では、大多数の人がそのクラスタの特徴に当てはまるが、多様性は場所を問わず見受けられるので、記載されている国のほとんどで複数の文化クラスタの特徴に当てはまる人が存在するだろう。ロネン氏とシェンカー氏の『態度の次元にもとづく同類国家クラスタ化、論評と統合』の論文の内容に基づく十大文化クラスタは以下の通りだ。

アングロ文化圏（オーストラリア、カナダ、ニュージーランド、英国、米国）

アングロ文化は元来開けた土地があることが前提であり、それゆえ隣の家との間に十分な余裕のある場所で生まれた文化だ。このためほとんどのアングロ文化圏出身者は、十分な自分自身のパーソナルスペースがあることを望む。アングロ文化圏の多くの人々には、共感力があまり高くなく独立精神旺盛な傾向が顕著に見受けられる。十種類の文化クラスタの中で、アングロ文化圏が一番地理的に分散している傾向にあるが、アングロ文化圏に共通する民族的・歴史的特徴は英語を話す白色人種が多い国だという点だ。この文化クラスタに属する人口は世界人口の七％に該当するが、全世界のＧＤＰの四十％を占めてもいる。

アラブ圏（バーレーン、エジプト、ヨルダン、クウェート、レバノン、モロッコ、サウジアラビア、アラブ首長国連邦）

アラブは民族的な分類ではなく文化アイデンティティである。アラビア語が母語（第一言語）であるかどうか、またアラブ圏に血縁がありその血縁を誇りに思っているかどうかが、アラブ圏の文化アイデンティティを持っているかどうかを判断する際の重要な決め手になる。「アラブ圏の文化アイデンティティを持つこと」と「イスラム教徒であること」は同義ではないが、この文化クラスタへのイスラム教の根強い影響は否めない。敬虔なイスラム教徒では全くないアラブ圏出身者でさえ、イスラム教の理想像や教義などに何らかの影響を受けていることがほとんどで、このような人々は「文化的イスラム教徒（Cultural Muslim）」と呼ばれる。

儒教文化圏（中国、香港、日本、シンガポール、韓国、台湾などのアジア圏）

儒教はその思想の根底を成す主要な考え方や行動に、中国の「礼（li）」の概念が存在するため「礼に基づく宗教」との異名を持つ。礼は元来は「順番に配列する」ことを意味する言葉だが、エチケット、習慣、マナー、儀式、礼節、丁重さ、礼儀正しい行動などを指す。礼や礼と関わりの深い「仁（ren）」の概念は、この文化クラスタの生活のほとんどを司る五つの上下関係（支配者と被支配者、父と息子、夫と妻、兄と弟、年長の友と年若の友）に深く影響する。儒教文化圏出身者と仕事をする場合には、相手と自分との関係においてどちらが目上かはっきりさせておいた方がスムーズに仕事が進むケースもあるだろう。

東欧（アルバニア、チェコ共和国、ギリシャ、ハンガリー、モンゴル、ポーランド、ロシアなど）

東欧が非情にも植民地化された長い歴史を持つ上に、広大な土地柄でもあるため、東欧はこの十種の文化クラスタの中でおそらく一番多様性に富んでいる。多様な宗教、習慣、言語などに植民地化してきた支配国の東欧への長期間に及ぶさまざまな影響を垣間見ることができるはずだ。多くの東欧の国々は歴史を二十〜三十年遡るだけでも重大な地理的・政治的な変遷を経験している。昨今東欧の人々の間には「ヨーロッパ人」としてのアイデンティティが根付き始めていて、「旧ソビエト連邦の人々」というアイデンティティをあまり歓迎しない傾向にある。

ゲルマン文化圏（オーストリア、ベルギー、ドイツ、オランダなどのヨーロッパ圏）

ゲルマン文化クラスタには数千年遡ることのできる長く豊かな文化遺産がある。ゲルマン圏のヨーロッパには変革の遅い、どちらかと言えば全ての物事にきちんとする文化が根付いている。文化クラスタの人口はやや小さめではあるものの、世界経済の中で占める割合はさほど小さいわけではなく、この文化クラスタに属する国々同士の経済的な結びつきはかなり強い。ゲルマン文化圏は世界中で著名な詩人、小説家、音楽家、哲学者を多数輩出していて、文化の創造に関してリーダー的な部分もある。ゲルマン文化圏では机上の空論ではなく、実際に物事がきちんと進むよう取り計らう傾向が強いこと、個人の権利の尊重に重きを置くことを心に留めておこう。

ラテンアメリカ（アルゼンチン、ボリビア、ブラジル、チリ、コロンビア、コスタリカ、メキシコなど）

ラテンアメリカの文化クラスタは、中米や南米の古来の文化の特徴を多く持つ一方、ラテンヨーロッパの文化とも何かと共通項が多い。ラテンアメリカの家族の絆が強いこと、人生に「ケセラセラ（なるようになるさ）」精神で向き合うこと、お祝い事を派手に祝うことなどはよく知られている。またラテンアメリカの若い世代は、年配の世代よりも能動的に行動し、独立精神が強い傾向にある。この文化クラスタ全体に言えることは、ラテン文化の伝統を捨て去ろうとする傾向が強まりつつあることだ。

ラテンヨーロッパ（フランス、カナダのフランス語圏、イタリア、ポルトガル、スペインなど）

ラテンヨーロッパはしばしば「ヨーロッパの起源」と形容される。というのもこの文化クラスタの国々、つまり地中海の沿岸の国々でいわゆるヨーロッパの奇跡（訳者注：近代ヨーロッパの地理的・政治的な支配力の台頭）が始まったからだ。ラテンヨーロッパ文化の際立った特徴は家父長的な思考の傾向だろう。特権、権力、影響力、経済力などにおいて人より恵まれている者は、持たざる者に施すべきとの考え方だ。現代のラテンヨーロッパ人のほとんどは、自分たちが敬虔なクリスチャンだとは思っていないだろうが、ローマ・カトリック教会の価値観や気風はいまだ彼らの行動や考え方に強い影響を与えている。

ノルディック圏（デンマーク、フィンランド、アイスランド、ノルウェー、スウェーデンを含む北欧）

ノルディックは「北」を意味し、ノルディック圏には古代の土地やそこで暮らしていた古代スカンジナビア人やバイキング（海賊）も含む。デンマークの作家アクセル・サンデモーセのおかげで有名になった「ヤンテの掟」は、ノルディック圏の文化を理解する上で重要な事柄だ。ヤンテの掟に通底しているのは「自分を特別な存在だと思うな。」という考え方で、謙虚さ、平等性、謙遜、懐疑主義などは全てヤンテの掟の産物だ。加えてノルディック圏ではワークライフバランスが最重要視され、仕事や生産性が全てではない状態（個々人のＱＯＬが上がること）により、社会がよりよくなると信じられている。

南アジア（インド、インドネシア、マレーシア、フィリピン、タイなど）

南アジアの文化は多様性に溢れ、多様性は南アジア圏の文化に通底するテーマとさえ言えるほどだ。

この文化クラスタは、多様なグループが互いに関わり合いながら平和に共生し続けてきた長い歴史を持ち、イスラム教徒、シク教徒、仏教徒、ヒンドゥー教徒、キリスト教徒を含む多様な人々が共に働き暮らしている土地柄だ。この文化クラスタでは伝統的にヒエラルキーや階層の認識が強いため、お客さんや年長者、ステータスの高い人など、目上の人に奉仕の精神や敬意を持って対応することが最重要視される事柄の一つだ。この文化クラスタ出身者と話す際は、食事、言語、習慣、宗教などが多岐にわたることに敬意を払うことが期待されることを心に留めておこう。

サハラ砂漠以南のアフリカ（ガーナ、ケニア、ナミビア、ナイジェリア、ジンバブエなど）

アフリカは長い豊かな歴史を持っているが、中でもサハラ砂漠以南のアフリカは人類の文明が始まった場所としても有名だ。アフリカのイメージというと貧困、政治汚職、病気などを思い浮かべるかもしれないが、アフリカは再盛の時を迎えつつある。BBCのアンケート調査では、調査対象の九十％がアフリカ人であることを誇りに思い、彼ら自身が経済的に裕福で成功していると考えていることが浮き彫りになった。また世界中の多くの企業がアフリカ進出を優先事項として挙げている。サハラ砂漠以南のアフリカの文化クラスタを理解する上で重要な文化的な価値観は、現地で美徳とされるウブントゥ（相互扶助と人との繋がりへの徹底的な献身）だ。

この十種類の文化クラスタの詳細については、二〇一三年刊行の私の別の本*Expand your borders*を参照してほしい。

訳者解説

コロナ禍で普及したZoom会議の活用で、異文化圏とのビジネスが以前より行いやすくなったこともあり、近年異文化理解を取り扱う著書の邦訳本の出版が増えている。ビジネス分野での異文化理解の著書といえば、邦訳も出版されているヘールト・ホフステード氏の*Cultures and Organizations*（邦題『多文化世界』有斐閣）が有名だが、同氏の著書より新しい概念を紹介する同分野の著書として、エリン・メイヤー氏の*The Culture Map*（邦題『異文化理解力』英治出版）もよく話題に上がる。後者の邦訳は二〇一五年八月に出版されて以来順調に部数を伸ばし、Kindle版も売れ行きがよい現状から、日本でもビジネス分野における異文化理解書、殊に異文化圏でのビジネスの実践に即した知識が得られるタイプの書籍へのニーズは相当高いことが窺える。このような傾向は日本だけではなく、今回邦訳した本書もＣＱ（異文化適応知能指数）というかなり新しい概念を紹介している内容の斬新さのみならず、文化圏を問わず異文化圏でのビジネスの実践に即した（つまり特定の文化圏に特化したグローバルビジネスのハウツー本では得られない）知識が得られることから、北米で原書のハードカバー版の第2版の売れ行きが好調で、第3版も二〇二四年九月に刊行された。なお本訳書は原著*Leading with Cultural Intelligence: The Real Secret to Success*の第2版を底本としている。

昨今ではグローバル化という言葉も既視感が強くなりつつあるが、ビジネスのグローバル化（異文化圏である国外へのビジネス拡大など）による文化差への対応については、踏み込んだ分析や調査があまり行われているとは言いがたいのが現状だ。異文化理解を取り扱うビジネス書を紐解いても、原著者リヴァーモア氏も指摘しているように文化差についての記述といえば、「笑顔でこれらのタブーは避けていれば大丈夫」などの短絡的なもの、「異文化のプロでないなら異文化圏へ行くべきではない」などの極端なもの、西洋文化ベースの戦略的なプランニングと合理的な意思決定プロセスの説明に関するものがほとんどである。このためグローバルビジネスパーソンが異文化圏でどのような文化差の側面を理解・分析した上で、どのようにビジネス・ストラテジーを検討すべきかなど、グローバルなビジネスの実務に則した異文化適応力の養成は看過されがちで、その養成に向けて科学的な研究結果に基づく具体的な提言を行う本書は大変希少であると言えるだろう。

本書では「今日の多文化が交錯するグローバル社会において、ビジネスが成功した個人や企業と失敗した個人や企業の違いは何か?」という問いをもとに、著者が七十カ国以上の国で過去二十~三十年間、世界中のメジャーな国や都市の四万人以上を対象にアンケート調査を行った結果、共通して見られたのは「CQの高さの違い」、つまりCQへの動機（異文化への興味、異文化に適応したいという欲求やモチベーション）、CQに関する知識（異文化と自文化との文化規範の違いを理解していること）、CQに関連した戦略（メタ認知力を駆使し、自分と相手の文化的要因による認知差を理解し、その理解に基づいてビジネスのプランニングをすること）、CQを用いた行動（異文化圏で言葉遣いやジェスチャーなどを適切なものに変えること）の四能力の高さの違いであることが判明した。

CQはカルチュラル・インテリジェンスの略で、異文化適応のための知能指数を意味する言葉だ。生まれ持った素質と関連はあるものの後天的に身につけることが可能であり、CQに関する知識が育つと新しい文化圏で仕事をする際、暗黙の了解事項などの人々の行動や前提、思い込みなどに影響を与える文化的なルールの理解がしやすくなり、異文化圏で失敗なくビジネスを進めるために文化差を尊重した事業計画を立てやすくなる。そのためグローバルビジネスがスムーズに進む可能性がぐんと高くなることを多様なケーススタディを挙げて詳述している点、さまざまな分野のグローバルビジネスリーダーが、CQ伸長に向けてどのような事柄をどのように分析したり修正したりできるのか詳細な記載がある点、文化圏を問わず異文化圏でのビジネスの実践に即した（つまり特定の文化圏に特化したグローバルビジネスのハウツー本では得られない）知識が得られる点などが、既存の異文化理解本とは大きく異なる本書の特徴である。

国外でもＣＱを取り上げた学術論文数は増加傾向にあるものの、決して多いとは言えない状況にある。書籍に関しては数点しか見受けられない状況から、国外においてもＣＱの概念はスムーズな異文化適応に非常に有用であるにもかかわらず、いまだ浸透の途上にあることが見て取れる。日本国内で流通しているＣＱの概念を取り上げた書籍は『経営戦略としての異文化適応力』（宮森千嘉子・宮林隆吉著　日本能率協会マネジメントセンター出版 2019）がほぼ唯一だ。このような状況下で本書はＣＱの概念を本格的に取り上げ、科学的論拠や実験結果に基づく異文化適応に関する実践的知識を提供する点で有用であることに加え、国外でも日本でも社会に浸透途上である異文化適応に有益な知識について、日本語で見識を深められる機会を提供する点においても、稀有で学術的価値の高い文献であり、刊行の意義は大きいと言えるだろう。

本書の刊行にあたり、本文内容と関連性の高い原著のAppendix 1については日本語訳を行ったが、Appendix 2については本文内にて記載の事柄と重複する箇所が多いため、割愛したことを付け加えさせていただく。また立命館大学学術図書出版推進プログラムの助成を受けることができたおかげで、本書が無事に刊行の運びとなったことに関しても関係各位に深くお礼を申し上げたい。

本書が今後の日本のグローバルビジネスのスムーズな進展に貢献することを祈りつつ。

二〇二四年九月　下村　冬彦

【著者】デイヴィッド・リヴァーモア
(David Livermore)
ミシガン州立大学博士課程修了。ミシガン州イーストランシングにCQ（カルチュラルインテリジェンス）センターを創設し、百カ国以上の国を訪問した自身の異文化体験とCQに関する専門知識をもとに、ハーバード大学ビジネススクール、Google、コカ・コーラ社、アメリカ国防総省、BMW、カタール航空、UNなどの多国籍企業や大学、グローバル組織等でCQに関するコンサルティング業務を務める。

【訳者】下村冬彦（しもむら・ふゆひこ）
二〇〇一年、同志社大学文学部英文学科卒業後に単身渡米。911のテロ直後の中東系への差別が激化するニューヨーク市で、NYU（ニューヨーク大学）とコロンビア大学の修士課程を修了し、シアトルのUW（ワシントン大学）の博士課程においても異文化理解や多文化共生について研究。帰国後は京都産業大学、神戸女学院大学、京都女子大学において、異文化コミュニケーション分野や英語分野の専任教員として教鞭を執る。二〇二一年四月立命館大学経営学部着任。

CQという異《い》文《ぶん》化《か》適《てき》応《おう》力《りょく》
――グローバルなリーダーシップ成功《せいこう》の秘訣《ひけつ》

二〇二五年一月一七日　初版発行

著者　デイヴィッド・リヴァーモア
訳者　下村冬彦
発行者　三浦衛
発行所　春風社
横浜市西区紅葉ヶ丘五三　横浜市教育会館三階
〈電話〉〇四五・二六一・三一六八　〈FAX〉〇四五・二六一・三一六九
〈振替〉〇〇二〇〇・一・三七五二四
http://www.shumpu.com　info@shumpu.com

装丁　斉藤啓
本文設計　長田年伸

印刷・製本　モリモト印刷株式会社

乱丁・落丁本は送料小社負担でお取り替えいたします。
 ISBN 978-4-86110-984-3 C0036 ¥4500E